PETER SCHREINER
BHAGAVAD – GITA

REIHE
KLASSIKER DER ÖSTLICHEN MEDITATION
SPIRITUALITÄT INDIENS

Herausgegeben von Martin Kämpchen

PETER SCHREINER

BHAGAVAD – GITA

Wege und Weisungen

Übersetzt und eingeleitet
von Peter Schreiner

Nachwort von
Sebastian Painadath SJ

BENZIGER

Die Abbildung auf S. 52 ist die Reproduktion einer farbigen Miniatur der Kangra-Schule, auf der die All-Gestalt Kṛṣṇas (Bhagavad-Gītā, Kap. 11) dargestellt ist, abgedruckt mit freundlicher Genehmigung des Völkerkundemuseums der Universität Zürich.

ISBN 3 545 20704 8

मुक्तिविवेकस्मरणे

Inhalt

Zur Aussprache der Sanskrit-Wörter

Ich folge in der Wiedergabe von Sanskrit-Wörtern der in der Indologie üblichen Transliteration.

Die Vokale ā, ī, ū (mit Längenzeichen) werden gedehnt ausgesprochen; e und o sind immer lang und geschlossen zu sprechen (wie in «Ofen», nicht wie in «offen»); ṛ ist vokalisches r, das wie ri ausgesprochen wird (z.B. Ṛgveda wie «Rigveda», Kṛṣṇa wie «Krischna»). c wird wie tsch, j wie dsch, ś und ṣ werden wie deutsches sch gesprochen, y ist wie deutsches j, v wie w zusprechen. jñ wird heutzutage wie italienisch gn ausgesprochen (z.B. *jñāna* wie «gnyāna»). ṃ deutet die Nasalierung des vorhergehenden Vokals an, ḥ ist ein leichter Hauchlaut am Ende eines Wortes. Ein auf einen Konsonant folgendes h bezeichnet einen deutlich hörbaren Hauchlaut (z.B. *bhakti*, ähnlich wie in deutsch «abhaken»).

Betont sind jeweils die langen Silben (Länge bedeutet entweder langen Vokal oder von Doppelkonsonant gefolgten kurzen Vokal); also «Mahābhārata» (drittletzte Silbe lang), «Bhagavadgītā» (vorletzte Silbe lang), «Ardschuna» (drittletzte Silbe lang).

I. Einleitung

Vorbemerkungen

Tiefe und Breite der Weltsicht und der Gottesschau der Bhagavad-Gītā sind so vielfach gerühmt und allseits anerkannt, daß es keiner Rechtfertigung bedarf, wenn jemand sich auf diesen Text einläßt. Läßt man sich als Indologe darauf ein, wird fast zwangsläufig eine «neue» Übersetzung entstehen.[1]

Ein Text (und eine Übersetzung) können natürlich für sich gelesen und rezipiert werden. Trotzdem läßt sich nicht leugnen, daß vieles von dem, was der Übersetzer über den Text, seinen Hintergrund, seine Datierung usw. zu wissen meint, in sein Textverständnis eingeht. Es ist daher berechtigt, ja unerläßlich (und es ist die Aufgabe dieser Einleitung), das eigene Vorwissen zu Protokoll zu geben – auch wenn Platz und Zeit für eine ausführliche Darlegung und wissenschaftliche Begründung fehlen.

Für eine meditative Rezeption des Textes (wie sie der Titel der Reihe anspricht), ist die Lektüre dieser Einleitung keine Voraussetzung. Sie dient dem Aufweis von philologischen Problemen und kulturellen oder religionsgeschichtlichen Besonderheiten; einer unvoreingenommenen Aufnahme der Botschaften des Textes kann sie dadurch eher hinderlich sein. Wer zunächst mit der Lektüre der Übersetzung beginnen will, sei daher ausdrücklich dazu ermutigt.

[1] Die Existenz so vieler «Vorlagen» ist ein arbeitstechnisch-methodisches Problem, aber auch ein psychologisches. Die Bhagavad-Gītā ist nach der Bibel eines der meistübersetzten Bücher.

1. Der Text

Im indischen Kulturkreis gehört die Bhagavad-Gītā zu den verbreitetsten, angesehensten und für viele Hindus autoritativen Texten. Es gibt in der hinduistischen Tradition keine *eine* Heilige Schrift (wie den Koran für die Muslime, die Bibel für Christen). Die ältesten erhaltenen Texte sind die Vedas und im Lauf der Religionsgeschichte hat man sie mit der Autorität von Offenbarung (*śruti*, «Hören») ausgestattet. Die Bhagavad-Gītā spricht nur mit der Autorität einer heiligen Überlieferung (*smṛti*, «Erinnern«); sie gilt jedoch für viele als letztgültige Offenbarung. Dieser Text spricht über Grundbegriffe von Religion, lehrt über Erlösung und Erlösungswege. In ihm finden viele Hindus zusammengefaßt und ausgedrückt, was ihnen wichtig ist, was ihren Glauben bestimmt und ihrem Leben Richtung gibt.

«Gītā» heißt wörtlich «gesungen»; im Titel der Bhagavad-Gītā bezieht sich dies auf die Bezeichnung «upaniṣad», die jedem Kapitel des Textes beigelegt wird. Die Upaniṣaden sind der philosophisch-spekulative Teil des vedischen Textcorpus.[2] Die einzelnen Kapitel bezeichnen sich selber als «die von Bhagavad gesungenen Upaniṣaden». Im weiteren und übertragenen Sinn wird dann Gītā verstanden und übersetzt als «Lied».

«Bhagavad» ist ein Titel, den Menschen und Götter tragen können, und der soviel bedeutet wie «jener, der Anteil (*bhaga*) hat», aber auch «jener, der Anteil gibt (an der Fülle jeglichen guten Geschicks, *bhaga*)».[3] Als ehrerbietige Anrede wird der Titel gern mit «der Erhabene» (z.B. auch für den Buddha gebraucht) übersetzt.

[2] Vgl. Bettina Bäumer: Upanishaden, Befreiung zum Sein. Zürich: Benziger Verlag, 1986.

[3] *Bhagavad-* ist die Stammform dieses Wortes, *bhagavān* wäre der Nominativ.

In den indischen Sprachen und Religionen gibt es zwar nicht einen einzigen Namen und Titel, der unser «Gott» wiedergäbe, aber Bhagavad (oder in seiner Nominativ-Form «Bhagavān») kommt doch für viele Inder einer schlichten Bezeichnung für Gott sehr nahe. Es ist allerdings nicht die Bezeichnung für den einen und einzigen Gott, aber doch für jenen Gott, der dem einzelnen Menschen als Gott am nächsten steht und der die höchste Stelle einnimmt.

Es wäre «Gesang Gottes» als Übersetzung von «Bhagavad-Gītā» somit durchaus vertretbar. Ich habe mich, im Blick auf die theologische Dimension des Wortes, für die Übersetzung von *bhagavat* mit «der Gnädige» entschieden. «Gnädiger» oder der «gnädige Herr» kann in unserer Sprache eine zwar leicht antiquierte, aber doch noch spürbar ehrerbietige Anrede sein, die den Respekt vor einem Vorgesetzten einschließt. Und «gnädig» kann nur sein, wer Gnadenfülle hat (*bhaga-vat*), um davon zu verteilen und daran teilhaben zu lassen (was die Grundbedeutung der Wurzel *bhaj-* und von Ableitungen wie *bhakti* usw. ist). Gnade ist demnach eine Weise oder schlechthin *die* Weise der Anteilgabe Gottes an seiner eigenen Macht- und Seinsfülle. All dies mag man dem «Gnädigen» als Anrede nicht mehr entnehmen, aber solche Verflachung teilt «bhagavān» mit dieser Anrede im Deutschen; wem jedoch «Gnade» etwas bedeutet, der mag die tieferen Dimensionen dennoch erspüren.

Daß der Text als Gesang bezeichnet wird, geht nicht auf seine literarische Form, wohl auch nicht auf eine ursprüngliche Form der Darbietung zurück. Es spiegelt sich in dieser Bezeichnung etwas von der Würde, die der Bhagavad-Gītā im Verlauf der Überlieferung zugewachsen ist.[4]

[4] Man vergleiche etwa unser «wie uns die Alten sungen», womit ja auch nicht die Form der Übermittlung oder Darbietung gemeint

Die Bhagavad-Gītā gehört (wie das ganze Epos Mahābhārata, von dem sie ein Teil ist) zur «anonymen Literatur». Das bedeutet, sie kann nicht als das literarische Werk eines historisch greifbaren Autors angesehen werden. Vielmehr muß man davon ausgehen, daß die Gestalt des Textes, wie sie uns heute vorliegt, das Ergebnis eines langen und vielschichtigen Überlieferungsprozesses ist.

Diese Feststellung muß in den Ohren jener ketzerisch klingen, die daran festhalten, daß die Lehren, die Kṛṣṇa in den Mund gelegt werden, auch wirklich von *einer* Person so gesprochen wurden; und der Hinweis auf die Überlieferungsgeschichte wird auf den Widerspruch all jener stoßen, die der Bhagavad-Gītā die Autorität einer Offenbarung Gottes zusprechen.

Die verschiedenen Standpunkte sollten ernst genommen werden. Die Tatsache, daß es verschiedene Standpunkte gibt, kann uns als Warnung dienen, damit wir *keinen* davon (den eigenen eingeschlossen) absolut setzen, sondern mit Engagement und Aufrichtigkeit die Voraussetzungen und Konsequenzen der Standpunkte und der Unterschiede erforschen.

Natürlich hat der Text irgendwann den Endpunkt seiner «Entstehungsgeschichte» erreicht. Im Falle der Bhagavad-Gītā läßt sich dieser Endpunkt recht früh ansetzen, denn ihr Wortlaut ist in dem Kommentar Śaṃkaras belegt.[5] Zur Überlieferungs- und Entstehungsgeschichte des Textes gehört auch, daß und wie er in das große Epos Mahābhārata einbezogen wurde.

Für die Beurteilung der Bhagavad-Gītā lassen sich zwei Grundrichtungen der Interpretation unterschei-

ist. Rudolf Otto übersetzte «Bhagavad-Gītā» als «Der Sang des Hehr-Erhabenen», womit bei aller Altertümelei doch etwas von der Diktion des Titels getroffen sein dürfte.

[5] Śaṃkara gilt als der Hauptvertreter der monistischen Richtung der Vedānta-Philosophie; er wird ins 7./8. nachchristliche Jahrhundert datiert.

den. Für die Hindus, wenigstens seit Śaṃkara, und auch für viele kritische Indologen – indische wie westliche – ist es der Gesamttext in seiner endgültigen, abgeschlossenen Gestalt und in seinem überlieferten Zusammenhang, den es zu verstehen und zu interpretieren gilt. Nicht daß man die Brüche im Aufbau, die Widersprüche im Inhalt, die Unstimmigkeiten in Terminologie und Sprachgebrauch nicht sähe; aber vom Gesamttext her betrachtet, kann man darin einen Hinweis auf die Absichten der Verfasser und Redaktoren sehen: Die Schaffung eines (von vielen als gelungen angesehenen und als großartig empfundenen) Harmonisierungsversuches, ein Beleg für die Vielfalt menschlicher Erlösungswege und sozial-individueller Bedingungen für Erlösungsbedürftigkeit, ein Zeugnis für die Göttlichkeit Kṛṣṇas, in dem andere Wege, die ältere Tradition, andere Gottheiten zwar nicht von Kritik verschont, aber auch nicht widerlegt und verworfen werden.

Eine andere Richtung des Textverständnisses schlagen jene ein, die sich für die Entstehung des Textes interessieren und deshalb nicht den Gesamttext, sondern einzelne Teile davon als die grundlegenden Einheiten betrachten. Es hat gelegentlich scharfe Kontroversen unter den Wissenschaftlern über Sinn und Unsinn des einen wie des anderen Zugangs gegeben. Ohne der Interpretation des Textes als einer Einheit ihre Berechtigung und Notwendigkeit abzusprechen, kann man versuchen, mit analytischen Methoden nach Anzeichen zu suchen, die Rückschlüsse auf die Quellen des Textes oder auf die Stufen seiner Entwicklung zulassen.

Was die äußere Form betrifft, so handelt es sich bei der Bhagavad-Gītā um den Bericht über ein Gespräch, das zwischen Kṛṣṇa und Arjuna stattfindet. Dieser Bericht wird dem Wagenlenker des blinden Königs Dhṛtarāṣṭra in den Mund gelegt. Dessen Söhne (und deren Verbündete) stehen den Söhnen und Verbündeten seines Bruders Pāṇḍu auf dem Schlachtfeld gegenüber. Die

Geschichte dieses Bruderkrieges, die Erzählung von der Abstammung der Helden, von der Feindschaft zwischen den Sippen der Kauravas (so werden die Nachkommen Dhṛtarāṣṭras genannt) und den Pāṇḍavas (das sind die Nachkommen Pāṇḍus), die ausführliche Beschreibung der Schlacht, die achtzehn Tage lang wütet, der schließliche Untergang aller Beteiligten – all das bildet den Gegenstand des großen indischen Epos Mahābhārata. In dieses Epos (mit einem Umfang von ca. 100.000 Versen) ist die Bhagavad-Gītā (rund 700 Verse) eingebettet, genau am Anfang der großen Schlacht, noch vor Beginn der eigentlichen Kampfhandlungen.

Für die meisten Hindus ist die Bhagavad-Gītā so zentral für die Interpretation der Ereignisse im Mahābhārata und das Verständnis der Persönlichkeiten, daß sich die Frage nach der Textgeschichte des Epos oder nach der «Logik» der Stellung der Bhagavad-Gītā im Mahābhārata gar nicht stellt. Die indische Tradition berichtet, daß das Mahābhārata von *einem* Autor, oder auch nur von einem Redaktor, Vyāsa, geschrieben wurde. Wenn man allerdings bereit ist, die Ergebnisse der Textkritik und die Befunde der Handschriftenüberlieferung ernst zu nehmen, dann kann man kaum umhin, eine frühere, ältere (und uns nicht erhaltene) Version des Mahābhārata zu postulieren, in der die Bhagavad-Gītā noch nicht vorkam. Durch Aufweis von Wiederholungen und Unstimmigkeiten in der Bezugnahme getrennter (oft weit auseinanderliegender) Textpassagen aufeinander lassen sich zumindest noch die Fugen sichtbar machen, an denen der Text erweitert wurde.[6] Aber dies bedeutet nicht, daß die Bhagavad-Gītā im Mahābhārata einen Fremdkörper darstelle, daß Epos und Bhagavad-Gītā nicht vielfach und sinnvoll, literarisch-formal wie inhaltlich-thematisch miteinander verschränkt und verknüpft

[6] Siehe Anmerkungen zu Kapitel 1.

sind. Diesen Bezügen kann hier nicht nachgegangen werden. Wir dürfen uns aber bei einem Vorgehen, das die Bhagavad-Gītā wie einen unabhängigen, selbständigen Text behandelt, durchaus auf die indische Rezeptionsgeschichte berufen. Die Bhagavad-Gītā ist seit spätestens dem 7.-8. Jahrhundert (d.h. der Zeit von Śaṃkara und Bhāskara, der ältesten Kommentatoren) als eigenständiger Text rezipiert, überliefert und kommentiert worden.

Trotzdem spielt die epische Situation auch in die Bhagavad-Gītā selber hinein, in erster Linie natürlich wegen des Anlasses des ganzen Gesprächs; es ist der bevorstehende gewaltige Bruderkrieg, der Arjuna zur Verzweiflung bringt. Aber auch in Aufbau und Beschreibung der Situation wird der Leser oder Hörer erst allmählich von der epischen Situation weggeführt zu Inhalten, die vergessen lassen können, daß es sich hier um ein Männergespräch an der Front handelt: Saṃjaya beschreibt zunächst die Aufstellung der feindlichen Heere und nennt einige der wichtigsten Namen auf beiden Seiten (Kap. 1). Er beschreibt, wie Arjuna seinem Wagenlenker Kṛṣṇa Anweisung gibt, zwischen die Fronten zu fahren, und er gibt dann, in direkten Reden, das Gespräch wieder, das Kṛṣṇa und Arjuna führen.

Das Gespräch ist ausgelöst durch Arjunas Niedergeschlagenheit, die ihn angesichts der vielen Verwandten, von Respektspersonen und Freunden auf beiden Seiten der Kampflinie befällt. Einsicht in die Widersinnigkeit eines solchen Bruderzwistes veranlaßt Arjuna, die Waffen sinken zu lassen. Er verkündet seinen Entschluß, nicht kämpfen zu wollen, notfalls sich kampflos töten zu lassen; und er begründet dies mit politischen, sozialen und in diesem Sinne ethischen Argumenten.

An diesem Punkt (im zweiten Kapitel der Bhagavad-Gītā) greift Kṛṣṇa ein, indem er Arjuna zunächst an seine Standespflichten als Krieger (Kṣatriya) erinnert. Er führt dann jedoch auch philosophische Gedankengänge an, beruft sich auf die Lehre von der Wiedergeburt, auf die Unsterblichkeit der Seele – alles um Arjuna zum Kämpfen zu motivieren, so als hätten die Ereignisse auf der Ebene der Politik (dem Krieg der Sippen) kein Gewicht, wo es um jenseitiges Heil geht. Die «Logik» dieser Sicht kann jedoch auch so verstanden werden, daß eine Aufforderung zur Entsagung und Weltflucht, zur Ausrichtung aller Aktivitäten auf Versenkung und Erlösung daraus folgt. Arjuna erhebt Einwände, stellt Zwischenfragen, verlangt nach Erläuterungen, und so entwickelt sich ein Dialog, der auf weite Strecken eine Reihe von Monologen Kṛṣṇas ist, eine Reihe von Belehrungen (eben «Gesängen» oder «Weisungen») aus dem Munde Kṛṣṇas.[7]

Im Kontext des Mahābhārata ist Kṛṣṇa zunächst ein Freund und Verbündeter der Pāṇḍavas, der zustimmt, als Wagenlenker Arjunas zu dienen, da er nicht aktiv in das Kampfgeschehen eingreifen möchte. Im Verlauf der Textgeschichte, die das uns heute vorliegende Epos hervorgebracht hat, wurde Kṛṣṇa zu einer göttlichen Gestalt, einer Verkörperung des Gottes Viṣṇu. Arjuna anerkennt im Verlauf des Gesprächs Kṛṣṇas Göttlichkeit und bittet ihn um eine Vision seiner göttlichen Erscheinungsformen. Das 11. Kapitel der Bhagavad-Gītā beschreibt diese Vision, teils in den Worten Saṃjayas, teils in den Worten Arjunas.

Die abschließenden sechs Kapitel der Bhagavad-Gītā sind zunehmend theoretisch und lehrhaft; begriffliche Klassifizierungen und Einteilungen überwiegen.

[7] Für einen Überblick über Inhalt und Aufbau, Argumentationsstruktur und Querverweise der einzelnen Kapitel siehe die Anmerkungen.

2. Der Kontext

Ist schon der Text der Bhagavad-Gītā vielschichtig, so werden Fragestellungen und Arbeitsmethoden fast unüberschaubar verwickelt, wenn man den Kontext zu berücksichtigen versucht. «Kontext» muß hier zunächst die textliche Umgebung der Bhagavad-Gītā meinen. Zum Kontext dieses Textes gehören aber auch alle anderen uns erhaltenen Quellen, aus denen man ergänzende Informationen zum Verständnis der Bhagavad-Gītā gewinnen kann. Zum Umfeld einer Bhagavad-Gītā-Übersetzung gehört somit die ganze Religionsgeschichte der Epoche, aus der der Text stammt. Zum Kontext gehört letztlich auch der Umgang mit dem Text im Sinne eines Forschungsprogramms.

Methodik und Forschungsprogramm

Die Vorarbeiten zu dem, was sich als Übersetzung herauskristallisiert hat, können nicht im einzelnen dargelegt werden; unfertig, wie das meiste davon ist, müssen sie in der Werkstatt des Philologen bleiben. Da mir andererseits daran liegt, die Interpretation der spirituellen und der religionsgeschichtlichen Zusammenhänge methodisch als Exegese vertreten zu können, seien zumindest die Arbeitsschritte und Fragestellungen skizziert, an denen sich das Ergebnis messen lassen müßte:

a) Der Wortlaut des Textes bedarf der Erschließung durch Konkordanzen, damit Wortschatz, Sprachgebrauch, Stil usw. überprüft werden können und beschreibbar werden.

b) Die geistesgeschichtliche Einordnung der Aussagen setzt die Erfassung, Analyse und Klassifizierung von Definitionen, Begriffen und Fragestellungen voraus, die im Text selber als solche erkennbar sind. Dazu kann die

Zusammenstellung der Belege zu einzelnen Wörtern («Begriffen») Voraussetzung sein.[8]

c) Positionen und Gegenpositionen sind herauszuarbeiten anhand von Querverweisen, Wiederholungen, Widersprüchen, Zitaten, welche Rückschlüsse auf das geistige Umfeld der Verfasser wie der intendierten Hörer- oder Leserschaft zulassen.

d) Wegen des unmittelbaren Textzusammenhangs müssen ähnliche Untersuchungsschritte für das Mahābhārata durchgeführt werden, in dessen Entstehungs- und Überlieferungsgeschichte die Bhagavad-Gītā einzuordnen ist (Redaktionsgeschichte des Mahābhārata; verbale, inhaltliche usw. Beziehungen von Bhagavad-Gītā und Mahābhārata).

e) Um die Aussagen der Bhagavad-Gītā einordnen zu können, wäre die historische Entwicklung der Sāṃkhya-Philosophie zu klären (vgl. den Abschnitt über das Sāṃkhya-Weltbild); und auch die Geschichte von Yoga als spiritueller Disziplin und als philosophischer Schule bildet einen Themenbereich, der zum Rahmen der folgenden Ausführungen gehört (nicht zuletzt in Auseinandersetzung mit den zahlreichen Veröffentlichungen und Vorarbeiten auf diesem Gebiet).

f) Wie der Überlieferungsstrang der hinduistischen Philosophiegeschichte, so müßte auch der Überlieferungsstrang der buddhistischen Texte sowohl auf Parallelen als auch auf Gegenpositionen hin durchforscht werden.

g) Weitere Themenbereiche, die anhand von Quellenstudium und Sekundärliteratur aufzuarbeiten wären, sind die historische Entwicklung von Meditationspraktiken und von der Verknüpfung der Erlösungsvorstellungen mit Lebensformen (Entsagung, Mönchsstand, Entstehung des Ideals einer Erlösung bei Lebzeiten).

[8] Darlegungen mit Titeln wie «*brahman* in der Bhagavad-Gītā» sind ein Beispiel; andere Wort-Exkurse legen sich nahe zu Grundbegriffen wie *buddhi*, *yoga*, *karman*, *bhakti*, *jñāna*, *dharma* u.a.

All diese Entwicklungen wären auch im Kontext jener religiösen Strömungen zu sehen, die man durch ihren Gottesbegriff definiert (z.B. «Viṣṇuismus», «Kṛṣṇaismus», aber auch Richtungen wie das Pañcarātra, usw.).

Die Blickrichtung bei den genannten Fragestellungen geht vom vorliegenden Text aus nach «hinten», in die Zeit vor der Bhagavad-Gītā, aus der heraus Anliegen und Positionen erklärbar sind. Eine solche Arbeitsweise geht *nicht* von der Wirkungsgeschichte des Textes aus, nicht von den Kommentaren und Auslegungen späterer Epochen. Etwas überspitzt formuliert: Das Studium von (z.B.) Śaṃkaras Kommentar gehört in ein Programm zur Erforschung der Schriften und der Philosophie Śaṃkaras, aber es gehört nicht in ein Programm zur Erforschung der Bhagavad-Gītā, so wenig wie alle anderen Dokumente aus der reichen und langen Wirkungsgeschichte dieses Textes.

Ein Ergebnis der Textanalyse, wie sie die ersten der genannten Arbeitsschritte darstellen, ist die Zerlegung des Textes in «Bausteine». Liest man einen Text in der uns erhaltenen Form, so geht man davon aus, daß die einzelnen Bestandteile, Verweise, Beziehungen usw. zusammengehören und also «gleichzeitig» bestehen. Sinn und Aussagen des Textes erschließen sich unter dieser Voraussetzung durch Erforschung dieser auf *einer* Zeitebene («synchron») bestehenden Bezüge. Versucht man, die Befunde der (synchronen) Bestandsaufnahme danach zu ordnen, was älter, was jünger sein könnte, dann betritt man das Gebiet der historischen Textinterpretation, die den Werdegang des Textes und den Wandel seiner Aussagen durch die Zeit («diachron») als einen Schlüssel zur Bedeutung des Textes ansieht.[9] Das Verständnis des Textes wird durch die diachrone

[9] Beim Übergang von synchroner Bestandsaufnahme zu diachroner Ordnung muß man sich zuerst von dem Wunsch lösen, die diachrone Ordnung gleichsam mechanisch auf den Text übertragen zu können.

Betrachtungsweise bereichert, aber nicht festgelegt. Sie liefert eine Perspektive, fügt eine Dimension hinzu, aber sie läßt sich nicht unbedingt und in allen Fällen glatt und stimmig am Befund einer einzelnen Textpassage und ihres heute vorliegenden Wortlauts festmachen.

Die diachrone Perspektive, in der das Entstehen des Textes zu sehen ist, läßt sich am ehesten und überzeugendsten als die Entwicklung eines Gedankengangs vorstellen. Ausgangspunkt ist dabei nicht notwendigerweise eine «Idee», sondern ein Problembewußtsein, das konkrete Auslöser und Anlässe gehabt haben dürfte. Nach deren Anfang zu suchen und zu fragen, ist müßig, weil die Quellenlage eine Antwort nicht zuläßt.

Das Problembewußtsein der Bhagavad-Gītā ist abzulesen an den Fragen, den Polemiken, den Identifikationen und an den Grundbegriffen und ihren unterschiedlichen Verwendungsweisen und Bedeutungen. Es gäbe kaum so zahlreiche Versuche, den synthetischen Charakter der Bhagavad-Gītā auszudeuten, wenn der Text nicht so deutliche Spuren von Gegensätzen und Unterschieden bewahrt hätte.

Ich gehe in meinem Versuch, die Bhagavad-Gītā zu verstehen, vereinfachend und schematisierend davon aus, daß sich drei Grundpositionen überlagert haben, die es in diachroner Perspektive zu sehen gilt. Der Textblock «Bhagavad-Gītā» in seiner heute vorliegenden Gestalt ist eine Formation aus «Ablagerungen» dreier «Epochen». Wenn man die Thematik des geistesgeschichtlichen Werdeganges an den Grundbegriffen im Text festmachen wollte, so wären die drei «Schichten» gekennzeichnet durch die Aussagen zu *karman*, zu *yoga* und zu *bhakti*.

Die verschiedenen Epochen samt ihrer Terminologie, ihren Fragestellungen, ihrem Sprachgebrauch haben sich oft in ein und derselben Zeile, an ein und demselben Wort überlagert.

Die erste Schicht oder Stufe ist das, was man pauschal als die Religiosität des vedischen Ritualismus bezeichnen kann. Sie scheint in der Bhagavad-Gītā in Form von Polemik oder in der umdeutenden Übernahme des Opferbegriffs (*yajña*) auf. Für die Ritualisten ist das «Tun» des Menschen die entscheidende, vielleicht die einzige Brücke zwischen Diesseits und Jenseits. Dieses Tun umfaßt die religiösen, liturgischen Vollzüge wie Opfer oder Rezitation; da jedoch alles menschliche Leben im Rahmen der durch den Begriff *dharma* bezeichneten Ordnung stattfindet, muß sich alles Tun daran messen lassen, ob es dieser Norm, dem *dharma*, entspricht oder nicht. Der soziale Status, die erlaubten Berufstätigkeiten, die Pflichten der einzelnen Lebensstadien, die Rechte und Pflichten von Männern und Frauen, von Untergebenen und Königen, die Bräuche bei Geburt und Tod – alles kann Gegenstand von Vorschriften sein, wie sie uns in den «Dharma-Lehrtexten» (*dharmaśāstra* u.ä.) erhalten sind.[10]

Die Gegenposition zu einer Weltordnung, die durch liturgisches Tun erhalten wird, ist die des Entsagers. «Entsagung» (*saṃnyāsa*) bedeutet in seinem ursprünglichen, rituellen Sinn die Abwendung vom Leben in Familie und Gesellschaft. Solche Entsagung wurde als die vierte Lebensstufe in das Schema eines geordneten, den Normen brahmanischer Lebensführung entsprechenden Lebens eingegliedert. Diese Entsagung war nach Ausweis der rituellen Vorschriften gemeint als ein vorweggenommenes Sterben. Der Entsager (*saṃnyāsin*)

[10] Ich übersetze *dharma* meist mit «(wahre) Grundordnung», oder mit «Ordnungswerte» (wo im Sanskrit Plural verwendet wird); wo der konkrete Aspekt von Dharma als einer Vorschrift oder einem durch die Grundordnung vorgeschriebenen Verhalten angesprochen ist, ist *dharma* die «Norm», der es zu folgen gilt, oder die «Pflicht» (die Standespflicht des Kriegers), die es zu erfüllen gilt.

vollzieht seine eigenen Totenriten. Er läßt alles hinter sich, er «befreit» sich; und wenn Freiheit unterstellt, daß man vorher gefangen und gefesselt war, dann ist nachvollziebar, daß das Ideal des Saṃnyāsin für eine an *dharma* orientierte Orthodoxie eine Bedrohung darstellen konnte.

Der vedische Ritualismus bildet auch den Hintergrund für Wiedergeburtslehre und Karman-Theorie. Die in den Worten der Sāṃkhya-Philosophie dargelegte meditative Erfahrung von *yoga* dürfte *eine* Verwirklichungsmöglichkeit des Ideals der Befreiung darstellen. Vorgegeben ist dem philosophischen System wie dem praktischen Weg die Vorstellung, daß Welt und Leben ein Bereich der Fesselung sind. Jede menschliche Tat muß ihre Wirkung nach sich ziehen; diese Wirkung erstreckt sich über jene Grenzüberschreitung des Sterbens hinaus in neue Existenzweisen hinein. Unter diesen Voraussetzungen besteht die einzige Möglichkeit der Befreiung («Erlösung») darin, im entscheidenden Moment einen Zustand erreicht zu haben, in dem kein Tatimpuls mehr übrig ist, der irgendeine Wirkung zeitigen könnte. Es scheint die Erfahrung der Yogins gewesen zu sein, daß ein solcher Zustand möglich und erfahrbar ist. Bedingung aber ist, allen weltlichen Verbindungen entsagt und alle vom Individuum ausgehenden Wirkungen unterbrochen zu haben. Noch in der «klassischen» Definition von *yoga* in den Yoga-Sūtras heißt es: «Yoga ist das Anhalten der Funktionen des Denkens.» Im Glauben an den Karman-Zusammenhang ist es einleuchtend, daß der Yogin als Saṃnyāsin eigentlich nichts «tun» darf, daß sein Ziel das Aufhören und Anhalten aller Aktivitäten ist.

Das Sāṃkhya-Weltbild

Struktur und Begrifflichkeit des Weltbildes «der» Bhagavad-Gītā sind den Grundzügen nach die der Sāṃkhya-Philosophie. Der kosmische Werdegang beginnt mit dem, was das Nicht-Manifeste heißt. Es ist kein «Nichts», aus dem ein Gott die Welt erschafft; aber es ist trotzdem «nichts» – nichts Bestimmtes, nichts Benennbares, nichts Erkennbares; und gleichzeitig ist es alles, denn ein jeder und ein jedes ist in ihm enthalten, geht aus ihm hervor und endet in diesem nicht-manifesten Seins-Zustand.

Schaubild

Wirklichkeits- und Bewußtseins-Bereiche des Sāṃkhya-Weltbildes in der Bhagavad-Gītā:

«Gott»	Höchste Geistperson (*puruṣottama*) Geistperson (*puruṣa*) ↓	Einheit (*yoga,* *samatva*)
«Welt» Bereich der Grundzüge (*sattva,* *rajas,* *tamas*)	Stoffnatur, Urgrund, Unwandelbares (*prakṛti, brahman, akṣara*) ↓ Bewußtheit (*buddhi*) ↓ Ich-Bewußtsein (*ahaṃkāra*) ↓ Denkkraft (*manas*) ↓ Sinne, Elemente ↓ Kosmos Gesellschaft (Kasten)	Vielfalt (*vibhūti*)

Was als Beschreibung eines Meditationsweges eine Abfolge von Bewußtseinszuständen mit zunehmendem Abstand von der Vielfalt der Welt und der Sinnendinge ist, erscheint übertragen auf kosmologische Zusammenhänge als Emanation, als Entfaltung aus einem Urzustand, in dem alles latent vorhanden ist. «Schöpfung» ist nach dieser Vorstellung kein Neubeginn, der durch einen Schöpfer gesetzt wird und vorher nicht Dagewesenes hervorbringt; Schöpfung ist vielmehr eine Zustandsänderung aus der Latenz, der vorborgenen, unsichtbaren Potentialität heraus in den Zustand der Entfaltetheit, der Manifestation, der Ausbreitung, der Vervielfältigung und Verstofflichung.

Nach der Sāṃkhya-Philosophie gibt es zwei ewige, unveränderliche Prinzipien, auf die sich jegliche Wirklichkeit zurückführen läßt. Das eine ist das Materieprinzip, die stoffliche Matrix (*prakṛti* oder *pradhāna*, «Urnatur», «Stoffnatur», «Urmaterie», u.ä.). Das andere ist das Geistprinzip (*puruṣa*, wörtlich «Mann, Person», «Geistperson»). Das Materieprinzip wird weiblich gedacht, als der Mutterschoß, in dem der Same des «Mannes» den Anstoß zur «Hervorbringung» gibt.[11]

Die Entwicklung oder Emanation, die in und aus der Urmaterie stattfindet, führt zunächst zur Entstehung von Wirklichkeiten, die wir als psychisch bezeichnen würden. Dabei ist wichtig, daß somit alle psychischen Vorgänge und Wirklichkeiten in den Bereich der Materie fallen und nicht «geistig» sind.

Der erste Wirklichkeitsbereich, in den sich die Stoffnatur entfaltet, wird «Bewußtheit» (*buddhi*) genannt. Diese noch ganz undifferenzierte «Wachheit» (so die wörtlichere Übersetzung des Terminus) konkretisiert sich auf der nächsten Stufe zu «Ichbewußtsein», welches sich in die verschiedenen Sinnesfunktionen entfal-

[11] «Hervorbringung» wäre die wörtliche Übersetzung von *prakṛti*; in der Übersetzung «Stoffnatur» mag man das «Hervorbringen», das Gebären der *natura* als «Matrix» vielleicht noch heraushören.

tet. Den Sinnen zu- und übergeordnet ist die «Denkkraft» (*manas*), eine Fähigkeit, die zwar zu den Sinnen gezählt wird, deren Aufgabe es aber auch ist, die einzelnen Sinnestätigkeiten zu koordinieren. Die Sinnesfunktionen im engeren Sinne werden gruppiert in die «Tatsinne» und die «Erkenntnissinne».

Den Erkenntnissinnen (Sehen, Hören, Riechen, Fühlen, Schmecken) sind bestimmte Erkenntnisbereiche zugeordnet (Sichtbarkeit bzw. Licht; Hörbarkeit bzw. Raum; Geruch bzw. Erde; Geschmack bzw. Wasser; Gefühl bzw. Wind). Diese Erkenntnisbereiche stellen zugleich die Grundqualitäten der entsprechenden fünf Elemente dar.

Da die Zuordnung von Erkenntnisfunktion, Erkenntnisbereich und Elementarbereich ebenfalls im Sinne einer fortschreitenden Vergegenständlichung, Entfaltung und Verstofflichung vorgestellt wird, vollzieht sich erst auf dieser Stufe der Übergang vom «psychischen» zum (in unserem Sinne) «materiellen» Bereich. Aus den fünf Elementen setzen sich dann die Dinge der Welt zusammen, wie wir sie im alltäglichen Leben wahrnehmen und wie sie von den Sinnesorganen erfaßt werden.

Die Vorstellung von hierarchischen Seinsbereichen gibt auch den Stellen über *māyā* in der Bhagavad-Gītā ihren Sinn (z.B. 7.14-15): Der Bereich natürlich materieller Entfaltung und Konkretisierung wird Gott zugeschrieben, aber er ist ein vorläufiger Bereich, den es zu übersteigen gilt (7.14), der widergöttlich wirkt (7.15), falls er den Blick auf die eigentliche, jenseitige, ewiglich gleichbleibend unentfaltete Geistigkeit Gottes verstellt. In diesem Sinne ist zwar die Welt eine Schöpfung Gottes (sie ist von ihm gemacht), aber sie kann auch das sein, was den Weg zu Gott verstellt. In diesem Sinne ist das von Gott gemachte Werk nur ein «Machwerk» oder gar eine auf Täuschung angelegte «Machenschaft» – eben *māyā* (ein Wort, das ich deshalb als «Machwerk» oder «Machenschaft» übersetze).

Einheit und Entfaltung zu Vielfalt (*yoga* und *vibhūti*) bilden einen begrifflichen Gegensatz, der uns in einem Text wie der Bhagavad-Gītā in Form von Gegenüberstellungen greifbar wird (vgl. 10.7; 10.16-17, 10.18). «Einheit und Vielfalt» ist die Einteilung der Yogins. «Gott und Welt» bilden eine andere Einteilung. Die Grenzlinie zwischen den Bereichen verläuft nicht an derselben Stelle in der Stufenordnung der Wirklichkeitsbereiche (vgl. Schaubild), denn für den Yogin beginnt schon auf der Stufe von *buddhi* (*sattva*) die Verwirklichung von Einung (*yoga*).

Der Textbefund bezeugt die Verklammerung religionsgeschichtlicher Entwicklungen. Was im Sinne einer Entwicklung nacheinander entstanden sein dürfte, tritt uns (in Form textlicher Zeugnisse) als ein Nebeneinander entgegen. Der Weg der Yogins führt zu einem Absoluten, das zwar auch «in» der Welt, aber «eigentlich» – der wahren Seinsweise gemäß – jenseits der Welt ist. Der Gott der Bhaktas (s.u. Abschnitt über «Yoga und Bhakti: Einung und teilhabende Hingabe») ist zwar auch der jenseitige, der höchste Gott in unentfalteter, allgegenwärtiger Einheit (*yoga*); wichtiger ist, die göttliche Gegenwart in der entfalteten Welt, in den Größen mythologischer Tradition, im alltäglichen Geschäft und den Aufgaben und Pflichten gesellschaftlichen Lebens zu erkennen und anzuerkennen.

Yoga und das «erlösende Sterben»

Auch für das, was in seinem alten Kontext Yoga war, ist Erlösung der zentrale Bezugspunkt.[12] Der Wandel im

[12] Daß es zahlreiche Bedeutungen von *yoga* gibt, die aus ganz anderen Lebensbereichen stammen und nach Übersetzungen mit den entsprechenden Fachtermini, z.B. der Waffenkunde, der Astrologie, der Mathematik, verlangen, kann ich hier übergehen.

Yoga-Begriff, in den Methoden der Erlösungssuche nicht minder als in der philosophischen Ausdeutung der theoretischen Voraussetzungen und Konsequenzen, ist nicht zu lösen von der Frage nach einem Wandel des Erlösungsbegriffs.[13]

Der *yogin*[14] ist, von der Bedeutung der Ableitung des Wortes her gesehen, «einer, der durch *yoga* gekennzeichnet ist, *yoga* hat». Und wenn Yoga etwas mit Erlösung zu tun hat, dann ist ein Yogin einer, der Erlösung anstrebt oder erreicht hat.

Ein Schlüsselmotiv für das Verständnis der ältesten Bedeutung von *yoga* scheint mir das Motiv vom «Tod des Yogin» zu sein. Im Mahābhārata, welches als literarisches Werk ja auch den «Kontext» für die Bhagavad-Gītā bildet, lassen sich wenigstens drei Zusammenhänge unterscheiden, in denen vom Tod des Yogin die Rede ist. Das Motiv taucht auf 1. als erzählerisches Element, 2. in lehrhaften Abschnitten über Yoga, und 3. in argumentativem Zusammenhang (wie z.B. in der Bhagavad-Gītā).

Aus solchen erzählerischen Passagen läßt sich entnehmen, 1. daß *yoga* einen Zustand meint und nicht eine Technik oder ein Verfahren (der Körperbeherrschung oder ähnliches), 2. daß dieser Zustand etwas mit innerlicher Ausgeglichenheit und mit Weltentsagung zu tun hat, 3. daß es der freiwillig und bewußt herbeigeführte Zustand eines Menschen ist, der dann stirbt.

Aus den lehrhaften Abschnitten ergibt sich, 1. daß der Einungszustand (*yoga*) Ziel eines Stufenweges ist, 2. daß die Auslegung der Stufen mit den Vorstellungen des Sāṃ-

[13] Ich habe einiges an Material zu diesem Thema an anderer Stelle vorgelegt und greife auf diese, an wenig zugänglicher Stelle und in unkorrigierter Form erschienene Publikation zurück, ohne die Belege für meine Beobachtungen und Schlußfolgerungen hier einbringen zu können. Vgl. P. Schreiner: «Yoga – Lebenshilfe oder Sterbetechnik?» In: Umwelt und Gesundheit, Köln, 1988, Heft 3/4, S. 12–18.

[14] *Yogin* ist die Stammform, *yogī* die Nominativ-Form des Wortes.

khya-Weltbildes dargestellt wird, 3. daß es ein langwieriger und mühsamer Weg sein kann, der zur Beruhigung und Stille führen soll, 4. daß es ein Weg ist, der mit dem Verlassen des Körpers endet und der somit ein Weg ohne Rückkehr war.

Ein Beleg dafür, daß es solch eine Rückkehr, einen Rückfall aus dem Yogazustand gegeben hat, wenn auch vielleicht unfreiwillig, findet sich in der Bhagavad-Gītā (siehe 6.37-39). Die Beunruhigung, die aus Arjunas Frage spricht, wird verständlich, wenn mit «aus beidem herausgefallen» das gemeint ist, worauf sich Kṛṣṇas Antwort dann auch zuerst bezieht: Diesseits und Jenseits, das Leben hier und das Schicksal nach dem Tode. Und beunruhigend wäre in der Tat, wenn einer dieser Welt entsagt, im Entsagungsversprechen seine eigenen Totenriten vollzieht, um jenen Einungszustand zu erreichen, aus dem man nicht wiederkehrt, und dessen Konzentration dann nicht tief genug war, dessen Geist von der Außenwelt oder den körperlichen Empfindungen abgelenkt wurde, und der also nicht stirbt und somit die Erlösung verfehlt. Hat er nicht alles verspielt?

Auch Arjunas Frage nach der Beschreibung von einem, «dessen Erkennntis feststeht» (2.54), erhält einen überzeugenden Sinn, wenn man voraussetzt, daß *yoga* die Ideale des Entsagers übernommen hat. Arjuna scheint noch zu wissen, was es bedeutet, wenn Kṛṣṇa ihm rät, die Bande des Handelns zu lösen, indem er sich mit Bewußtheit vereint (2.39): Wer die Stufe der *buddhi* erreicht hat, handelt nicht mehr. Die Lösung aus den Banden des Tuns ergibt sich aus der Überwindung von Vielheit auf der Ebene der *buddhi*; darin besteht die Ausgeglichenheit (*samatva*), die ein Kennzeichen des Einungszustandes ist. Aktionen und Wirkungen können nur in der Wechselwirkung von Sinnen und Welt auftreten.

Arjuna wird nun allerdings aufgefordert, im Zustand des Yoga zu *handeln*; ja, der Definition des Yoga-

Zustands als «Gleichförmigkeit» folgt eine zweite. Sie besagt, daß Yoga definiert sei als die rechte Haltung im Handeln, was meist als «Geschick im Handeln» verstanden wird. Wenn das Ziel von Yoga die Überwindung des Karman-Zusammenhangs ist, dann kann eine solche Definition «nicht stimmen», dann muß sie polemisch gemeint sein; und sie sollte zum Widerspruch reizen.

Genau das belegt Arjunas Einwand an dieser Stelle! Er fragt: «Redet denn einer, dessen Erkenntnis feststeht? Sitzt er denn? Geht er umher?» Das heißt, Arjuna unterstellt, daß der Yogin all das keineswegs tun sollte oder tun kann. Auch Kṛṣṇas Antwort enthält, wenn auch theistisch überformt, Elemente des meditativen Rückzugs des Yogin. Und abschließend heißt es: «Wer auch in seiner Todesstunde darin weilt, erreicht Erlöschen im Urgrund (*brahman*).»

Dieses «auch» in der letzten Zeile ist bezeichnend für den Yoga-Begriff der Bhagavad-Gītā. Die Haltung der zurückgezogenen Versenkung ist eine spirituelle Praxis *im* Leben und *trotz* gleichzeitigen Handelns geworden; es ist eine Haltung, ein psychischer, geistiger Zustand, aber nicht mehr unbedingt aktueller Vollzug.

Ich meine, man darf die Belege eines gleichzeitigen Vorkommens oder Hinweises auf die Todesstunde und Yoga so wörtlich nehmen, daß sie als Belege für eine ursprünglich mehr als metaphorische Zusammengehörigkeit von Yoga und Sterben herangezogen werden können. Erlösung ist seit den Upaniṣaden Erlösung *aus* der Welt und aus den endlosen Zusammenhängen von Tat und Wirkung. Diese Zusammenhänge können nur dann verlassen werden, wenn beim Tod die Möglichkeit aller über den Tod hinausreichenden Wirkungen beseitigt ist. Andernfalls erfolgt Wiedergeburt und Wiedertod. Und auch wenn das Yoga-Ideal vom erlösenden Sterben nie mehr als eine geistige Realität gewesen sein sollte, so war es nach Ausweis der Texte doch etwas,

was die Menschen bewegte, den Gang der Religionsgeschichte bestimmte und uns als Hintergrund für viele der erlösungsorientierten Grundbegriffe und Praktiken die Entwicklungen späterer Epochen und deren «Logik» plausibler macht.

Die Bhagavad-Gītā stellt sich durch die in ihr angesprochenen Gegenpositionen und Fragestellungen als ein Text dar, der den Übergang vom Ideal des *videhamukta* («Entkörpert-Erlösten») zum Ideal des «Lebend-Erlösten» (*jīvanmukta*) markiert. Erst nachdem man die angestrebte Lösung von der Welt nicht mehr als tatsächliches Verlassen der Welt durch eine Sterbetechnik verstand, konnte der Erlösungsbegriff umgedeutet werden zu einer rein geistigen, rein psychischen Angelegenheit, zu einer Haltung, die man auch im Leben und in der Welt verwirklichen konnte. Entsprechend führt der Erlösungsweg nicht mehr aus der Welt hinaus durch eine bestimmte Art des Sterbens, sondern er wird zu einer Einübung der erlösenden Erkenntnis und gar zur Einübung der Vorbedingungen für erlösende Erkenntnis.

Yoga und Bhakti: Einung und teilhabende Hingabe

Dieser Übergang bedeutet das Aufkommen des spirituell-religiösen Ideals von *bhakti*, teilhabender Hingabe an eine Gottheit. Es besteht kein Zweifel, daß die Bhagavad-Gītā ihre letztendliche Gestalt und ihren heute erhaltenen Umfang in den Händen von Redaktoren erhalten hat, die Kṛṣṇa-Anhänger waren; für sie war Bhakti eine bekannte und selbstverständliche Praktik und Haltung. Sie mögen ihre Religiosität zurecht als neu empfunden haben und von missionarischem Eifer angetrieben worden sein; das Epos des Mahābhārata, das in seinem Stoff und seiner literarischen Form sicher in Zeiten zurückgeht, die lange vor dem Entstehen der Bhakti liegen, dürfte schon damals angefangen haben, zum Sammelbecken erzählerischer Ergänzungen religiös-philosophischer Lehren und Lehrtexte zu werden. In anderen Teilen des Mahābhārata sind jedenfalls Lehrtraktate über Yoga erhalten, in denen keine Spur von Kṛṣṇa-Verehrung oder Bhakti zu finden ist. Daß die Erwähnung von Kṛṣṇa und Bhakti aus solchen Texten ausgemerzt worden sein sollte, ist unwahrscheinlich; und so liegt es nahe, ein Wachsen der Bhagavad-Gītā unter den Händen von Kṛṣṇa-Bhaktas anzunehmen. Sie haben dabei sicher auf vorgeprägtes literarisches Material aus ihrer eigenen Tradition zurückgreifen können (z.B. Hymnen u.ä.[15]); und sie haben sich die Dialogsituation der Bhagavad-Gītā zunutze gemacht, um mittels Rückfragen und Zwischenfragen einerseits die Einführung jener Textpassagen zu motivieren, an denen ihnen lag, zum anderen die Anknüpfung an ältere Vorstellungen argumentativ zu erläutern und auszugestalten.

Der Anfang des vierten Kapitels mag als Illustration für den Übergang einer auf Yoga ausgerichteten Spiritualität zu einer Spiritualität der Hingabe, der Bhakti angeführt werden. «Yoga» bezeichnet vom Wortsinn her eine Verbindung, eine Einheit; diese Einheit ist die zwischen Kṛṣṇa als Gott und Arjuna; es ist die Einheit der Teilhabe (*bhakti*), die sich auf der weltlich-episodischen Ebene als die Freundschaft zwischen den beiden äußert. Und es ist diese Verbundenheit, die mit besonderem Nachdruck als Geheimnis, als im Einklang mit der Tradition stehend im Text eingeführt wird. In der Bezogenheit des Yoga-Zustandes auf einen Gott liegt das Neue, «Geheime» der angeblich so alten Lehren.[16]

[15] Vgl. M. Ježić: Textual Layers of the *Bhagavad-Gītā* as Traces of Indian Cultural History. In: Sanskirt and World Culture. Berlin 1986, S. 628–638.

[16] Die Behauptung des hohen Alters, die in den Texten oft zur Bestärkung der autoritativen Gültigkeit dient, kann durchaus ein echtes Bewußtsein dafür spiegeln, daß Yoga etwas ist, das es schon lange gibt.

Für den Yoga-Weg der Nicht-Wiederkehr ist «Gott» eine unmaßgebliche Zugabe. Der Gott der Bhagavad-Gītā *ist* weltenthobene Geistigkeit (*puruṣa*), aber seine Göttlichkeit (im theistischen Sinn) erweist sich gerade darin, daß er nicht *nur* der transzendente, ewige, unveränderliche Geist ist, mit dem der Erlösungsstrebende sich vereint. Die Allheit Gottes umfaßt auch den Bereich der ausdifferenzierten entfalteten Welt – er durchdringt sie, er setzt sie in Bewegung und hält sie in Gang.

Damit eröffnet sich die Möglichkeit, nicht erst durch die Einigung im Bereich unentfalteter Bewußtheit einen «Gottesbezug» herzustellen und zu erfahren, sondern sich schon in innerweltlicher Tätigkeiten dem göttlichen Wesen und Wirken zu öffnen und hinzugeben. Dies ist die Bhakti, um die in der Bhagavad-Gītā der Erlösungsweg des Sāṃkhya-Yoga ergänzt wird.

Was hier als theologischer Gedanken- und Werdegang skizziert wurde, erweist sich von seinem Endpunkt her dann vielfach angreifbar durch innerweltliche Motive; Gottes Wirken und Wille kann angerufen werden, um jeglichen weltlichen Interessen zu dienen – dem Streben nach Ansehen und Macht einer brahmanischen Orthodoxie, dem Bedarf der Herrschenden nach kriegswilligen Soldaten, der Notwendigkeit zur Besänftigung der sozial Unterprivilegierten durch jenseitige Kompensationen. Die Schau der Erlösten und das Leid des Blutvergießens sind beides Teil jener Welt, von der und zu der die Bhagavad-Gītā spricht.

Die *bhakti*, mit der Kṛṣṇa Arjuna an sich binden und mit der er ihn mit seinem kriegerischen Auftrag und Tun versöhnen will, ist eine «Teilhabe», die ihr Modell, ihre Vorlage in dem Einswerden des Yogin mit den undifferenzierten Bewußtseins- und Seinszuständen hat, eine Teilhabe, die sich an der Aussicht auf «Nicht-Wiederkehr» als ihrem Ziel messen lassen muß; es ist die «Beziehung» zu einem Gott, der behauptet, selber in allem anwesend zu sein. Kṛṣṇa wird mit diesem Ziel des Yoga gleichgesetzt. Dabei werden auch die Grundbedingungen für das Erreichen des Ziels (Gleichschau, Unverhaftetheit, Abschalten der Sinne) übernommen.[17] Daraus ergibt sich, daß der Gott (noch) nicht der liebende Vater oder der treue Freund oder der ersehnte Liebhaber ist, als den spätere, emotionale Bhakti sich die Gottheit vorstellt.

Die Teilhabe an Kṛṣṇa ahmt also einen Yoga-Weg nach, welcher vermutlich nicht mehr ausschließlich als ein Weg völliger und endgültiger Entsagung (mit dem Ziel erlösenden Sterbens) angesehen wurde; mit dem Ideal der Bhakti setzt sich die Vorstellung der Erlösung bei Lebzeiten endgültig durch. Thesenhaft vereinfacht: Verkörpert der *yukta* («Geeinte») das Ideal jener Erlösungslehren, denen Erlösung nur nach dem Sterben denkbar war, so belegt der *bhakta* («der hingebungsvoll Teilhabende») den vollzogenen Übergang zur Lehre von der Erlösung bei Lebzeiten.[18]

Aus der Übernahme yogischer Ideale in die Theologie der Bhagavad-Gītā ergibt sich, daß wir sehr bewußt auch alle Aussagen über Gott als Aussagen über Erkenntnisweisen und Bewußtseinszustände lesen sollten. Wie zentral die Verknüpfung von Erkenntnisweise und Seinsweise ist, wird deutlich an dem, was beim Tod

[17] Es ist aufschlußreich, daß fast alle Belege für die Wörter *bhakti*, *bhakta* (und andere Ableitungen von der Verbalwurzel *bhaj-*) in den «Ich-Passagen» der Bhagavad-Gītā vorkommen, jenen Passagen also, in denen Kṛṣṇa über sich in der ersten Person spricht. Die zwei Ausnahmen (8.10 und 8.22) sprechen von *bhakti* mit Ausrichtung auf *puruṣa*.

[18] Um die Nähe dieser Bhakti zu Yoga auszudrücken und dadurch zu verhindern, daß man sie nur im Sinne emotionaler Gottesliebe versteht, übersetze ich *bhakti* im allgemeinen mit «Teilhabe» (bzw. den entsprechenden Verbalformen von «teilhaben». Da auch die Anhänger anderer Gottheiten *bhaktas* genannt werden (7.21), da es auch Passagen gibt, in denen «Hingabe» (*bhakti*) an Kṛṣṇa die yogischen Ideale nicht mehr deutlich werden läßt, schien mir eine völlig strikte konkordante Übersetzung allerdings nicht angemessen.

des Menschen geschieht. Das «Gedenken», das gedankliche (und das heißt, nichtsinnenhafte) Vergegenwärtigen der Gottheit bildet Bedingung und Voraussetzung für das, was aus dem Menschen zu diesem Zeitpunkt wird – «er geht zu meiner Seinsstufe» (8.5). Derselbe Übergang von Erkenntnishaltung und Seinszustand ist es, was den Weg und das Ziel der Yogins verknüpft.

So gesehen bilden die Grundwerte und Zielvorstellungen in der Bhagavad-Gītā einerseits Gegensätze, andererseits spannen sie einen Bogen. Man wird wohl nie «beweisen» können, was in den Köpfen jener Menschen vorging, von denen der Text spricht und die den Text geschaffen und überliefert haben. Es bleibt allerdings der Anspruch «wissenschaftlicher» Exegese, daß das, was sich einem heutigen Leser als «logisches» Denkmodell und als Theorie über die Bhagavad-Gītā nahelegt, aus dem Quellentext herausgelesen, nicht in ihn hineingelesen wurde.

3. Wirkungsgeschichte und Spiritualität

Die Tatsache, daß hier eine neue Übersetzung der Bhagavad-Gītā vorgelegt wird, ist Teil der Wirkungsgeschichte dieses Textes. Die Bhagavad-Gītā wurde in Indien bis auf den heutigen Tag immer wieder kommentiert. Wer als Nicht-Hindu eine (oder diese) Übersetzung der Bhagavad-Gītā liest, nimmt sie anders auf als ein indischer Zeitgenosse. Auf die Problematik einer interreligiösen Wirkungsgeschichte und spirituellen Rezeption eines Textes wie die Bhagavad-Gītā sei mit einigen Gedanken und Thesen wenigstens knapp hingewiesen.

Zwei grundlegende Denkgewohnheiten muß man neu einüben, will man die Sicht der Bhagavad-Gītā verstehen und nachvollziehen:

Die für den Westen so selbstverständliche Zerlegung der Wirklichkeit in die objektiv bestehende «Außenwelt» und eine davon «unabhängige» subjektive Innenwelt findet sich im Sprachgebrauch des Sāṃkhya nicht wieder. Die grundlegenden Denkkategorien und Begriffe sind nicht aus Beobachtung der Außenwelt abgeleitet; solche Begriffe sind vielmehr aus der Beobachtung «subjektiver» Wahrnehmung übernommen. Wahrnehmungsweise und wahrgenommener Wirklichkeits- oder Seinsbereich sind nicht trennbar. Wo keine Sinnestätigkeiten stattfinden, gibt es auch keine Sinnesobjekte, denn (in der Weltentstehungstheorie des Sāṃkhya) sind die Objektbereiche abgeleitet («entfaltet») aus den Sinnen.

Eine solche Welt-Sicht mag nicht alle metaphysischen und epistemologischen Probleme lösen; aber nur Probleme und Lösungen, die sich auf dieses Modell beziehen, kommen im Text vor; und will man sich auf den Text einlassen, muß man sich auf diese Sicht einlassen.

Die zweite Denkhaltung, die uns ungewohnt ist, ist jenes Sowohl-Als-auch, das sich aus der Vorstellung der «Emanation» ergibt. Danach ist die Wirklichkeit gestuft in Bereiche von «nach unten» immer weiter zunehmender Konkretheit, Materialität, Verschiedenheit, Vielheit. In der Richtung auf Anfang und Ursprung hin ist es eine Stufenfolge hin zu immer weitergehender Einheitlichkeit, Geistigkeit, Unsichtbarkeit. Die Entfaltung (Emanation, Schöpfung) ist ein «Prozess», der nicht nur einmalig stattfinden kann; sie ist ferner ein Vorgang, der nicht nur in einer Richtung verlaufen kann, und keiner, bei dem nachfolgende Stufen die vorhergehenden einfach ablösen oder ersetzen. Es bestehen vielmehr alle Wirklichkeitsbereiche und Manifestationsstufen immer auch gleichzeitig und sozusagen ineinander. Dieses Sowohl-Als-auch erklärt viele der von uns als Gegensätze oder Widersprüche empfundenen Aussagen oder Postulate des Textes: Das konkrete Handeln findet im

Bereich der Sinne statt, das Nicht-Handeln findet im Bereich der allem gemeinsamen Bewußtheitsdimension statt. Die «Kunst» des Yogin besteht darin, aus der Erkenntnishaltung heraus, die dieser undifferenzierten-Bewußtheit entspricht, Handlungen im Bereich weltlich-körperhaften Geschehens zuzulassen – gleichzeitig.

Es ist irreführend, wenn man sich vorstellt, daß die Sinne und ihre Funktionen, der innere Sinn (die «Denkkraft», einschließlich der Gedächtniskraft) und das abstrakte Intellektbewußtsein (Vernunft und Willen) einfach *neben*einander stehen als drei Bereiche, die zusammen «den Menschen» ausmachen. Diese drei Bereiche stehen vielmehr *über*einander. Die Sinne sind Entfaltungen, materielle Konkretisierungen der «Denkkraft» (*manas*), die wiederum eine Gestaltwerdung, ein Produkt der noch undifferenzierteren Bewußtheit (*buddhi*) ist.

Diese Stufenordnung ist keine theoretische Spielerei; sie ist nachvollziehbar als Beschreibung von Erkenntnisvorgängen und Bewußtseinszuständen während der meditativen Versenkung: Die Sinne sind hellwach, aber man versucht, sie auszuschalten; und in dem Maße, wie es gelingt, hören die Wahrnehmungen auf – es «gibt» keine Geräusche oder Farben oder Gerüche mehr. Die Denkkraft bleibt zunächst aktiv. Erinnerungen, Assoziationen, Traumbilder mögen auftauchen, aber wenn die Versenkung weiter fortschreitet, kann ein Zustand ausgeglichener, einförmiger Wachheit und Bewußtheit (*buddhi* heißt auch Wachheit) eintreten, in dem es nichts anderes mehr gibt, in dem alles zugleich aufgehoben und enthalten ist.

Diese Beschreibung macht vielleicht nachvollziehbar, warum sich der erkenntnistheoretische Aspekt dieser Zustände nicht trennen läßt von ihrer Übertragung auf «Seinsbereiche». Die Zustände der Versenkung sind genau die Stufen kosmischer Entwicklung; die Ausdrücke sind dieselben!

Was hier als Denkschemata oder Sichtweisen «der» Bhagavad-Gītā zusammengefaßt wurde, war auch zur Zeit der Redaktion des Textes nicht unumstritten. Der Text enthält nicht die Formulierung *einer* Botschaft, sondern ist Kristallisationspunkt von Erfahrungen und Auseinandersetzungen. Darin spiegeln sich grundlegende und weitläufige religionsgeschichtliche Entwicklungen und Veränderungen. Deshalb muß es fragwürdig erscheinen, von *der* Spiritualität der Bhagavad-Gītā zu sprechen. Zahlreiche Ausleger haben für ihre Interpretation diesen Anspruch erhoben. Aber in ihrem Vorgehen steht bei allen der Glaube an die Wahrheit *ihrer* Weltanschauung an erster Stelle; daran muß sich dann die Botschaft der Bhagavad-Gītā messen lassen.[19] Und sie hat sich an fast jeder Weltanschauung schon messen lassen müssen.

Es erscheint mir geboten, zwischen Text und Wirkungsgeschichte so gut wie möglich zu unterscheiden. Die Übersetzung versucht, den Text sprechen zu lassen und dabei ausdrücklich von seiner Wirkungsgeschichte abzusehen.

Trotzdem ist es schwierig oder unmöglich, von der Vielzahl der Interpretationen abzusehen. Einige der Gründe sind:

1. *Die* Spiritualität der Bhagavad-Gītā gibt es nicht; ein anonymer Text, der erkennbar aus verschiedenen Textstücken aus vermutlich verschiedenem Milieu und verschiedenen Epochen redigiert wurde, muß von vornherein mehrere Spiritualitäten, mehrere, vielleicht sogar widersprüchliche religiöse Haltungen und Wertsysteme spiegeln.
2. *Die* Spiritualität der Bhagavad-Gītā gibt es auch nach Ausweis der Wirkungsgeschichte des Textes nicht; die verschiedensten philosophischen Schulen haben ihn

[19] Dies gilt auch für das Nachwort von Sebastian Painadath SJ, dessen theologische Würdigung der Bhagavad-Gītā der Richtung eines harmonisierend-synthetischen Textverständnisses zuzuordnen ist.

kommentiert, für die widersprüchlichsten spirituellen Richtungen und politischen Zielsetzungen hat er als Autorität und Richtlinie gedient. Die Wirkungsgeschichte eines Textes wie die Bhagavad-Gītā zeigt, daß sich praktisch jede spirituelle Haltung, jeder Typ von Frömmigkeit und religiöser Lehrmeinung auf diesen Text berufen kann; und viele haben sich darauf berufen. Daraus mag man die Zuversicht ableiten, daß etwas von den vielen Auslegungsmöglichkeiten durchaus im Text selber angelegt ist; und ich leite daraus die Berechtigung dafür ab, mich nicht auf eine der möglichen Auslegungen festzulegen, sondern lieber den Text in seiner Vielschichtigkeit zu präsentieren.

3. Es darf bezweifelt werden, ob überhaupt jede Stelle des Textes eine spirituelle Dimension hat.

Aus diesen Argumenten ergibt sich die Überzeugung, daß die Spiritualität des Textes (jedes Textes, vermutlich) eine Dimension seiner Wirkungsgeschichte ist. Dies gilt in besonderem Maße in einer Publikation, die die spirituelle Rezeption durch Leser einer anderen Religion und eines anderen Kulturkreises ermöglichen soll. Wenn es die *eine* Spiritualität des Textes nicht gibt, dann gewiß noch viel weniger die *eine* Spiritualität der Leser, auf die man Darstellung und Übersetzung einrichten könnte. Jeder wird vermutlich mit dem beginnen, was er als vertraut und bekannt wiederzuerkennen meint, um von dort aus tiefer einzudringen in die vielleicht zunächst fremden und unbekannten Implikationen einer Lehre oder eines Begriffes. Je nach Ausgangslage und Einstellung wird sich das ändern, was als spirituell relevant erscheint gegenüber dem, was als fremd, unverständlich oder sogar empörend oder falsch empfunden wird.

Es geht nicht um Standpunkte, sondern um Wege; nicht um Strukturen, sondern um Vorgänge und Funktionen (Prozesse); nicht um Zustände, sondern um Transformationen und Wandlungen. Es geht nicht darum, Information weiterzugeben, sondern Wissen zu erwecken.

Mit einem Text verhält es sich da nicht anders als mit allen Dingen unserer Erfahrung. Es ist nichts Spirituelles in einem Sonnenuntergang oder in der Formation weißer Zugvögel vor der dunklen Regenwolke; aber für einen Ramakrishna[20] war der Anblick der Zugvögel Anlaß für eine ekstatische Erfahrung, die seinem Leben eine neue Richtung gab. Ein Sonnenuntergang mag mich kalt lassen, oder er mag mich anrühren und meine Sichtweise transformieren.

Ähnlich ist es mit einem Text; wenn der Text bei jemandem keine spirituelle Bereicherung der Erfahrung auslöst, dann *hat* der Text diese spirituelle Dimension für diesen Menschen nicht. Und wenn Erfahrung und Reaktion der Menschen auf denselben Text verschieden ausfallen, dann *hat* der Text mehr als eine spirituelle Dimension. Wenn dem Übersetzer oder Kommentator klar ist, welche Botschaft und Erfahrung der Leser haben *sollte*, dann wird er diese und keine andere Botschaft zu vermitteln suchen; aber das bedeutet nicht, daß eine andere Auslegung und andere Reaktionen nicht möglich sind.

Aus der Sicht des Lesers ist die Botschaft des Textes nicht zu trennen von der Autorität, die an Herkunft und Ursprung des Textes geknüpft ist. Wenn die Bhagavad-Gītā einen Autor hat, wird das Gewicht der Botschaft des Textes von Qualifikation und Glaubwürdigkeit dieses Menschen abhängen. Wenn die Bhagavad-Gītā nicht *einen* Autor hat, sondern über die Jahrhunderte aus dem kumulativen Verständnis von Barden und Gelehrten in sich wandelnden sozialen, politischen und religiösen Verhältnissen geschaffen wurde, muß das

[20] Vgl. Srī Rāmakrishna: Ein Werkzeug Gottes sein; Gespräche mit seinen Schülern. Aus dem Bengalischen übersetzt, ausgewählt und eingeleitet von Martin Kämpchen. Zürich: Benziger, 1988.

Verständnis der Botschaft ganz andere Fragestellungen berücksichtigen. Wenn, schließlich, der Kṛṣṇa der Bhagavad-Gītā die Gottheit des ganzen Kosmos ist, wenn sein Wort buchstäblich Wort Gottes und die Botschaft der Bhagavad-Gītā Offenbarung ist, wird der Empfänger dieser Botschaft noch andere Maßstäbe von Wahrheit und Richtigkeit anzulegen bereit sein.

Und es muß uns nichts daran hindern, die Ich-Aussagen des Textes als offenbarende Kundgebung der Gottheit auf uns wirken zu lassen. Darin steht die Rezeption der Bhagavad-Gītā der Rezeption etwa des Neuen Testaments um nichts nach. Aber die spirituelle Dimension muß keineswegs verloren gehen, wenn wir diese Ich-Aussagen als eine schriftstellerische, literarische Technik ansehen; sie wurde von Menschen angewandt, denen ihre Erkenntnis und Erfahrung wahr, wert und wichtig genug war, sie einem Gott in den Mund zu legen.

Was als formulierter Text vor uns liegt, ist selber sicher viele Stufen entfernt von einer unmittelbaren Erfahrung; aber wir dürfen wohl annehmen, daß der Text auf Erfahrungen zurückgeht. Hinter der literarischen Form, in der sie sich Ausdruck verschafft haben, bleiben sie uns erkennbar (und, im Idealfall, nachvollziehbar).

Wenn dies für die Erfahrung des yogischen Einungszustandes in ganzheitlich-bewußte Seinsbereiche hinein gilt, dann dürfen wir auch der visionären Gotteserfahrung Arjunas ihre Wurzeln in der Erfahrung nicht absprechen.

Und als Leser der Bhagavad-Gītā sind wir vermutlich (trotz des geographischen und zeitlichen und religiösen Abstandes) in einer Situation, die von jener der Redaktoren des Textes so verschieden nicht ist: Die unterschiedlichen und anscheinend unvereinbaren Gotteserfahrungen müssen oder sollen in ihrem unwiderlegbaren Gültigkeitsanspruch respektiert werden – der eifernde Gott und der liebende Gott, der Gott der Geschichte und der Gott zeitloser Transzendenz, das sanfte Licht und das verzehrende Feuer.

Grundlegend für alle in der Bhagavad-Gītā vorgetragenen Wegweisungen ist das Bewußtsein der Erlösungsbedürftigkeit; wer kein Problem hat, sucht auch keine Lösungen (und Arjuna hatte ein Problem!). Wer keine Fragen hat, erkennt auch Antworten nicht als solche.

Im Mittelpunkt stehen für das Bewußtsein der Erlösungsbedürftigkeit die Fesselung durch die Wirkungen der Handlungen (*karman*), Unreinheit, Leiden, Schmerz, Kummer, Vergänglichkeit, Zweiheit.

Daß die Erlösung des Menschen etwas mit seiner Sterblichkeit zu tun hat, daß wir sterben lernen können und bewußt, gewollt sterben können sollten – als Absicht, oder wenigstens als (unerreichbares?) Ideal, die Bhagavad-Gītā gibt uns Anlaß zu lernen, darum zu wissen.

4. Die Übersetzung

Die Entscheidung darüber, ob eine neue Übersetzung der Bhagavad-Gītā notwendig und sinnvoll sei, haben mir Verlag und Herausgeber abgenommen. Die hier vorgelegte Übersetzung ist nicht ein «Ergebnis», das sich zwangsläufig und eindeutig aus den dargestellten Zusammenhängen und Meinungen zu Textanalyse, Religionsgeschichte oder Spiritualität im Blick auf eine Heilige Schrift ergibt; aber sie ist entstanden in ständiger Auseinandersetzung mit diesen Problembereichen.

Auch wenn diese Übersetzung westlichen, und vielleicht sogar vorwiegend christlichen Lesern zugedacht ist, so sehe ich als Übersetzer mich doch außerstande, mich auf *eine* Interpretation, oder gar *die* christliche Auslegung festzulegen. Ich wünsche mir eine Vielfalt von Lesern, denen der Text eine Vielfalt von Anstößen und Erfahrungen vermitteln möge – bestätigende, bereichernde, beunruhigende, provozierende, widersprüchliche... Der Leser soll *seinen* Standpunkt finden, *seine* Erfahrungen machen; der Text bzw. seine Übersetzung und der Kommentar mögen ihm dabei helfen.[21]

Ich unterstelle, daß es *die* Botschaft der Bhagavad-Gītā nicht gibt; ich unterstelle auch, daß der Wortlaut der Bhagavad-Gītā und Kenntnis des Sanskrits sowie der Texttraditionen, die die Bhagavad-Gītā umgeben, Kriterien dafür abgeben, daß man eine Übersetzung und eine Auslegung im Text wiedererkennen kann. Ich beanspruche nicht, wissen zu müssen, was spirituell in Lesern einer Übersetzung vorgeht, um den Text zu übersetzen; und ich hoffe, daß der Leser sich durch meine Rezeption des Textes nicht über Gebühr einschränken und festlegen läßt.

Was die handwerkliche Seite des Übersetzens angeht, so bildet natürlich die sprachliche Richtigkeit den grundlegende Maßstab; der Übergang zur Ebene der literarischen Form (und der Angemessenheit der literarischen Form in der Übersetzung) ist fließend. Und beide Ebenen sind letztlich nicht zu trennen von ihrer Bezogenheit auf den religiösen Inhalt des Textes. Alle drei Ebenen konfrontierenden Übersetzer mit durchaus überprüfbaren Maßstäben und Ansprüchen; alle drei bieten jedoch auch einen beträchtlichen interpretatorischen Spielraum. Dem philologisch geschulten Indologen liegt eingestandenermaßen die Worttreue einer Übersetzung besonders am Herzen. Auf einem anderen Blatt steht, daß die zahllosen Einzelentscheidungen, mit denen man versuchen muß, den Ermessensspielraum auf allen Ebenen auszuloten, nicht in jedem Fall nachvoll-

[21] In Wirklichkeit ist die Rezeption eines Textes durch eine Auslegung nie absolut prädeterminiert; ich mag z.B. eine theistisch frömmelnde Auslegung lesen und doch einen Anstoß zu monistischer Erfahrung erhalten.

ziehbar sein werden; und ferner, daß die Stimmigkeit und Konsequenz in der Durchführung solcher Entscheidungen einen Anspruch darstellen, dem ich nicht immer gerecht werden konnte.

Aufbau und Präsentation

Die Präsentation von Übersetzung und Erläuterungen will verschiedene Weisen des Umgangs mit und Zugangs zum Text der Bhagavad-Gītā ermöglichen:

Ausgangspunkt und Grundlage ist der Text selber in dem uns heute vorliegenden Umfang und seiner überkommenen Gestalt. Der Leser mag die Übersetzung nach den Vorgaben seiner Fragestellungen und Bedürfnisse auf sich wirken lassen, Perikopen auswählen, Querbezüge herstellen, sich den Weg weisen lassen.

Die im Abschnitt über Kontext skizzierten Fragestellungen und Zusammenhänge stellen die aus meiner Sicht wichtigste Verständnishilfe dar. Abgesehen davon sind der Übersetzung Anmerkungen zu jedem Kapitel beigegeben; sie stehen zusammengefaßt im Anhang zur Übersetzung. Zu jedem Kapitel gibt es eine Zusammenfassung des Inhalts. Diese Inhaltsübersicht kann ohne Rücksicht auf die Angaben der Vers-Referenzen als Überblick gelesen werden. Die Zuordnung der einzelnen Themen zu Vers-Gruppen faßt die Ergebnisse meiner analytischen Textinterpretation zusammen und identifiziert die «Bausteine» des Textes. Auf die Darstellung und Begründung der Gliederung in historisch-diachroner Sicht mußte allerdings verzichtet werden.

Die Sacherläuterungen zu jedem Kapitel versuchen, die Aussagen der einzelnen Kapitel vor allem im Licht der Grundproblematik der Erlösungsbedürftigkeit des Menschen zu interpretieren, wie sie sich im Kontext der indischen Religionsgeschichte besonders im Wandel der Erlösungswege und des Erlösungsideals von der Erlösung bei und nach dem Tod zur Erlösung bei Lebzeiten nahelegen. Die Angabe von Referenzen («vgl.») dient dem Hinweis auf Querverweise, Parallelen usw. Sie möge die Leser ermutigen, immer wieder zum Text bzw. der Übersetzung zurückzukehren und damit die Zusammengehörigkeit von zusammenfassend-synthetischer Interpretation und zerlegend-analytischer Exegese nachzuvollziehen.

Im Glossar sind nicht nur Eigennamen und Fachausdrücke zusammengestellt; es wurden auch jene deutschen Ausdrücke aufgenommen, die durchgängig für die Übersetzung eines Sanskrit-Terminus gewählt wurden.

Übersetzungskriterien

Jeder Übersetzer hat sein zentrales Anliegen, seinen Angelpunkt, um den die Übersetzungsarbeit kreist. Am deutlichsten sind die Extreme: Als Angelpunkt mag sich die sprachliche Form erweisen – und wer reimt oder nachdichtet, muß oft genug Gedankengang und begriffliche Schärfe dem Anspruch der literarischen Form und dem ästhetischen Empfinden opfern. Als Angelpunkt mag als ein anderes Extrem eine geglaubte Wahrheit dienen, für deren Darlegung und Erweis (Beweis) der Text nur gleichsam Anlaß und Vorwand bietet. Aber auch akademische Anliegen wie die Einheit oder Geschichte des Textes können solche Zentralpunkte abgeben.

Mit Bezug auf den Text ist mein Angelpunkt die Überzeugung, daß wir ein Dokument für einen wichtigen Umbruch der indischen Religionsgeschichte vor uns haben, die Überzeugung, daß ein Erlösungsbegriff und Erlösungsweg vorausgesetzt werden, welche Erlösung nicht in dieser Welt, sondern nur nach dem Tod für erreichbar und denkbar ansehen (*videhamukti*), und nicht nur *nach* dem Tod, sondern konkret und real durch den Tod, durch die Modalität eines Sterbens, welches erlöst.

Diese Vorstellung von Eigenart und Inhalt der Bhagavad-Gītā erlaubt oder erfordert manche ungewohnte Übersetzung einzelner Stellen. Es sind insbesondere die Stellen, wo von *yoga*, der «Einung» die Rede ist, und wo von «Bewußtheit» (*buddhi*) oder «Erkenntnis» (*jñāna*) als jenem Bereich die Rede ist, mit dem Einung vor allem angestrebt werden soll. Es sind die Stellen, wo die metaphysischen Kennzeichen von «Bewußtheit» als einer allumfassenden, durchgängigen Dimension aller Dinge, als einem Bereich, der vor allem durch Gleichheit oder Ausgeglichenheit sich von der Vielfalt der Sinnendinge abhebt, die Grundlage für die Prägnanz einer Aussage bilden.

Wenn der Text ein Dokument des Umbruchs und Zeugnis für rege und intensive geistige Beschäftigung mit dem Problem der Erlösung und den Erlösungswegen ist, dann erklärt sich daraus die Vielschichtigkeit vieler Stellen und Aussagen: Man kann sie lesen im Licht älterer Auffassungen, man kann sie gleichzeitig lesen im Licht neuerer Haltungen, die jedoch oft mit denselben Grundbegriffen dargestellt werden. Es gibt in der Bhagavad-Gītā nicht nur viele Stellen, die man so oder so übersetzen kann, je nach Bedeutungsakzent oder Stilempfinden; das wäre nichts Besonderes und betrifft nur die Entscheidungen, wie jeder Übersetzer sie treffen muß. Es gibt aber auch eine Reihe von Stellen, die wirklich zweideutig sind, bei denen die Regeln der Grammatik verschiedene Auffassungen zulassen.

Ich beanspruche nicht, alle Übersetzungen der Bhagavad-Gītā Vers für Vers zur Kenntnis genommen zu haben.[22] Gelegentlich mußte ich feststellen, daß meine Übersetzung bis auf die Wortstellung einer anderen

[22] Ich habe die meisten der fast 30 deutschen Übersetzungen in der Hand gehabt, aber nicht annähernd so viele der über 200 englischen.

Übersetzung glich, obwohl keine bewußte Beeinflussung stattgefunden haben konnte; gelegentlich sah ich mich gehalten, mich bei der Wortwahl oder in der Terminologie einer Vorlage anzuschließen.

Daß sich im Rahmen von Richtigkeit und Stimmigkeit dennoch manche «neue» Übersetzungsmöglichkeit aufgetan hat, hat mich ermutigt, gelegentlich eine ungewohnte Textauffassung vorzulegen. Läßt sie sich widerlegen, dann hat sie gerade dadurch erkenntnisfördernd gewirkt.

«Fremdheit»: Vokative und Grundbegriffe

Ein, vielleicht *das* Grundproblem bei der Übersetzung kreist um die Frage, wie viel Fremdheit man dem Text, im Original wie in der Übersetzung zuzugestehen bereit ist. Das Problem läßt sich an den Vokativen erläutern, mit denen die Gesprächspartner in der Bhagavad-Gītā einander anreden. Es gibt eine Reihe von Übersetzungen, die diese Anreden schlicht weglassen, da sie den Gedankengang, die Flüssigkeit des Stils der Übersetzung stören, oder da sie als unübersetzbar bzw. in der Übersetzung als unbeholfen angesehen werden. Die angeführten Argumente sind gewiß stichhaltig; trotzdem plädiere ich dafür, daß das Grundanliegen aller Übersetzungsarbeit, nämlich die Absicht, einen fremdsprachlichen Text dem Zielpublikum näher zu bringen, nicht dazu führen darf, die Fremdheit des Textes nicht mehr zu respektieren. Es wird immer Ausdrücke, Vokabeln, Sätze geben, die man nicht übersetzen kann; es wird immer die Versuchung oder die Gefahr bestehen, daß eine dank des übersetzerischen Könnens erreichte sprachliche Glätte und Eleganz für den Leser der Zielsprache eine Vertrautheit nicht nur mit der Sprache, sondern auch mit dem Inhalt unterstellt, die bei näherem Hinsehen nicht berechtigt sind.

Die Vokative der Bhagavad-Gītā sind uns fremd – fremd als Stilmittel, fremd in ihrer Vielfalt der Benennungen derselben Personen, fremd in der Bedeutung der Namen und Titel, die da in den Text einfließen. Die Vokative als überflüssig, störend oder schwierig einfach wegzulassen, beseitigt etwas von der Fremdheit des Textes und beeinflußt damit grundsätzlich die Haltung, mit der der Text vom Leser aufgenommen werden wird.

Ich habe mich bewußt, wenn auch zögernd, dafür entschieden, die Fremdheit des Textes eher zu unterstreichen als zu verwischen. Und ich tue dies nicht nur im Sinne eines Stilmittels, sondern sehe darin auch ein grundlegenderes Anliegen bei der Rezeption fremdreligiöser Texte und Einsichten. Man macht Fremdes nicht dadurch vertrauter, daß man die Fremdheit leugnet oder übersieht. Es gibt eine Haltung der Rezeption, die vorwiegend das zur Kenntnis zu nehmen neigt, was man aus der eigenen Sicht und Perspektive nur *wieder*zuerkennen meint. Wenn ich die Fremdheit eines Textes wie die Bhagavad-Gītā betone, dann nicht, weil ich deren Rezeption nicht für möglich oder fruchtbar halte, sondern weil mir die wahre, auch die echte spirituelle, interreligiöse Begegnung und Bereicherung vor allem da gegeben zu sein scheint, wo man sich mit dem zunächst Fremden, Ungewohnten, «Anstößigen» (weil es Anstöße verleiht) konfrontiert sieht, um das man die eigene Sicht und das eigene Erfahren und Denken ergänzen und erweitern (und nicht nur bestätigen) kann und muß.

Die Fremdheit bei der Rezeption des Textes ist etwas, was der Leser einer Übersetzung, und insbesondere der religiös engagierte Leser einer anderen Tradition, dem indischen Rezipienten der Bhagavad-Gītā voraus hat (und als Übersetzer teile ich diesen «Vorsprung» mit meinen Lesern). Dem indischen Leser (und die Kommentarliteratur zur Bhagavad-Gītā belegt es) mögen der Text, seine Sprache, die Terminologie, die Diktion, das

Metrum usw. alles so vertraut und gewöhnlich erscheinen, daß die Lektüre in der Tat vorwiegend die Bestätigung bereits vorhandener Anschauungen und Erfahrungen bedeutet.

Wie wohl alle Übersetzer vor mir bin ich an den unübersetzbaren Wörtern hängen geblieben; persönlich hätte es mir genügt, im Wissen um die Sanskritbegriffe verschiedene Übersetzungsmöglichkeiten gesammelt zu haben. Wenn ich letztlich doch einen Übersetzungsversuch wage, dann jedenfalls nicht, weil ich beanspruche, die Probleme gelöst zu haben, sondern höchstens, weil es mir angemessener erschien, mich zu meinem Textverständnis zu bekennen und es durch Übersetzen zu verdeutlichen, als mich hinter unübersetzten Sanskrittermini zu verstecken.

Um ein Beispiel für diese Problematik zu nennen: Wenn ich in der Tageszeitung lese, daß jemandem etwas «zu Bewußtsein» kam, werde ich dem Ausdruck weniger terminologisches Gewicht beimessen, als wenn ich in einem psychologischen Lehrbuch lese, daß einem Patienten etwas «zu Bewußtsein» kommen solle. Umgekehrt kann ich nie ausschließen, daß der Sprachgebrauch des Lehrbuchs vom Umgangssprachlichen gefärbt ist; die Tendenz und Gefahr besteht, den Lehrbuchtext terminologisch überzuinterpretieren.

Ähnlich bei der Bhagavad-Gītā, die ich als Lehrtext einstufe und von der ich deshalb größere terminologische Prägnanz erwarte. Ein *buddhimān* wäre dann in erster Linie ein Mensch, der sich «Bewußtheit» im engeren Sinne der Versenkungsstufen angeeignet hat; und erst wenn und wo dieser Sinn ersichtlich versagt, wird man im weiteren Bedeutungsumfeld des Terminus nach Erklärungen suchen.

Ich habe also nicht nur entschieden, die Vokative zu übersetzen. Ich habe mich auch entschieden, möglichst viele der Fachausdrücke und Epitheta zu übersetzen. Ich habe Fachterminologie (z.B. die Grundbegriffe der

Sāṃkhya-Philosophie) zwar eingedeutscht, aber nicht so, daß man sie für Umgangssprache halten muß und dann nicht mehr über ihre Fremdheit stolpert. Die Andersheit (der Sprache, des Stils, des Geschmacks, des Themas) soll nicht von der Übertragung in den Kontext der Zielsprache und ihrer Tradition zugedeckt werden. Andersheit muß erhalten bleiben, damit wir uns daran reiben oder erwärmen, verletzen oder stützen, abstoßen oder bereichern können.

Ich habe mich bei Schlüsselbegriffen und Leitwörtern außerdem dazu entschieden, dem Prinzip des «konkordanten Übersetzens» zu folgen, d.h. ein Sanskritwort überall mit dem gleichen (oder einem erkennbar verwandten) deutschen Wort wiederzugeben.[23]

Meine Übersetzung will nicht bewußt «nüchtern-kritisch» (eine Beschreibung, die Leopold von Schroeder für die Übersetzung von Richard Garbe verwandte) sein, sie kann auch nicht als eine «schöne poetische Übertragung» eingestuft werden (wie Paul Deussen jene von L. v. Schroeder empfand). Sie will in erster Linie «richtig» sein, und wenn jemand den Originaltext nachliest und dann im Aha-Erlebnis nachvollziehen kann, warum etwas in der Übersetzung so dasteht, empfände ich das als Bestätigung. Und wenn jemand, der den Originaltext nicht nachlesen kann oder will (und für solche ist eine Übersetzung natürlich in erster Linie), Diktion und Inhalt des Gelesenen als nachvollziehbar und verständlich und anregend rezipiert, dann hätte meine Bemühung um «Übertragung» ihr Ziel erreicht.

Die Übersetzung ist nicht metrisch, und die Zeileneinteilung soll keine Versifizierung unterstellen. Zei-

[23] Offensichtliche Ausnahmen sind z.B. *karman* («Handlung», auch «Tätigkeit», «Werk», «Tun») oder *bhakti*. Für die gewählte(n) Übersetzung(en) der zentralen Sanskrittermini sei auf das Glossar verwiesen, für die inhaltliche Erläuterung auch auf diese Einleitung und die Anmerkungen zu den einzelnen Kapiteln.

lenende und Satzende fallen oft genug auch im Sanskrit nicht zusammen; und Satzbau wie Gedankengang umspannen nicht selten mehr als einen Vers. Die Verseinteilung wurde deshalb typographisch abgewertet, indem die Verszählung rechts marginal (in kleinen Ziffern) am Ende des gezählten Verses erscheint (was der Position der Zählung im Sanskrit nachempfunden ist); der Versanfang wird nicht durch Einrückung markiert. (Lediglich die Tatsache, daß eine Passage in ihrem Kontext durch abweichendes Metrum auffällt, wird durch Einrückung markiert.) Trotzdem hoffe ich, daß die Zeileneinteilung ein wenig von dem Lese- und Sprachrhythmus festhält, den lautes Lesen nahelegt und der phrasische Einheiten suggeriert, die durchaus den Vers-Vierteln der Sanskrit-Metrik ihren Anstoß verdanken können.

Ich habe nirgendwo Silben oder Akzente gezählt, aber ich habe Wortwahl und Wortstellung, Elisionen oder Partikel davon beeinflussen lassen, wie fließend, getragen etwas auf mich wirkte. Es wird mir nicht immer gelungen sein, der Neigung zu widerstehen, Satzbau und Wortstellung des Sanskrit allzu wörtlich nachzuahmen.

Zugunsten der Lesbarkeit habe ich darauf verzichtet, Ergänzungen in der Übersetzung, die sich zur Verdeutlichung der Aussagen oder aus stilistischen Erwägungen nahelegten, durch Klammern zu markieren. Wenn Ergänzungen, die so im Urtext nicht stehen, als eingeklammerte Ausdrücke «notwendig» sind, dann dürfen und müssen sie auch ohne solche Klammerungen vertretbar sein.

Danksagung

Mit besonderer Dankbarkeit gedenke ich all jener Anlässe, bei denen die Arbeit an dieser Übersetzung kein Alleingang bleiben mußte. Ich bin dankbar für die vielen Diskussionen mit all jenen, die mich an ihren Reaktionen bei der Lektüre der Übersetzung teilhaben ließen! Besondere Intensität hatte die Zusammenarbeit mit Angelika Heckel und Thomas Oberlies (beide Tübingen), mit denen ich die Übersetzung Vers um Vers durchsprechen konnte. John Brockington (Edinburgh) und Mislav Ježić (Zagreb, derzeit New Delhi) waren wie immer nicht nur wohlmeinende Kollegen, sondern kollegiale Freunde. Zu ihnen gehört auch Martin Kämpchen, der durch seinen Einsatz und Rat die Verwirklichung dieses Bandes überhaupt erst möglich gemacht hat. Die Anregung und die Vorlagen für die Illustration und den Schutzumschlag verdanke ich Cornelia Vogelsanger. Daß auch ein (nur für die Öffentlichkeit anonymer) Freundes- und Familienkreis und (nicht zuletzt) die Züricher Studenten in vieler Hinsicht immer «mitgearbeitet» haben, gehört ebenfalls zu den angenehmen Erinnerungen an diese Arbeit. Daß durch zwei Wechsel von Arbeitsstelle und Wohnort zwei Kontinente und drei Länder meine Arbeit an dieser Übersetzung zu beherbergen hatten, gehört zu ihren weniger faßbaren, aber dennoch symptomatischen Rahmenbedingungen.

Ich weiß, man kann es nicht *allen* recht machen; die Sanskritisten werden eine Übersetzung anders lesen als die spirituellen Sucher, eine drängend neugierige Jugend anders als ein abgeklärt weises Alter, eine begeisterte Indienschwärmerin anders als ein um Rechtgläubigkeit besorgter Kirchgänger. Aber ein wenig von allem ist in einem jeden. Ich begnüge mich mit der Hoffnung, recht getan zu haben, was mir möglich und aufgetragen war – *muktivivekasmaraṇe*.

Zürich, Juni 1990 Peter Schreiner

II. Übersetzungsteil: Die Bhagavad-Gītā

Kapitel 1

Dhṛtarāṣṭra sagte:
Auf dem Feld der Kurus, diesem Feld der wahren
Ordnung,
waren meine Leute und die Pāṇḍavas
kampfbereit versammelt;
was taten sie da, oh Saṃjaya? 1

Saṃjaya sagte:
Als damals nun Duryodhana
das aufgestellte Heer der Pāṇḍavas sah,
ging er, der König, zu seinem Lehrer
und richtete folgende Worte an ihn: 2
«Sieh nur, oh Lehrer, das große Heer der Pāṇḍu-Söhne,
aufgestellt von Drupadas Sohn,
deinem verständigen Schüler. 3
Da stehen Helden, große Bogenschützen,
dem Bhīma und dem Arjuna im Kampfe gleich:
Yuyudhāna und Virāṭa
und Drupada, der große Wagenkämpfer. 4
Dhṛṣṭaketu, Cekitāna,
und der mannhafte König von Kāśī;
Purujit und Kuntibhoja,
und der König der Śibis, jener Bulle von einem Mann. 5
Und der tapfere Yudhāmanyu;
und Uttamaujas, der mannhafte;
Subhadrās Sohn und Draupadīs Söhne,
alle große Wagenkämpfer. 6
Beachte, oh überragendster Zweimalgeborener,
wer unter den unseren hervorsticht;
ich nenne dir die Führer meines Heeres,
auf daß du zustimmst: 7

Du selber und Bhīṣma und Karṇa,
und Kṛpa, der Siegreiche im Kampf;
Aśvatthāman und Vikarṇa,
und Somadattas Sohn desgleichen, 8
und viele andere Helden,
die meinetwegen verzichtet haben auf ihr Leben.
Mit den verschiedensten Waffen und Geschossen
sind sie alle im Kampfe erprobt. 9
Den unseren nicht ebenbürtig ist jenes Heer,
das im Schutze von Bhīma steht;
doch jener ebenbürtig ist diese Streitmacht,
die im Schutze von Bhīṣma steht. 10
Ein jeder von euch soll in allen Manövern,
in welcher Abteilung auch eingeteilt,
vor allem den Bhīṣma beschützen.» 11
Der Älteste der Kurus, der Großvater,
machte ihm eine Freude,
indem er ein lautes Löwengebrüll erschallen ließ,
und hitzigen Mutes sein Schneckenhorn blies. 12
Da wurden die Hörner und die Pauken,
die Schellen, Trommeln und Trompeten
auf einmal plötzlich angeschlagen.
Das war ein betäubender Lärm! 13
Danach bliesen auch Mādhava und der Pāṇḍu-Sohn,
die auf «Gleiter» standen, ihrem großen Wagen,
welcher mit weißen Rossen bespannt war,
ihre himmlischen Schneckenhörner. 14
Mähnenhaar blies auf der Pāñcajanya-Schnecke,
der Schätze-Ersieger auf «Gottesgeschenk»;
auf Pauṇḍra, dem großen Schneckenhorn,
blies «Wolfsbauch», der Mann erschreckender Taten. 15
König Yudhiṣṭhira, der Sohn Kuntīs,
blies auf «Endloser Sieg»;
Nakula und Sahadeva
bliesen auf «Wohlklang» und auf «Juwelenblüte»; 16
Der König von Kāśī, ein großer Bogenkämpfer,
und Śikhaṇḍin, ein großer Wagenkämpfer,
Dhṛṣṭadyumna und Virāṭa
und Sātyaki, der unbesiegte; 17

Drupada und Draupadīs Söhne allesamt, oh Hüter der
Erde,
und Subhadrās Sohn mit mächtigem Arm,
ein jeder blies sein Schneckenhorn. 18
Dieser Klang zerriß die Herzen
der Leute des Dhṛtarāṣṭra,
ein Lärm, der Himmel und Erde widerhallen ließ. 19
Als da der Pāṇḍu-Sohn mit dem Affen im Banner
die Leute des Dhṛtarāṣṭra aufgestellt erblickte,
– der Waffengang war im Begriffe zu beginnen –
ergriff er seinen Bogen, 20
und sagte dann zu Mähnenhaar
die folgenden Worte, oh Hüter der Erde:
«In die Mitte zwischen beide Heere
stelle meinen Wagen auf, oh Unerschütterlicher, 21
damit ich überblicken kann,
wer da aufgestellt ist, begierig auf Kampf.
Wer hat mit mir zu kämpfen
in diesem kriegerischen Unternehmen? 22
Ich seh sie kampfbereit,
die hier versammelt sind,
weil sie dem Dhṛtarāṣṭra-Sohne, diesem Dümmling,
im Kampf zu Gefallen sein wollen.» 23
Als Kraushaar so gesprochen hatte, du Nachkomme des
Bharata,
da stellte Mähnenhaar diesen vorzüglichsten Wagen
zwischen die beiden Heere, 24
angesichts Bhīṣmas und Droṇas und all der Könige,
und er sagte: «Pṛthā-Sohn,
sieh da die versammelten Kurus!» 25
Da sah der Pṛthā-Sohn, wer alles dastand:
Väter und Großväter, Lehrer, Onkel, Brüder,
Söhne, Enkel und Gefährten. 26
Schwiegerväter und Verbündete, in beiden Heeren!
Als der Kuntī-Sohn sie alle,
die aufgestellten Verwandten überblickte, 27
wurde er von heftigem Mitleid durchdrungen;
er verzagte und sprach:
«Oh Kṛṣṇa, wenn ich meine Angehörigen da sehe,
kampfbereit in Stellung gegangen, 28

sinken mir die Glieder,
und der Mund trocknet ganz aus.
Und ein Zittern erfaßt meinen Körper,
und ich bekomme eine Gänsehaut; 29
Es gleitet mir Gāṇḍīva aus der Hand,
und die Haut glüht;
und ich kann nicht aufrecht bleiben;
und mein Sinn wirbelt gleichsam herum. 30
Und widrige Vorzeichen sehe ich, oh Langhaariger;
und kein Heil sehe ich darin,
hat man einen Angehörigen getötet, und sei es in der
Schlacht. 31
Ich will, oh Kṛṣṇa, keinen Sieg,
und keine Freuden und kein Reich!
Was soll ein Reich uns, oh Herdenherr,
was sollen Genüsse, oder selbst das Leben? 32
Jene, um derentwillen wir
Reich, Genüsse und Freuden wünschen,
sie stehen alle da im Kampf,
und haben dem Leben und Reichtum entsagt. 33
Die Lehrer, Väter, Söhne,
und sogar Großväter desgleichen,
die Onkel, Schwiegerväter, Enkel,
die Schwäger – und alles Verwandte, 34
ich mag sie nicht töten,
auch wenn ich erschlagen werde, oh Madhu-Zermalmer,
selbst nicht für Herrschaft über die Dreiwelt,
wie viel weniger erst für irdische Macht. 35
Welche Annehmlichkeit würde uns zuteil, du Heim-
sucher der Menschen,
wenn wir die Dhṛtarāṣṭra-Söhne erschlügen?
Nur Übel haftete uns an,
wenn wir sie, deren Absicht böse ist, erschlügen. 36
Deshalb dürfen wir die Dhṛtarāṣṭra-Söhne
samt ihren Verwandten nicht erschlagen!
Wie könnten wir denn glücklich werden, Mādhava,
wenn wir einen Angehörigen getötet hätten? 37
Wenn auch die anderen es nicht einsehen,
weil ihr Denken von Gier überwältigt ist,
daß hier ein Frevel begangen wird,
der den Untergang der Sippe bewirkt,
und daß es ein Vergehen ist, einen Vertrag zu brechen, 38

wie sollten wir es nicht erkennen,
daß man sich von diesem Übel abzuwenden hat,
wo wir doch vor Augen haben, oh Heimsucher der
Menschen,
daß hier ein Frevel begangen wird,
der den Untergang der Sippe bewirkt. 39
Ist eine Sippe erst vernichtet,
gehen die ewigen Ordnungswerte der Sippe unter;
ist die Ordnung dann verloren,
so überwältigt Ordnungslosigkeit die gesamte Sippe. 40
Nach Überwältigung durch Ordnungslosigkeit,
oh Kṛṣṇa,
werden die Frauen der Sippe verderbt;
sind die Frauen verderbt, oh Vṛṣṇi-Sproß,
ergibt sich die Vermischung der sozialen Stände. 41
Vermischung der Stände führt gewiß zur Hölle,
für jene, die in der eigenen Sippe töteten,
wie für die Sippe selbst;
denn ihre Vorfahren stürzen hinab,
wenn ihre Riten des Speise- und Wasseropfers unter-
brochen sind. 42
Durch die Frevel jener, welche in der Sippe töten,
wird die Vermischung der Stände bewirkt;
somit gehen die Ordnungswerte der Abstammung unter,
und damit die ewigen Ordnungswerte für Sippen. 43
Den Menschen, welche die Ordnung der Sippe
abgeschafft haben, oh Heimsucher der Menschen,
ist ein Höllenaufenthalt gewiss,
so ist uns überliefert. 44
Ach, wehe, welch ein großes Übel
haben wir zu begehen beschlossen,
daß wir aus Gier nach Reich und Freuden
drauf aus sind, Angehörige zu töten. 45
Wenn die Söhne Dhṛtarāṣṭras mit Waffen in Händen
mich ohne Gegenwehr und unbewaffnet in der Schlacht
erschlügen,
so behagte mir dies besser.» 46
Indem er so inmitten der Schlachtordnung sprach,
setzte Arjuna sich in seinen Wagen,
ließ Bogen und Pfeile sinken,
sein Herz von Kummer erschüttert. 47

Kapitel 2

Saṃjaya sagte:
Zu ihm, derart von Mitleid überkommen,
den Blick getrübt und voller Tränen,
niedergeschlagen, wie er war,
sprach der Madhu-Zermalmer die folgenden Worte: 1

Der Gnädige sagte:
Woher kommt dir solch Kleinmut in widriger Zeit,
wie er einem Edlen nicht gut ansteht,
ein Kleinmut, der den Himmel verspielt
und keinen Ruhm bringt, oh Arjuna? 2
Verkriech dich nicht in Weichlichkeit, oh Pṛthā-Sohn,
das steht dir nicht an;
gib auf die erbärmliche Schwachheit deines Herzens
und stehe auf, du Feinde-Verglüher! 3

Arjuna sagte:
Wie soll ich Bhīṣma in der Schlacht
und Droṇa mit Pfeilen bekämpfen, oh Madhu-Zermalmer?
beiden schulde ich Verehrung, oh Zermalmer von Feinden. 4
Besser ist es, vom Betteln zu leben in dieser Welt,
und nicht die hoch-erfahrenen Lehrer zu erschlagen,
als daß ich die Lehrer, obwohl sie eigene Zwecke verfolgen,
hier nun erschlüge
und blutbeschmierte Genüsse gewänne. 5
Wir wissen wirklich nicht, was besser wäre,
daß wir siegen oder daß sie uns besiegen;
die Söhne Dhṛtarāṣṭras sind uns gegenüber aufgestellt;
nicht leben wollten wir, wenn ausgerechnet sie wir töteten. 6
Mein ganzes Wesen ist von Kläglichkeit, diesem Fehler, überwältigt;
mein Geist ist ganz verwirrt bezüglich der Ordnungswerte.
Ich frage dich, was besser wäre; du nenne es mir mit Entschiedenheit.
Ich bin dein Schüler; belehre mich,
der ich mich unterwürfig an dich wende. 7

Denn ich erblicke nichts, was mir den Kummer vertriebe,
der mir die Sinne ausdörrt,
selbst wenn auf Erden ich ein Reich erlangte,
das unangefochten gedeihte
oder auch die Oberherrschaft über die Götter. 8

Saṃjaya sagte:
So sprach Kraushaar zu Mähnenhaar, oh Feinde-Verglüher;
«ich werde nicht kämpfen!», sagte er zu Herdenherr;
dann wurde er stumm. 9
Zu ihm, der mitten zwischen zwei Heeren verzagte,
sprach Mähnenhaar die folgenden Worte,
indem er gleichsam auflachte, du Nachkomme des Bharata. 10

Der Gnädige sagte:
Du betrauerst jene, die Trauer nicht verdienen,
und redest doch Weisheitslehren nach.
Wahre Gelehrte betrauern nicht jene,
deren Lebenszeit vergangen ist
und deren Lebenszeit noch nicht vergangen ist. 11
Denn, fürwahr, niemals war ich nicht,
noch du, noch jene Fürstenschar;
und niemals werden wir nicht sein,
wir alle, in der Zeit, die kommt. 12
So wie für die verkörperte Seele in diesem Körper
Kindheit und Jugend und Alter sich folgen,
so folgt Erlangung eines anderen Körpers;
darüber wird, wer feste Einsicht hat, nicht irre. 13
Nur die Berührungen mit den konkreten Dingen,
sind es, oh Kuntī-Sohn, was Kühle oder Hitze,
Annehmlichkeit oder Leid vermittelt.
Sie kommen und gehen, und sind nicht ewig;
die sollst du ertragen, du Nachkomme des Bharata. 14
Daher macht sich ein Mann von fester Einsicht, du Bulle unter den Männern,
den sie nicht in Bedrängnis bringen,
dem Glück und Unglück gleich bedeuten,
für die Unsterblichkeit bereit. 15

Es gibt kein Werden des Nicht-Seienden,
und kein Vergehen gibt es für das Seiende;
wer jedoch beider Wirklichkeit geschaut hat, hat gesehen,
daß beide ein Ende haben. 16
Wisse jedoch, daß unzerstörbar ist,
was dies All ausgesponnen hat;
niemand vermag es,
dies Unveränderlichen Zerstörung zu bewirken. 17
Diese Körper, endlich wie sie sind,
gehören dem, was ewig ist – so heißt es:
Der verkörperten Seele, die unzerstörbar ist und unermeßlich.
Deshalb kämpfe, du Nachkomme des Bharata! 18
Wer meint, daß sie erschlagen könne,
wer sie gar für erschlagen hält,
die haben beide nicht verstanden,
daß sie nicht tötet, nicht getötet wird. 19
Nicht wird sie geboren,
noch wird sie jemals sterben, wenn sie entstanden ist,
noch wird sie künftig mehr werden.
Von alters her ist jene ungeboren, ewig und beständig;
sie wird nicht getötet, wenn man den Körper erschlägt. 20
Ein Mann, der sie als unzerstörbar, ewig,
als ungeboren, unvergänglich kennt,
wie und wen kann er töten oder töten lassen, Pṛthā-Sohn!? 21
Wie ein Mensch zerschlissene Kleider ablegt
und neue, andere anlegt,
so legt die verkörperte Seele zerschlissene Körper ab,
verbindet sich mit anderen, neuen. 22
Waffen verletzen sie nicht,
das Feuer verbrennt sie nicht;
und die Wasser machen sie nicht naß,
die Winde trocknen sie nicht aus. 23
Unverletzlich ist sie, unverbrennbar,
unbenetzbar und nicht ausdörrbar;
ewig, allgegenwärtig, festgegründet,
unbeweglich ist sie, dauerhaft. 24

Unentfaltet ist sie; unausdenkbar ist sie;
unveränderbar wird sie genannt;
deshalb solltest du nicht trauern,
im Wissen darum, daß sie so ist. 25
Und weiterhin, selbst wenn du sie
für ewiglich geboren hältst,
oder für ewiglich gestorben,
so sollst du, Starkarmiger, sie dennoch nicht betrauern. 26
Denn allem, was geboren wurde, ist ja der Tod sicher,
und sicher ist Geburt für den, der tot ist.
Deshalb sollst du nicht betrauern,
was unvermeidliche Tatsache ist. 27
Der Anfang aller Dinge liegt im Unentfalteten,
dazwischen sind sie entfaltet, oh Nachkomme des
Bharata,
doch ist wieder im Unentfalteten ihr Ende;
was gibt es dann da zu beklagen?! 28
Der eine sieht es, es ist wie ein Wunder,
ein andrer spricht darüber, es ist wie ein Wunder,
und ein dritter hört es, es ist wie ein Wunder,
und wenn er auch darum gehört hat, so kennt es doch
niemand! 29
Ewiglich untötbar ist die verkörperte Seele
im Körper eines jeden, oh Nachkomme des Bharata.
Deshalb solltest du nicht trauern
um alle die Wesen. 30
Und ferner solltest du im Blick
auf deine Standespflicht nicht wanken;
denn etwas Heilvolleres als pflichtgemäßen Kampf
gibt es für einen Krieger nicht. 31
Glücklich die Krieger, Pṛthā-Sohn,
die zu solchem Kampf gelangen –
das Tor zum Himmel,
so unverhofft erreicht und weit geöffnet! 32
Wenn du wirklich diese pflichtgemäße Schlacht nicht
ausfichtst,
dann gereicht dir dies zum Übel,
denn du gibst Ruf und Standespflicht dahin. 33
Und deinen schlechten Ruf
werden die Geschöpfe ohne Unterlaß verkünden;
und für einen angesehenen Mann
wiegt schlechter Ruf schwerer als Sterben. 34

Die großen Wagenkämpfer werden meinen,
du habest aus Furcht vom Kampfe Abstand genommen;
und unter jenen selbst, die dich hochschätzten,
wirst du zur Bedeutungslosigkeit absinken. 35
Jene, die dir Übel wünschen, werden viel über dich
reden,
was besser nicht gesagt würde,
indem sie deine Fähigkeiten tadeln.
Was gibt es schmerzlicher als dies?! 36
Wirst du getötet, so erlangst du den Himmel,
und überlebst du, beherrschst du die Erde;
deshalb steh auf, oh Kuntī-Sohn,
entschlossen zum Kampf. 37
Glück und Leid laß dir gleichgültig sein,
desgleichen Gewinn oder Verlust, Sieg oder Niederlage,
dann sei gerüstet für den Kampf!
So wirst du kein Übel erlangen. 38
Höre über dieselbe Bewußtheit,
die dir im Kontext von Sāṃkhya-Begriffsreihen
dargelegt wurde,
auch mit Bezug auf den Einungszustand:
mit dieser Bewußtheit geeint, oh Pṛthā-Sohn,
wirst du die *Bindung* durch Taten hinter dir lassen. 39
Nicht gibt es da Vernichtung einer Anstrengung
und es findet sich kein Hindernis.
Ein ganz kleines bißchen schon rettet
vor der großen Gefahr jener Ordnung und Pflicht. 40
Bewußtheit, die Entschluß umfaßt,
ist eine einzige in dieser Welt, du Stolz der Kurus;
die Bewußtheiten der Unentschiedenen
sind vielfach verzweigt und haben kein Ziel. 41
Die Unweisen, welche Gefallen finden
an den Lehren des Veda, oh Pṛthā-Sohn,
verkünden solch blumiges Wort;
sie behaupten, es gäbe nichts anderes. 42
Es sind Leute, die ganz von Begierde geprägt sind,
denen der Himmel das Höchste ist;
und ihr Wort soll des Lebens Werken Frucht verleihen;
mit vielen besonderen Riten verknüpft
ist es gerichtet auf Genuß und auf Herrschaft als Ziel. 43

Für Leute, welche an Genuß und Herrschaft hängen
und deren Geist davon mitgerissen wurde,
wird durch solches Wort nicht vorgeschrieben,
daß die Bewußtheit, die Entschluß umfaßt,
in Sammlung einzugehen habe. 44
Die Veden beziehen sich auf den Bereich der drei Grundzüge;
du aber, Arjuna, sei frei von den drei Grundzügen,
frei von Gegensätzen, immerdar in der Lichtkraft ruhend,
frei von der Befaßtheit mit Wohlergehen,
im Besitze des Selbstes. 45
Der Sinn sämtlicher Veden ist
für einen wissenden Brahmanen
nicht größer als der eines Teiches dort,
wo alles von Wasser überflutet ist. 46
Du bist zuständig nur für die Durchführung,
für die Ergebnisse niemals!
Also sei nicht durch die Ergebnisse einer Handlung motiviert,
aber klammere dich auch nicht an Handlungslosigkeit. 47
Verrichte deine Handlungen im Zustande der Einung
unter Aufgabe jeglicher Anklammerung, oh Schätze-Ersieger,
indem Erfolg und Mißerfolg dir gleich sind.
Der Einungszustand ist als «Gleichheit» definiert. 48
Denn Handeln steht bei weitem niedriger
als Einung mit der Bewußtheit, oh Schätze-Ersieger.
Suche Zuflucht in Bewußtheit!
Jämmerlich sind jene, die durch Ergebnisse motiviert sind. 49
Wer geeint ist in der Bewußtheit,
läßt beides im Diesseits zurück,
schlechte und gute Taten;
deshalb sei für die Einung gerüstet!
«Einung» ist die rechte Haltung in Bezug auf Handlungen. 50
Denn jene, die geeint mit der Bewußtheit,
die aus Handeln entstehende Wirkung aufgegeben haben,
solch Einsichtige sind von der Fessel der Geburten frei;
sie gehen zur leidfreien Stufe. 51

Sobald deine Bewußtheit das Dickicht der Verworrenheit überquert haben wird,
wird dir ein Überdruß zuteil
an allem, was noch zu hören wäre und was schon gehört ist. 5
Sobald deine von der Offenbarung abgelenkte Bewußtheit
in ihrer Sammlung unbewegt
bewegungslos verharren wird,
wirst du die Einung erlangen. 5

Arjuna sagte:
Wie ist einer zu beschreiben, dessen Erkenntnis feststeht,
der in Sammlung sich befindet, oh Langhaariger?
Redet einer, dessen Geist feststeht,
sitzt er, wandert er umher? 5

Der Gnädige sagte:
Man sagt von einem dann, oh Pṛthā-Sohn,
daß die Erkenntnis feststeht,
wenn er alle die Begierden losläßt,
die seine Denkkraft erfüllen,
mit dem Selbst im Selbst zufrieden. 5
Wer in Leid in seiner Denkkraft nicht betroffen,
im Glück ganz ohne Ehrgeiz ist,
wem Leidenschaft und Furcht und Zorn vergangen sind,
der heißt ein Schweiger, dessen Geist feststeht. 5
Wer in jeder Hinsicht ohne Zuneigung,
ob ihm nun Genehmes oder Ungenehmes zustößt,
sich nicht daran freut und es nicht haßt,
dessen Erkenntnis ist wohlgegründet. 5
Wenn er, wie eine Schildkröte ihre Glieder,
die Sinne allseits von den Sinnendingen abzieht,
dann ist seine Erkenntnis wohlgegründet. 5
Die Gegenstände wenden sich ab von der verkörperten Seele,
die nichts mehr zu sich nimmt.
Der Geschmack auch wendet sich von ihr ab,
wenn sie das Höchste gesehen hat,
welches frei ist von Geschmack. 5

Allerdings, oh Kuntī-Sohn, reißen die Sinne, die wilden,
gewaltsam die Denkkraft des Menschen hinweg,
und sei er auch weise und bemühte sich sehr. 60
Indem er sie alle zügelt,
soll er sich hinsetzen, geeint,
mit mir als seinem höchsten Ziel;
denn wer seine Sinne in Gewalt hat,
dessen Erkenntnis ist wohlgegründet. 61
Wenn ein Mensch an Sinnendinge denkt,
entsteht Anklammerung daran;
aus Anklammerung wird Begierde,
aus Begierde entsteht Zorn. 62
Aus Zorn entsteht Verworrenheit,
aus Verworrenheit Verdrehung der Erinnerungskraft;
auf den Verfall der Erinnerungskraft folgt der Verlust
der Bewußtheit;
wenn die Bewußtheit verloren ist, ist man verloren. 63
Wer dagegen die Sinnendinge angeht
mit Sinnen, die von Leidenschaft und Haß getrennt sind,
und die man in die Gewalt seiner selbst bringen soll,
wer dadurch sich selbst bereitet,
der kommt der Abgeklärtheit näher. 64
In Abgeklärtheit lassen alle Leiden von ihm ab;
denn unverzüglich stellt bei einem, dessen Geist geklärt,
sich die Bewußtheit festgegründet ein. 65
Wer nicht geeint ist, hat keine Bewußtheit;
wer nicht geeint ist, hat keine Verwirklichung;
wer sich nicht verwirklicht hat, hat keinen Frieden;
und woher sollte Glück dem zukommen,
der nicht in Frieden ist? 66
Wenn, solange die Sinne schweifen,
die Denkkraft ihnen nacheifert,
dann treibt das dem Menschen Erkenntnis fort,
wie der Wind ein Schiff auf dem Wasser. 67
Deshalb ist, oh Starkarmiger,
die Erkenntnis für den wohlgegründet,
dessen Sinne allerseits
von den Sinnendingen zurückgehalten wurden. 68

Wer gezügelt ist, der wacht,
wo Nacht ist für die anderen Wesen alle;
dann, wenn die andern Wesen wachen,
gilt dies als Nacht für einen Schweiger, der durchschaut. 69
So wie die Wasser münden in den Ozean,
welcher gefüllt wird und doch unbewegt gegründet bleibt,
so erlangt Frieden jener – gierdelos nach Lüsten,
auch wenn die Lüste alle in ihn münden. 70
Indem er alle Lüste ablegt,
wandelt der Mensch von Ehrgeiz frei;
frei von Besitzgefühl, des Ichbewußtseins ledig,
kommt er jenem Frieden näher. 71
Dies ist das Feststehen im Urgrund, Pṛthā-Sohn;
wer ihn erlangt hat, wird nicht irre.
Wer auch in seiner Todesstunde darin weilt,
erreicht das Erlöschen im Urgrund. 72

Kapitel 3

Arjuna sagte:
Wenn du der Meinung bist, daß die Bewußtheit
höher steht als der Bereich des Handelns, oh Heimsucher der Menschen,
warum drängst du mich dann, oh Langhaariger,
zu diesem grausigen Tun? 1
Mit uneindeutiger Rede fürwahr
verwirrst du mir gleichsam die Bewußtheit.
Sage mir das eine mit Gewißheit,
wodurch ich Heil erlangen kann. 2

Der Gnädige sagte:
Ich habe, Frevelfreier, dir vorhin gesagt,
daß es in dieser Welt zweierlei Grundhaltung gibt:
die der Einung mit Erkenntnis bei den Sāṃkhya-Anhängern,
die der Einung mit Handeln bei den Yogins. 3

Nicht dadurch, daß er keine Handlungen mehr anfängt,
erreicht der Mensch die Freiheit vom Handeln,
und durch Entsagung allein
nähert er sich der Vollkommenheit nicht. 4
Denn niemand bleibt auch einen Augenblick nur,
ohne Handlungen zu tun,
wird doch ein jeder unfreiwillig veranlaßt zu handeln
durch die der Stoffnatur verdankten Grundzüge. 5
Wer zwar die Tatorgane zügelt, aber dasitzt
und mit seiner Denkkraft der Sinnendinge sich erinnert,
der ist verwirrt;
von ihm sagt man, sein Lebenswandel sei unlauter. 6
Wer jedoch die Erkenntnissinne mit der Denkkraft
zügelt, Arjuna,
und mit den Tatorganen die Einung mit Handlungen
angeht,
der ist nicht verhaftet und zeichnet sich dadurch aus. 7
Vollziehe du die festgesetzte Handlung;
Handeln ist besser als Nicht-Handeln;
nicht einmal deine Lebensreise mit dem Körper
führt zum Erfolg, wenn du nicht handelst. 8
Diese Welt wird durch Handeln gebunden,
außer wo Handeln zum Zwecke des Opfers geschieht.
Handlungen, die diesem Zwecke dienen,
führe aus, Kuntī-Sohn, ohne daran zu hängen. 9
Vormals, nachdem der Hüter der Geschöpfe
die Wesen samt Opfer geschaffen hatte,
sagte er zu ihnen:
«Damit sollt ihr euch in Zukunft fortpflanzen;
dies sei euch eine Wunschkuh, die als Milch
nach Belieben das Erwünschte gibt. 10
Erhaltet damit die Götter im Sein;
und diese Götter sollen euch erhalten.
Indem ihr einander erhaltet,
werdet ihr das höchste Heil erreichen. 11
Denn die Götter werden euch,
wenn ihr sie durch Opfer erhaltet,
die erwünschten Genüsse verleihen.
Wer die von ihnen gegebenen Gaben genießt,
ohne ihnen davon abzugeben,
der ist ein Dieb.» 12

Jene Guten, welche essen, was vom Opfer übrigbleibt,
werden von jeglicher Schuld befreit;
die Bösen aber, die nur für sich selber kochen,
essen als Frevel. 1
Aus Nahrung entstehen die Lebewesen;
die Entstehung der Nahrung erfolgt dank Regen;
aus dem Opfer entsteht der Regen;
das Opfer hat seinen Ursprung im Tun. 1
Wisse, daß das Handeln aus dem Vedawort entspringt;
Vedawort hat seinen Ursprung in der unwandelbaren
Ursilbe;
deshalb ist das Vedawort in allem,
allzeit im Opfer gegenwärtig. 1
Wer dieses derart in Bewegung gesetzte Rad
in dieser Welt nicht weiterlaufen läßt,
der lebt in Schuld, ergötzt sich mit den Sinnen;
er lebt vergebens, Pṛthā-Sohn. 1
Andrerseits, wenn ein Mensch sich am Selbst ergötzt
und durch das Selbst zufriedengestellt wurde,
und er im Selbst allein befriedigt weilt,
dann gibt es für ihn nichts, was er tun müßte. 1
Für ihn besteht kein Zweck,
den er durch die getane Tat erreichen müßte,
und keiner für die Unterlassungen in dieser Welt.
Und unter allen geschaffenen Dingen gibt es für ihn
nichts,
was ihm einen Zweck abgäbe. 1
Deshalb vollziehe immerdar die Handlung, die zu tun
ist,
ohne daran zu hängen;
nur wenn er unverhaftet ist und so sein Werk vollbringt,
erreicht der Mensch das Höchste. 1
Könige wie Janaka haben allein durch Handlung
Vollkommenheit erreicht.
Indem du, ferner, nur auf den Zusammenhalt der Welt
blickst,
sollst du handeln. 20
Wie immer der Beste sich verhält,
so auch das übrige Volk;
was er zur Richtschnur macht,
dem folgt die Welt. 2

Für mich, oh Pṛthā-Sohn, gibt es in allen drei Welten
nichts, was ich tun müßte,
nichts Unerreichtes zu erreichen;
und ich bleibe dennoch tätig. 22
Denn bliebe ich nicht unermüdlich tätig,
fürwahr, die Menschen würden allenthalben
meinem Weg nachfolgen, Pṛthā-Sohn. 23
Untergehen würden diese Welten,
wenn ich nicht mein Werk vollbrächte;
und ich wäre ein Schöpfer des Verfalls;
ich würde diese Geschöpfe erschlagen. 24
Genau wie Unwissende handeln,
dem Handeln verhaftet, oh Nachkomme des Bharata,
so handle auch der Wissende, nur unverhaftet,
der den Zusammenhalt der Welt zu schaffen wünscht. 25
Nur Trennung von Bewußtheit soll er nicht entstehen
lassen!
Bei jenen, die unwissend dem Handeln verhaftet sind,
mag zu jeglichen Taten antreiben,
wer wissend sein Leben in Einung führt. 26
Ein Mensch, von Ichgefühl verwirrt,
glaubt von sich, «ich bin der Täter»,
wo doch die Handlungen allesamt
durch die Grundzüge der Stoffnatur geschehen. 27
Wer aber, Starkarmiger, die Wirklichkeit kennt
der Aufteilung in Grundzüge und Handlungen,
ist nicht verhaftet, denn er glaubt:
«Die Grundzüge agieren in den Grundzügen.» 28
Jene, die über die Grundzüge der Stoffnatur verwirrt
sind,
klammern sich an die Tätigkeit der Grundzüge.
Einer, der das Ganze kennt,
versetzt nicht jene Törichten in Unruhe,
die nicht das Ganze kennen. 29
Indem du in mir aller Handlungen entsagst
mit auf das Selbst gerichtetem Geist,
frei geworden von Erwartungen, frei von Besitzgefühl,
kämpfe, vom Fieber frei! 30
Jene Menschen, die diese meine Lehre immerdar
befolgen,
voll gläubigem Zutrauen, ohne Mißgunst,
auch die werden von den Handlungen befreit. 31

Jene aber, die dieser meiner Lehre mißgünstig sind,
sie nicht befolgen,
die, wisse, sind verwirrt
über die allumfassende Erkenntnis;
geistlos sind sie, verloren! 3
Derart ist sogar derjenige aktiv, welcher Erkenntnis hat –
nach der ihm eignen Stoffnatur.
Alle Wesen kehren zur Stoffnatur zurück;
was kann Zurückhalten da ausrichten? 3
Leidenschaft und Haß sind im Gegenstand angelegt
für ein jedes Sinnesorgan.
Man soll nicht in ihre Gewalt geraten!
Sie beide sind es ja, die einem auflauern. 3
Besser ist des eigenen Standes Ordnung,
auch wenn sie keine Vorzüge hat,
als eines fremden Standes Ordnung, gut erfüllt.
Im Rahmen eigener Standespflichten ist der Tod vorzuziehen;
die fremde Ordnung birgt Gefahr. 3

Arjuna sagte:
Von wem getrieben begeht der Mensch dann Übel,
obwohl er es gar nicht will, oh Vṛṣṇi-Sproß,
als würde er mit Gewalt gezwungen? 3

Der Gnädige sagte:
Die Lustgier ist es, der Zorn ist es,
der aus dem Grundzug der Triebkraft entspringt
– ein großer Vertilger, ein großes Übel.
Erkenne ihn hier als den Feind. 3
Wie Feuer von Rauch umgeben ist,
und wie das Spiegelbild von den Verunreinigungen der Oberfläche,
wie der Embryo von der Fruchtblase,
so ist all dies davon umgeben. 38
Des Erkennenden Erkenntnis ist davon umgeben, Kuntī-Sohn,
von dem ewigen Feind in Gestalt der Lustgier,
einem schwer zu stillenden Feuer. 39

Es heißt, daß Sinne, Denkkraft und Bewußtheit
ihm als Grundlage dienen;
mit ihrer Hilfe verwirrt er die verkörperte Seele,
indem er die Erkenntnis umgibt. 40
Deshalb zügle du zuerst die Sinne, oh Bulle unter den Bharatas,
und lasse jenen Bösen zurück,
der die Erkenntnis der «Erkenntnis» vernichtet. 41
Man sagt, daß schon die Sinneskräfte jenseitig seien;
höher als die Sinne ist die Denkkraft;
und die Bewußtheit ist höher als Denkkraft;
wer aber höher als Bewußtheit ist, ist ER. 42
Indem du derart jenen dir zu Bewußtsein gebracht hast,
der jenseits der Bewußtheit ist,
indem du das Selbst mit dem Selbst gefestigt hast,
erschlag den Feind, oh Starkarmiger,
den schwer zu bändigenden, in Gestalt der Lustgier. 43

Kapitel 4

Der Gnädige sagte:
Diesen unveränderlichen Einungszustand
hatte ich dem Vivasvat verkündet;
Vivasvat teilte ihn dem Manu mit,
Manu dem Ikṣvāku. 1
So, durch Weitergabe von einem zu anderen gelangt,
haben die königlichen Seher ihn kennen gelernt.
Im Laufe der langen Zeit auf Erden
ging dieser Einungszustand dann verloren, oh Feinde-Verglüher. 2
Eben diesen urzeitlichen Einungszustand
habe ich dir heute verkündet;
denn darin liegt das höchste Geheimnis:
«Du hast an mir teil und bist mein Gefährte.» 3

Arjuna sagte:
Deine Geburt ist später, die des Vivasvat war früher!
Wie soll ich das verstehen,
daß am Anfang du dies verkündet habest. 4

Der Gnädige sagte:
Viele Geburten von mir sind schon vergangen,
und auch von dir, oh Arjuna.
Ich weiß um sie alle,
du kennst sie nicht, oh Feinde-Vergluher. 5
Obwohl ich, als wesenhaft unveränderlich, ungeboren bin,
obwohl ich der Herr der Wesen bin,
entstehe ich durch meine Machenskraft,
indem ich über die Stoffnatur verfüge als mir eigen. 6
Immer wenn ein Niedergang der Ordnung eintritt, du Nachkomme des Bharata,
und Zuwachs an Ordnungslosigkeit,
dann erschaffe ich mich selbst. 7
Um die Guten zu erretten,
und um die Übeltäter zu vernichten,
um also die Ordnung wieder aufzurichten,
entstehe ich in den verschiedenen Zeitaltern. 8
Wer meine Geburt und mein Werk so,
der Wirklichkeit gemäß, als göttlich erkennt,
gelangt, wenn er den Körper aufgegeben hat,
nicht zu einer Wieder-Geburt –
er geht zu mir, oh Arjuna! 9
Viele haben meinen Seinszustand erreicht,
wenn Zorn und Leidenschaft für sie vergangen waren;
eins mit mir sind sie geworden,
sie haben sich auf mich gegründet,
gereinigt durch die Askeseglut der Erkenntnis. 10
Genauso, wie die Menschen sich mir nähern,
habe ich an ihnen teil.
Die Menschen folgen meinem Weg
in jeder Weise, oh Pṛthā-Sohn. 11
Jene, die den Erfolg der rituellen Handlungen ersehnen,
opfern hienieden den Gottheiten.
Erfolg, wie er aus rituellen Handlungen entsteht,
ist in der Menschenwelt ja schnell erreicht. 12
Die vier Stände wurden von mir geschaffen,
gemäß der Einteilung nach Grundzügen und Handlungen.
Wisse, daß ich, wenngleich ihr Schöpfer,
auch Nicht-Bewirker, unveränderlich bin. 13

«Werke beflecken mich nicht;
Gier nach der Taten Frucht habe ich nicht!»
wer so mich anerkennt,
der wird von seinen Werken nicht gebunden. 14
In dieser Erkenntnis haben auch die Früheren
als Sucher nach Befreiung gehandelt.
Deshalb sollst auch du vor allem handeln,
wie von den Alten früher gehandelt wurde. 15
«Was ist Handlung, was ist Nicht-Handlung?»
Auch die Seher waren darüber verwirrt;
deshalb werde ich dir als Handlung das verkünden,
was du erkennen sollst,
um dich von allem Unheil zu befreien. 16
Über Handlung soll man aufgeklärt sein,
und aufgeklärt sein soll man über die unguten Handlungen;
auch über Nicht-Handeln soll man aufgeklärt sein;
das Ziel des Handeln ist schwer zu ergründen. 17
Wer im Handeln das Nicht-Handeln,
und im Nicht-Handeln das Handeln sieht,
der allein hat Bewußtheit unter allen Menschen,
ist einer, der geeint jegliche Handlung tut. 18
Einen Gelehrten nennen Einsichtige den,
dessen sämtliche Unternehmungen
frei von Begierden und Absicht sind,
der alle Handlungen im Feuer der Erkenntnis verbrannt hat. 19
Wer das Anklammern an das Ergebnis einer Handlung aufgegeben hat,
wer immer zufrieden und unabhängig ist,
der tut in Wirklichkeit nichts,
auch wenn er dem Handeln zugewandt ist. 20
Wenn jemand ohne Erwartungen,
mit gezügeltem Geist und Selbst,
unter Verzicht auf allen Erwerb,
nur körperlich Handlung vollzieht,
erlangt er keine Befleckung. 21
Zufrieden mit dem, was er gerade bekommen kann,
erhaben über die Gegensätze, frei von Eifersucht,
gleichgültig in Erfolg und Mißerfolg,
wird einer nicht gebunden, auch wenn er handelt. 22

Für einen, welcher aufgehört hat anzuklammern,
der in Erkenntnis seinen Geist gegründet hat,
der, was er tut, als Opfer tut,
für den löst sich alles Handeln auf. 23
Die Darreichung ist Urgrund, der Opferguß ist Urgrund;
geopfert wird der Urgrund durch den Urgrund im Feuer;
durch die Sammlung aller Handlungen im Urgrund
geht man somit geradewegs zum Urgrund. 24
Da gibt es Yogins, die pflegen das Opfer
als nur auf die Götter gerichtet;
in das Urgrund-Feuer opfern andere
ein Opfer als wirkliches Opfer. 25
Wieder andere opfern die Sinne, angefangen mit Gehör,
in die Feuer der Disziplinierung;
andere opfern alle Sinnenbereiche, angefangen mit den Tönen,
in den Feuern der Sinnesorgane. 26
Wieder andere opfern alle Sinnestätigkeiten und Atemtätigkeiten
in dem Feuer der Einung durch Selbstdisziplinierung,
welches in Erkenntnis aufflammt. 27
Andere wiederum kennen Opfer von Substanzen,
Opfer der Kasteiung, Opfer der Einung;
Und es gibt die Asketen mit scharfen Observanzen
mit den Opfern der Erkenntnis durch Rezitation. 28
Und wieder andere opfern das Einatmen in dem Ausatmen,
und das Ausatmen in dem Einatmen.
Indem sie die Bewegung von Ein- und Ausatmen anhalten,
wird die Atemkontrolle für sie das letzte Ziel. 29
Andere zügeln die Nahrungsaufnahme
und opfern die Atemkräfte in den Atemkräften;
alle diese jedoch kennen das Opfer;
ihre Frevel sind durch das Opfer getilgt. 30

Jene, die Unsterblichkeitsnektar genießen,
der das ist, was beim Opfer übrig bleibt,
gehen zum ewigen Urgrund;
schon *diese* Welt ist nicht für jemand, der kein Opfer
kennt;
wieviel weniger dann eine andere, oh Bester der Kurus! 31
Opfer von solch vieler Art
werden im Angesicht des Urgrunds ausgebreitet;
wisse, daß alle dem Handeln entspringen.
Wenn du dies erkennst, wirst du befreit. 32
Besser als das Opfer von Substanzen
ist das Opfer der Erkenntnis, oh Feindeverglüher,
jegliches Werk, oh Pṛthā-Sohn,
wird gänzlich in Erkenntnis vollendet. 33
Erlerne dies durch Unterwerfung,
durch Nachfragen, durch Dienst.
Diese Erkenntnis werden dich jene lehren,
die, selber mit Erkenntnis ausgestattet,
die Wirklichkeit schauen. 34
Wenn du sie erkannt hast, Pāṇḍu-Sohn,
wirst du nie wieder wie jetzt in Verwirrung fallen.
Du wirst durch sie, die allumfassend ist, die Wesen
in dir erschauen, und dann in mir. 35
Selbst wenn du der größte Übeltäter
unter allen Übeltätern wärest,
die ganze Bosheit wirst du überqueren
mit nur der Erkenntnis als Boot. 36
So wie ein Feuer, ist es erst entzündet,
den Brennstoff in Asche verwandelt, Arjuna,
so äschert das Feuer der Erkenntnis
alle Taten ein. 37
Denn es findet sich auf dieser Welt
kein Mittel für Läuterung der Erkenntnis gleich;
man findet es von selbst in sich,
wenn man im Verlauf der Zeit
im Einungszustand vollendet ist. 38
Wer gläubiges Vertrauen hat, der erlangt die Erkenntnis,
wenn er seine Sinne zügelt und es absolut erstrebt.
Hat er Erkenntnis erst erlangt,
erreicht er ohne Verzug den höchsten Frieden. 39

Wer weder die Erkenntnis hat noch gläubiges Vertrauen,
von Zweifeln geplagt geht er zugrunde;
für einen Zweifler gibt es weder diese Welt noch jene
und kein Glück! 40
Wer seinen Handlungen im Einungszustande entsagt hat,
und wessen Zweifel in «Erkenntnis» beseitigt sind,
der ist im Besitze seiner selbst,
den binden die Handlungen nicht, oh Schätze-Ersieger. 41
Deshalb vertreibe mit der Erkenntnis als Schwert
diesen deinen Zweifel, der im Herzen sitzt
und dem Fehlen von Erkenntnis entspringt;
sei fest im Einungszustand und steh auf, du Nachkomme
des Bharata. 42

Kapitel 5

Arjuna sagte:
Kṛṣṇa, du preist sowohl die Entsagung der Werke,
als auch wiederum die Einung damit.
Sage mir mit deutlicher Entschiedenheit,
welches von beiden besser ist. 1

Der Gnädige sagte:
Beide, Entsagung und Einung mit Handeln bewirken
Heil;
unter den beiden aber zeichnet sich die Einung mit
Handeln
gegenüber der Entsagung des Handelns aus. 2
Einen der für immer entsagt hat, kann man daran
erkennen,
daß er nicht haßt und nicht begehrt.
Frei von allen Gegensatzpaaren, oh Starkarmiger,
wird er leicht aus der Bindung befreit. 3
Nur Toren reden von Sāṃkhya und Yoga als verschieden,
nicht aber Gelehrte.
Wer auch nur in einem davon völlig feststeht,
findet, was die Frucht von beiden ist. 4

Derselben Stufe, die von den Sāṃkhya-Anhängern erlangt wird,
nähern sich auch die Anhänger des Yoga.
Wer sieht, daß Sāṃkhya und daß Yoga eins sind,
der sieht wirklich. 5
Doch Entsagung ohne Einung, oh Starkarmiger,
ist nur schwerlich zu erlangen.
Ein Schweigeasket, in Einung geeint,
nähert sich in kurzer Zeit dem Urgrund. 6
Wenn einer in Einung geeint ist, sein Selbst gereinigt hat,
das Selbst ersiegt hat, die Sinne besiegt hat,
dann hat er ein Selbst, welches zugleich alle Wesen und er selbst ist,
dann wird er nicht befleckt, auch wenn er handelt. 7
«Ich tue gar nichts,»
so soll der Geeinte denken,
der um die Wirklichkeitsbereiche weiß,
beim Sehen, Hören, Berühren, Riechen,
beim Essen, Gehen, Schlafen, Atmen, 8
beim Sprechen, Entleeren, Ergreifen,
auch beim Augenöffnen oder Schließen,
wobei er daran festhält, daß nur die Sinne
sich auf die Sinnendinge richten. 9
Wer handelt, indem er Handlungen im Urgrund abgelegt
und jegliches Anklammern aufgegeben hat,
der wird von Übel nicht befleckt,
wie das Lotosblatt vom Wasser. 10
Die Yogins vollziehen eine Handlung
mit dem Körper, mit der Denkkraft, mit ihrer Bewußtheit,
oder auch nur mit den Sinnen,
wobei sie das Anklammern aufgegeben haben,
damit das Selbst rein werde. 11
Wer geeint ist und dabei die Frucht des Handelns aufgegeben hat,
erreicht den endgültigen Frieden.
Wer nicht geeint ist und durch das Erwirken von Lust
sich an das Ergebnis klammert, der wird gebunden. 12

Indem sie alle Handlungen mitsamt der Denkkraft ablegt,
verweilt die verkörperte Seele glücklich und machtvoll
in dieser Stadt mit den neun Toren,
und handelt nicht, läßt nichts geschehen. 13
Die Vortreffliche erschafft aus sich kein Tätersein
und nicht die Handlungen der Welt,
auch nicht den Zusammenhang
zwischen den Handlungen und ihren Früchten;
aber das Eigensein besteht noch weiter. 14
Die Machtvolle nimmt niemandes Übel entgegen,
und auch nicht Gutgetanes.
«Erkenntnis» ist von Unkenntnis verhüllt;
die Lebewesen sind dadurch verwirrt. 15
Für Menschen, bei denen diese Unkenntnis über das Selbst
durch die Erkenntnis vernichtet wurde,
macht die Erkenntnis wie die Sonne
sichtbar, was höher ist als sie. 16
Jene, deren Bewußtheit damit eins ist,
deren Selbst damit eins ist,
die darin gegründet, auf dies als letztes Ziel gerichtet sind,
die gehen zur Nichtwiederkehr;
durch die Erkenntnis sind ihre Befleckungen abgewaschen. 17
Gelehrte sehen in allem dasselbe,
in einem Brahmanen, der reich an Wissen und Anstand ist,
in einer Kuh, in einem Elefanten,
und sogar in einem Hund und einem Unberührbaren. 18
Hier schon haben sie den Weltenlauf besiegt,
deren Denkkraft in der Gleichschau feststeht;
denn der Urgrund ist ja das, was ohne Befleckung dasselbe bleibt.
Deshalb stehen sie im Urgrund fest. 19
Ein Mensch, dessen Bewußtheit fest ist,
der freut sich nicht, wenn er Liebes bekommt,
der regt sich nicht auf, wenn er Unliebes bekommt;
er ist nicht verwirrt,
er kennt den Urgrund, steht im Urgrund fest. 20

Wer sich nicht an die Berührungen mit Außendingen
klammert,
wer das Glück im Selbst findet,
der hat in Einung mit dem Urgrund sich geeint;
ein unvergängliches Glück genießt er. 21
Denn die Genüsse, die aus den Berührungen entstehen,
bringen nur Leid hervor;
sie haben einen Anfang und ein Ende, Kuntī-Sohn;
der Einsichtige ergötzt sich nicht an ihnen. 22
Ein Mensch, der hier in dieser Welt
und vor dem Verlassen des Körpers,
den Ansturm, der aus Lust und Zorn entsteht, ertragen
kann,
der ist geeint, der ist ein glücklicher Mensch. 23
Wer sein Glück im Innern findet, sich im Inneren
erfreut,
und wer sein Licht im Innern findet,
der ist ein «Yogin», er ist der Urgrund geworden,
und er gelangt zum Erlöschen im Urgrund. 24
Das Erlöschen im Urgrund erlangen nur Seher,
deren Befleckungen beseitigt wurden,
die sich von allen Gegensätzen gelöst, ihr Selbst gezügelt
haben,
die ihr Gefallen haben an dem, was in allen Wesen liegt. 25
Den Asketen, die ihren Geist gezügelt haben,
die sich von Lust und Zorn getrennt haben,
bleibt das Erlöschen im Urgrund nahe,
denn sie haben das Selbst gefunden. 26
Sie haben äußerliche Berührungen ausgesperrt,
haben den Blick auf die Mitte zwischen die Augenbrauen
gerichtet,
sie haben Ein- und Ausatmen gleich gemacht,
wie sie innen durch die Nase strömen. 27
Ein Schweigeasket, der seine Sinne und die Denkkraft
und die Bewußtheit gezügelt hat,
der ganz auf Erlösung ausgerichtet ist,
dem Wünschen, Furcht und Zorn vergangen sind,
der ist schon befreit für immer. 28

Wenn er mich als den Empfänger von Opfern und
Kasteiungen,
als den Hohen Herrn über die ganze Welt,
als Freund aller Wesen erkannt hat,
dann geht er zu mir, zum Frieden. 2

Kapitel 6

Der Gnädige sagte:
Wer die notwendigen Handlungen ausführt,
ohne dabei am Ergebnis dieser Handlungen zu hängen,
der ist sowohl Entsager als auch Yogin,
nicht aber, wer nur die Opfer-Feuer nicht mehr pflegt
und nicht mehr handelt.
Wisse, oh Pāṇḍava, daß Einung das ist,
was man auch «Entsagung» nennt.
Denn niemand, der nicht allen rituellen Absichten
entsagt hat,
wird ein Yogin.
Für den Schweigeasketen, der zur Einung emporsteigen
will,
heißt es, daß Handeln ein Mittel sei.
Nur wenn er schon bis zur Einung aufgestiegen ist,
heißt es, daß Stille das Mittel sei.
Denn nur wenn jemand nicht an Sinnendinge,
nicht an die Handlungen sich klammert,
heißt der, der allen rituellen Absichten entsagt hat,
einer, der zur Einung aufgestiegen ist.
Aus eigner Kraft soll er sich selbst emporheben,
nicht soll er sich selbst absinken lassen.
Man selbst ist ja sich selber Freund;
man selbst allein ist sich der eigne Feind.
Das Selbst ist Freund des Selbstes dessen,
welcher sein Selbst mit seinem Selbst ersiegt hat.
Aber für einen ohne Selbst
verweilt sogar das Selbst in Feindschaft, wie ein Feind.
Für den, der sich selbst besiegt hat und bis zur Stille kam,
ist das Selbst äußerst gesammelt,
in Kälte und Hitze, in Glück und Leid,
sowie in Ansehen oder Verruf.

Wenn er durch die Kenntnis der «Erkenntnis»
sich selbst zufriedengestellt hat,
wenn er den Scheitelpunkt erreicht hat, die Sinne besiegt
hat,
dann wird ein Yogin «geeint» genannt;
Lehm, ein Stein oder Gold sind für ihn gleich. 8
Der ragt heraus aus Guten wie aus Bösen,
dessen Bewußtheit immer gleich ist,
unter Wohlgesonnenen, Vertrauten, Feinden,
Unbeteiligten,
Neutralen, Hassenswerten und Verwandten. 9
Ein Yogin soll sich selbst unentwegt vereinen,
wobei er sich in Einsamkeit aufhalten soll;
er sei alleine, habe Geist und Selbst gezügelt,
sei frei von Erwerb und Erwartungen. 10
An einem sauberen Ort soll er
sich einen festen Sitz errichten,
der nicht zu hoch und nicht zu niedrig ist,
mit einem Tuch, Fell oder Gras bedeckt. 11
Er lasse dort auf diesem Sitz sich nieder,
richte auf *einen* Punkt seine Denkkraft aus;
hat er die Tätigkeit des Denkens und der Sinne dadurch
gebändigt,
soll er sich in Einung einen
zur Läuterung seiner selbst. 12
Er halte dabei Körper, Hals und Kopf gerade,
unbeweglich,
und sei fest;
er blicke auf die Spitze seiner Nase
und schaue nicht in alle Richtungen. 13
So soll er geeint dasitzen,
mit mir als seinem höchsten Ziel:
Er ist selbst ganz still geworden, die Furcht ist ihm
vergangen,
fest hält er am Gelübde der Enthaltsamkeit;
seine Denkkraft ist gezügelt und er denkt an mich. 14
Ein Yogin, welcher immerdar sich selbst so eint,
mit gezügelten Gedanken,
der nähert sich einem Frieden,
welcher mir innewohnt und im Verlöschen gipfelt. 15

Solch Einung aber kommt nicht einem zu, der zu viel ißt,
und keinem, welcher überhaupt nicht ißt,
nicht einem, der zu viel Schlaf sich zur Gewohnheit macht,
und auch nicht einem, der nur wacht, oh Arjuna. 1
Einem, der geeint ist bei Ablenkung und Essen,
geeint bei seinen Bemühungen im Handeln,
geeint im Schlafen oder Wachen,
erweist sich Einung als das, was Leiden beseitigt. 1
Wenn einer seinen Geist gebändigt hat,
in sich selbst allein gegründet steht,
frei von der Sehnsucht nach jeglicher Lust,
dann wird er «geeint» genannt. 1
Eine Flamme an windstillem Ort rührt sich nicht;
dies ist ein überlieferter Vergleich für einen Yogin,
der seinen Geist gezügelt hat,
sich selbst in Einung eint. 1
Es gibt einen Zustand, wo das Denken aufhört,
angehalten durch Einübung der Einung,
und wo man nur das Selbst noch mit dem Selbst erschaut,
im Selbst zufrieden ist, 2
wo man erkennt, was jenes Glück bedeutet,
das jedes Ende überdauert,
ein Glück, welches die Sinne übersteigt,
nur von Bewußtheit zu erfassen,
wo man, wenn man dort feststeht,
sich von dieser Wirklichkeit nicht wegbewegt; 2
es ist ein Zustand von dem man, wenn man ihn erlangt hat, glaubt,
daß es über ihn hinaus nichts weiter zu erlangen gäbe,
in dem man, steht man darin fest,
von Leid nicht abgelenkt wird, sei es auch noch so groß; 2
diesen Zustand möge man erkennen,
als das, was «Yoga» genannt wird:
Die Trennung von der Vereinigung mit Leid.
Mit Entschiedenheit soll man sich in diesen Einungszustand einbinden
und mit unverzagtem Geist. 2

Indem man die Begierden, welche der Ursprung der Absichten sind,
alle und restlos aufgegeben hat,
indem man mit der Denkkraft die Schar der Sinne
gezügelt hat in jeder Hinsicht, 24
soll man allmählich still werden
mit einer Bewußtheit, die von Durchhalten umfaßt ist.
Indem man seine Denkkraft in sich selbst gegründet hat,
soll man an überhaupt nichts denken. 25
Wo auch immer die Denkkraft entweicht,
unstet und haltlos wie sie ist,
von dort soll man sie zurückzwingen
und in sich selbst in seine Gewalt bringen. 26
Denn jenem Yogin, der seine Denkkraft hat still werden lassen,
nähert sich ein höchstes Glück,
in dem die Triebkraft still geworden ist,
welches der Urgrund selber ist, frei von Befleckungen. 27
Ein Yogin, welcher immerdar sich selbst so eint,
für den sind die Befleckungen vergangen;
mit Leichtigkeit erreicht er die Berührung mit dem Urgrund,
ein übermäßiges Glück. 28
Wer sich selbst in Einung geeint hat,
der sieht sich selbst als etwas, das in allen Wesen existiert,
und alle Wesen in sich selbst.
Gleichschau hat er in jeder Hinsicht. 29
Wer mich in allen Dingen sieht,
und alles in mir sieht,
für den gehe ich nicht zugrunde,
und er geht für mich nicht zugrunde. 30
Ein Yogin, der in Einheit feststeht,
der an mir teilhat, der ich allen Wesen innewohne –
obwohl er durchaus weiterlebt,
lebt er in mir. 31
Wer, in Analogie zum Selbst,
das Gleiche in allen Dingen sieht, oh Arjuna,
sowohl Glück als auch Leid gleich ansieht,
wird für der höchste Yogin gehalten. 32

Arjuna sagte:
Der Einungszustand, den du da verkündet hast
als etwas, das in Gleichförmigkeit besteht, oh Madhu-Zermalmer,
dessen feste Beständigkeit sehe ich nicht
wegen der Wankelhaftigkeit. 33
Denn die Denkkraft, oh Kṛṣṇa, ist wankelhaft,
ist gewißlich ein mächtiger Umtreiber;
sie festzuhalten, ist so schwierig
wie den Wind, glaube ich. 34

Der Gnädige sagte:
Zweifellos, oh Starkarmiger,
die flinke Denkkraft ist schwer festzuhalten;
aber durch Übung, oh Kuntī-Sohn,
und durch Leidenschaftslosigkeit
bekommt man sie in den Griff. 35
Einung ist schwierig zu erreichen
für einen, der sich selbst nicht gebändigt hat,
das ist meine Ansicht.
Für einen, welcher bändigt,
was an ihm selbst zu beherrschen ist,
gibt es Mittel, mit denen sie erreicht werden kann. 36

Arjuna sagte:
Wenn jemand zwar mit gläubiger Zuversicht ausgestattet,
aber nicht gezügelt genug war,
und sein Denken sich aus dem Einungszustand herausbewegt hat,
ohne daß er die volle Verwirklichung der Einung erlangt hat,
wohin, oh Kṛṣṇa, geht der? 37
Ist er nicht aus beidem herausgefallen
und geht er nicht zugrunde wie eine zerfetzte Wolke,
ohne Halt, oh Starkarmiger,
weil er verworren ist hinsichtlich des Pfads zum Urgrund? 38
Diesen meinen Zweifel, oh Kṛṣṇa,
sollst du mir restlos zerstreuen;
denn es findet sich kein andrer außer dir,
der diesen Zweifel zerstreuen könnte. 39

Der Gnädige sagte:
Oh Pṛthā-Sohn, Zugrundegehen gibt es nicht für einen solchen,
weder hier noch in der nächsten Welt;
denn keiner, der Heilvolles vollbringt,
verfehlt das Ziel, mein Lieber. 40
Nachdem er die Welten derer erlangte,
die für ihre Taten belohnt werden,
und dort lange Jahre gewohnt hat,
wird einer, der aus dem Einungszustand herausgefallen ist,
im Haus von Reinen, Begüterten wiedergeboren; 41
oder aber er entsteht sogar
in einer Familie hochgesinnter Yogins,
denn eine solche Wiedergeburt ist in dieser Welt
noch schwieriger zu erlangen. 42
Dort erlangt er jene Vereinigung mit Bewußtheit,
die er in seiner früheren Verkörperung erreicht hatte;
und von dort aus müht er sich weiter
auf die volle Verwirklichung hin, oh Stolz der Kurus. 43
Durch seine frühere Übung allein wird er fortgerissen,
selbst wenn er es nicht will.
Auch wer die Einung nur erkennen will,
geht über des Urgrunds Wortgestalt hinaus. 44
Wenn er sich durch Anstrengung zügelt,
wird er ein Yogin, der von Befleckungen ganz gereinigt ist.
Im Laufe mehrerer Wiedergeburten zur vollen Verwirklichung gelangt,
geht er sodann den letzten Gang. 45
Ein Yogin wird höher eingeschätzt als ein Asket,
und höher sogar als jene, die Erkenntnis haben;
auch höher als die Ritualisten steht der Yogin;
deshalb werde ein Yogin, oh Arjuna! 46
Aber auch unter allen Yogins
halte ich den für den besten Geeinten,
der, sein inneres Selbst auf mich gerichtet,
mit gläubigem Vertrauen an mir teilhat. 47

Kapitel 7

Der Gnädige sagte:
Höre, als was du mich erkennen wirst,
zweifelsfrei und allumfassend, Pṛthā-Sohn,
wenn du deine Denkkraft an mich heftest,
mich als Bezugspunkt hast, in Einung dich einst. 1
Ich werde es dir als «Erkenntnis»
samt dem Erkennen davon restlos darlegen.
Wenn man sie erkannt hat,
bleibt hier nichts anderes mehr zu erkennen übrig. 2
Unter Tausenden von Menschen
strebt vielleicht einer nach Vollkommenheit;
auch unter jenen, welche strebend die Vollkommenheit
erlangten,
kennt mich nur der eine oder andere der Wirklichkeit
gemäß. 3
Erde, Wasser, Feuer, Wind,
der Raum, die Denkkraft und insbesondere Bewußtheit,
und Ichbewußtsein – derart achtfach aufgeteilt
ist meine Stoffnatur. 4
Dies ist ihr niedriger Aspekt; doch wisse,
daß ich noch eine andere Stoffnatur habe, höher als jene:
Sie besteht als die Lebenskraft, oh Starkarmiger,
die all dies, was sich regt, erhält. 5
Halte fest daran: Alle Wesen sind aus diesen zwei
geboren.
Ich bin der Ursprung von allem, was sich regt,
sein Untergang desgleichen! 6
Es gibt nichts Höheres als mich, oh Schätze-Ersieger;
auf mich ist dies All aufgezogen,
wie Edelsteine auf einen Faden. 7
Ich bin im Wasser der Geschmack, oh Kuntī-Sohn;
ich bin das Leuchten von Sonne und Mond;
in allen Veden bin ich die Silbe OM,
im Raum der Ton, in den Männern die Manneskraft; 8
und in der Erde der angenehme Geruch;
im Feuer die Glut;
das Leben in allen Wesen,
und die Kasteiung in den Asketen; 9

Erkenne mich als den ewigen Samen aller Wesen,
oh Pṛthā-Sohn!
Ich bin die Bewußtheit aller, die Bewußtheit erlangt
haben.
Die Glut in allem, was Glut hat, bin ich. 10
Und ich bin die Macht der Mächtigen,
sofern sie frei von Lust und Leidenschaft ist.
Wo sie der Grundordnung nicht widerspricht,
bin ich die Lust in den Wesen, oh Bulle unter den
Bharatas. 11
Wisse, daß insbesondere alle durch Lichtkraft
gezeichneten Zustände
und auch die der Triebkraft und der Dunkelkraft,
von mir stammen;
nicht ich bin in ihnen; sie sind in mir. 12
Von diesen drei Zuständen, die durch die Grundzüge
geformt sind,
wird die ganze Welt verwirrt;
und nicht erkennt sie mich als den,
der unveränderlich darübersteht. 13
Göttlich zwar ist dies mein Machwerk,
geformt aus den drei Grundzügen,
schwer zu übersteigen;
doch jene, die sich an mich wenden,
die überqueren dieses Machwerk. 14
Nicht an mich wenden sich gemeine Menschen,
die unrecht handeln und verworren sind;
das Machwerk raubt ihnen Erkenntnis,
im widergöttlichen Zustand sind sie gegründet. 15
Menschen von viererlei Art haben an mir teil,
wenn sie recht handeln, oh Arjuna:
Geplagte; Sucher nach der Erkenntnis;
nach Wohlstand Strebende;
und solche, die Erkenntnis haben, Bulle unter den
Bharatas. 16
Unter ihnen ragt jener, der die Erkenntnis hat, immer
geeint ist,
als der hervor, dessen Teilhabe sich auf eines richtet.
Denn lieb bin ich besonders dem Erkenntnishaften,
und lieb ist er mir. 17

Alle diese sind schätzenswert;
ich halte allerdings den, der Erkenntnis hat, für mein Selbst.
Hat er sich geeint, dann ist er wohlgegründet
in mir allein als jenem Ziel,
über das nichts hinausführt. 18
Am Ende vieler Existenzen
gelangt zu mir, wer die Erkenntnis hat.
Ein solcher Hochgesinnter findet sich nicht leicht,
der weiß: alles ist Vāsudeva. 19
Jene, denen die Erkenntnis
durch die verschiedenen Begierden geraubt wurde,
wenden sich an andere Gottheiten;
gegründet auf die jeweilige Bestimmung
werden sie bestimmt durch ihre Stoffnatur. 20
Welche Gestalt auch immer ihr Anhänger
mit gläubigem Zutrauen zu verehren wünscht,
ich bin es, der das gläubige Zutrauen
als unerschütterliches einem jeden zuteilt. 21
Mit diesem gläubigen Zutrauen verbunden,
begehrt er nach der Huld dieser Gestalt;
und daraufhin erlangt er die Erfüllung seiner Wünsche,
denn von mir wurden sie zugeteilt. 22
Begrenzt sind die Früchte,
die solche Menschen von geringem Verstand ernten.
Wer den Göttern opfert, geht zu den Göttern;
die mir anhängen aber, gehen zu mir. 23
Jene, die Bewußtheit nicht erlangen,
meinen, daß ich, der Unentfaltete,
Manifestationsform angenommen habe.
Sie kennen meinen höchsten Zustand nicht,
den unveränderlichen, unübertrefflichen. 24
Ich bin nicht einem jeden sichtbar,
wenn ich hinter meinem Machwerk in Einung verhüllt bin.
Die Welt, verwirrt, erkennt mich nicht
als ungeboren, unveränderlich. 25
Ich kenne alle Lebewesen,
vergangene und gegenwärtige, oh Arjuna,
und auch die zukünftigen;
mich aber kennt keiner! 26

Dank der Wirrsal der Gegensätze, oh Nachkomme des Bharata,
die aus Zuneigung und Ablehnung ersteht,
geraten alle Lebewesen in Verwirrung,
solange sie im Weltenlauf befangen sind, oh Feinde-Verglüher. 27
Jene Leute aber, für die das Übel sein Ende fand
und die verdienstvolle Taten tun,
die sind erlöst von der Wirrsal der Gegensätze,
und fest in ihren Vorsätzen
haben sie teil an mir. 28
Die sich bemühen um die Befreiung von Alter und Sterben,
indem sie zu mir Zuflucht nehmen,
die wissen um dies Ganze als den «Urgrund»,
und um jegliche Handlung als das Selbst betreffend. 29
Jene, die um mich wissen
als gleichzeitig Dingwelt und den göttlichen Bereich betreffend,
und als das Opfer betreffend,
und die auch zum Zeitpunkt des Verscheidens um mich wissen,
die wissen wahrlich, denn ihr Geist ist geeint. 30

Kapitel 8

Arjuna sagte:
Was hast du da als «Urgrund» bezeichnet,
und was als «betreffend das Selbst»?
und was als «Handlung», oh höchste Geistperson?
Und was wurde «betreffend die Dingwelt» verkündet?
Was nennt man «betreffend das Göttliche»? 1
Wie verhält es sich mit dir «das Opfer betreffend»?
Wer bist du in diesem Körper, oh Zermalmer des Madhu?
Und wie sollen, zum Zeitpunkt des Abscheidens,
dich jene erkennen, die sich selbst diszipliniert haben? 2

Der Gnädige sagte:
Das Höchste wird als Urgrund «unwandelbare Silbe» genannt;
«das Selbst betreffend» meint das Eigensein;
als «Handeln» wird jene Emanation verstanden,
die Vergangenes, Bestehen und Entstehen bewirkt.
Mit «betreffend die Dingwelt» wird die wandelbare Seinsstufe,
mit «betreffend das Göttliche» die Geistperson genannt;
«betreffend das Opfer» allerdings bin *ich*
hier in diesem Körper, oh Bester der Verkörperten.
Und wer in seiner letzten Stunde
den Leib zurückläßt und verscheidet,
indem er nur meiner gedenkt,
der geht zu meiner Seinsstufe,
darüber gibt es keinen Zweifel;
oder welcher Seinsstufe einer auch gedenkt,
wenn er am Lebensende seinen Leib verläßt,
zu eben dieser geht er, Kuntī-Sohn,
weil er sich für immer dieser Seinsstufe angeglichen hat.
Deshalb gedenke du zu allen Zeiten meiner
und kämpfe!
Mit Denkkraft und Bewußtheit in mich übereignet
wirst du zu mir nur gehen, frei von Zweifel.
Man geht mit seinem Geist, welcher durch Übung in Einung geeint ist
und sich auf nichts anderes richtet,
zur höchsten, himmlischen Geistperson,
indem man das Denken darauf richtet, Pṛthā-Sohn.
Wer dieses Sehers der Vorzeit, des Unterweisers gedenkt,
welcher subtiler ist als das Subtile,
des Ordners von allem, von unausdenkbarer Gestalt,
von der Farbe der Sonne, jenseits der Dunkelheit,
zur Zeit des Verscheidens mit unentwegter Denkkraft,
geeint durch Teilhabe und gleichfalls durch die Kraft der Einung,
indem er geradewegs den Lebensatem zwischen den Augenbrauen zusammenkommen läßt,
der geht zu jener göttlichen, jenseitigen Geistperson. 1

Was Vedakenner «unwandelbare Silbe» nennen,
wohin Asketen eingehen, die ihre Leidenschaften
überwunden haben,
was jene sich wünschen, die Enthaltsamkeit üben,
jene Stufe will ich, zusammenfassend, dir verkünden. 11
Indem man alle Sinnes-Türen hütet
und die Denkkraft im Herzen eingesperrt,
seinen Atem im Kopfraum versammelt hat,
steht man auf Festhalten an Einung gegründet. 12
Wer den Wort-Urgrund in der einen unwandelbaren
Silbe
als «OM» ausspricht
und dabei meiner gedenkt,
und so den Körper aufgibt und verscheidet,
der geht den letzten Gang. 13
Für einen Yogin, der immer geeint ist,
der unentwegt seinen Geist auf nichts anderes richtet,
und immerdar meiner gedenkt,
für den bin ich, oh Prthā-Sohn, leicht zu erlangen. 14
Sind sie dann in mich eingegangen,
erlangen sie nie wieder eine Geburt,
die unbeständige Grundlage des Leidens;
denn diese Hochgesinnten sind zur höchsten Voll-
kommenheit gegangen. 15
Alle Welten, einschließlich der Welt Brahmās,
sind durch Wiederkehr gezeichnet, oh Arjuna.
Ist man aber zu mir gegangen, Kuntī-Sohn,
so gibt es keine Wiedergeburt! 16
Leute, die um die kosmischen Tage und Nächte wissen,
die wissen, daß ein Tag Brahmās
eintausend Weltenalter lang währt
und eine Nacht eintausend Weltenalter. 17
Beim Anbruch eines solchen Tages
entstehen die Entfaltungsformen alle aus dem
Unentfalteten;
bei Anbruch der Nacht versinken sie dort,
in dem, was das Unentfaltete heißt. 18
Die Schar der Wesen, die du um dich siehst,
vergeht erneut, wenn immer sie entstanden ist,
ohnmächtig, beim Anbruch einer Nacht, oh Pṛthā-Sohn;
beim Anbruch des Tages entsteht sie. 19

Jenseits dieser unentfalteten Seinsstufe
gibt es jedoch noch eine andere,
die unentfaltet, ewig ist;
sie geht nicht zugrunde, auch wenn alle Dinge untergehen. 2
Sie ist es, was «unentfaltet» und «unwandelbare Silbe» genannt wird;
sie nennt man das letzte Ziel.
Wer sie erlangt hat, kehrt nicht wieder.
Dies ist meine höchste Wohnstatt. 2
Diese höchste Seinsstufe ist die Geistperson, oh Pṛthā-Sohn;
doch durch unbeirrbare Teilhabe kann sie erlangt werden;
in ihr existieren alle Wesen,
durch sie ist dies All ausgebreitet. 2
Ich werde dir den Zeitpunkt nennen, oh Bulle unter den Bharatas,
an dem die Yogins, wenn sie abgeschieden sind,
zu Rückkehrlosigkeit fortgehen, oder auch zu Wiederkehr: 2
Feuer, Licht, der Tag, die helle Monatshälfte, Sommerhalbjahr –
wenn sie auf diesem Wege abgeschieden sind,
gehen Leute, die den Urgrund kennen,
bis zum Urgrund. 2
Rauch, Nacht, die dunkle Monatshälfte, das Winterhalbjahr –
der Yogin, der auf diesem Weg das Licht des Monds erreicht,
der kehrt zurück. 25
Für ewig hält man diese beiden Wege
für alles, was lebt,
der eine hell, der andre dunkel.
Auf einem geht man zur Nicht-Wiederkehr;
auf dem anderen kehrt man wieder. 2
Unbeirrt bleibt ein Yogin, Pṛthā-Sohn,
wenn er um diese beiden Wege weiß.
Deshalb sei du zu jeder Zeit
in Einung verbunden, oh Arjuna. 2

Ein Yogin, der dies weiß,
der überschreitet dieses alles,
was an verdienstvoller Frucht in Aussicht gestellt wird
bezüglich Veden, Opfer, Kasteiungen, und Almosen;
und er geht zur höchsten Statt, der uranfänglichen. 28

Kapitel 9

Der Gnädige sagte:
Jetzt aber werde ich dir, der du frei von Mißgunst bist,
etwas sehr Geheimes sagen:
Es ist die «Erkenntnis» samt der Kenntnis davon;
wenn du sie kennst, wirst du von Unheil befreit werden. 1
Sie ist ein königliches Wissen, ein königliches
    Geheimnis,
das höchste Mittel zur Reinheit ist sie;
sie ist direkt einsichtig, steht im Einklang mit der
    Grundordnung,
leicht in Tat umzusetzen ist sie, unveränderlich. 2
Menschen, die dieser Grundordnung nicht trauen,
    oh Feinde-Verglüher,
erlangen mich nicht und kehren zurück
auf der Bahn dieses Kreislaufs des Sterbens. 3
Von mir in Gestalt des Unentfalteten
wurde diese ganze Welt ausgebreitet.
Alle Wesen befinden sich in mir,
und doch bin ich nicht auf sie beschränkt. 4
Und nicht in mir befinden sich die Wesen;
schau mich als ihre göttlich-machtvolle Einheit!
Mein Selbst, das die Wesen werden läßt,
erhält die Wesen und besteht doch nicht in diesen
    Wesen. 5
Erfasse es doch: So wie der Wind,
der umfassende, der überall hinreicht,
sich immer im Raum befindet,
so befinden sich alle Wesen in mir. 6
Alle Wesen, oh Kuntī-Sohn,
gehen bei einem Weltenuntergang
zu jener Stoffnatur, die zu mir gehört;
am Anfang einer Weltenperiode
entlasse ich sie wieder aus mir. 7

Indem ich auf meine Stoffnatur zurückgreife,
entlasse ich wieder und wieder
diese ganze Schar der Wesen, die selbst machtlos sind,
dank der Macht der Stoffnatur.
Doch binden solche Handlungen mich nicht, oh
Schätze-Ersieger;
wie unbeteiligt throne ich darüber,
unverhaftet mit diesen Handlungen.
Unter meiner Oberaufsicht gebiert die Stoffnatur alles,
samt Unbelebtem und Belebtem.
Aus diesem Grunde, Kuntī-Sohn,
entwickelt sich die Welt zur Vielfalt. 10
Verworrene verkennen mich,
wenn ich einen menschlichen Körper annehme;
sie kennen meinen höchsten Seinszustand nicht,
der ich der Hohe Herr der Wesen bin. 11
Sie hegen vergebliche Hoffnungen, sie handeln
vergeblich,
ihre Erkenntnis ist vergeblich, geistlos sind sie;
sie sind befangen in jener Stoffnatur, welche verwirrt,
teuflisch und eben widergöttlich ist. 12
Die Hochgesinnten jedoch, Pṛthā-Sohn,
die auf der göttlichen Stoffnatur gründen,
die haben teil an mir, indem sie,
mit ihrer Denkkraft auf nichts anderes gerichtet,
mich als den unveränderlichen Anfang aller Wesen
erkennen. 13
Sie preisen mich in einem Zug
und mühen sich mit festen Observanzen
und neigen sich vor mir in Hingabe,
verehren mich, immer geeint. 14
Und wieder andere verehren mich,
indem sie mir opfern mit dem Opfer der Erkenntnis,
mir, der ich als Einheit wie Getrenntheit
vielfach bin, in alle Richtungen gewandt. 15
Ich bin die rituelle Handlung, bin das Opfer,
ich bin der Opferruf, ich bin der Kräutertrank;
ich bin die Gebetsformel, ich bin das Butteropfer,
ich bin das Feuer, das Geopferte bin ich. 16

Ich bin der Vater dieser Welt,
bin Mutter, Ordner, Großvater;
ich bin alles läuternde Wissen, die Silbe OM,
bin Ṛg-, Sāma-, Yajur-Veda dazu. 17
Ich bin der Weg, der Träger, Herr und Zeuge,
Wohnung, Schutz, Freund,
Entstehen und Vergehen und Bestand,
Schatzkammer, Samen, das Unveränderliche; 18
Ich erhitze; ich bin der Regen;
ich raffe hinweg und erschaffe neu;
Ich bin fürwahr Unsterblichkeit wie auch das Sterben;
ich bin das Seiende und das Nichtseiende, oh Arjuna. 19
Kenner der drei Veden, Somatrinker, von Übel
gereinigt,
die den Himmel als Ziel erstreben,
indem sie mir mit Opfern opfern,
gelangen in die heile Welt des Götterkönigs,
genießen im Himmel die himmlischen Genüsse der
Götter. 20
Haben sie dann die üppige Himmelswelt genossen,
betreten sie, ihr Heil verronnen, die Welt der
Sterblichen.
Lüstern auf Lust erlangen so jene,
die der Ordnung der drei Veden anhängen,
etwas, das kommt und vergeht. 21
Jene Menschen, die verehrungsvoll mir nahen,
indem sie an nichts anderes denken,
sind immerdar geeint;
ihr Wohlergehen besorge ich. 22
Auch jene, die voll gläubigem Zutrauen
ergeben anderen Göttern opfern,
auch diese opfern eigentlich nur mir, oh Kuntī-Sohn,
obgleich nicht der Regel gemäß. 23
Denn ich bin der Empfänger aller Opfer,
ich bin der Herr;
aber sie erkennen mich nicht meiner Wirklichkeit
gemäß,
folglich stürzen sie herab. 24

Jene, deren Observanzen sich auf Götter richten,
gehen zu den Göttern;
jene, deren Observanzen sich auf die Ahnen richten,
gehen zu den Ahnen;
jene, die den Geistern opfern,
gehen zu den Geistern;
so auch gehen jene zu mir, die mir opfern. 2
Bringt jemand mir voll Hingabe ein Blatt,
Blüte, Frucht, oder Wasser dar,
empfange ich dies als Geschenk der Hingabe
von diesem Menschen, der sein Selbst gezügelt hat. 2
Wenn du handelst, wenn du ißt,
wenn du opferst, wenn du spendest,
wenn du dich kasteist, oh Kuntī-Sohn,
dann tue es als Darreichung an mich. 2
Auf diese Weise wirst du von guten und schlechten Früchten,
den Fesseln des Handelns befreit;
befreit wirst du zu mir gelangen,
hast du dich selbst durch solche Entsagung in Einung geeint. 2
Derselbe bin ich in allen Geschöpfen;
niemand ist mir hassenswert und niemand lieb;
die aber mir in Hingabe ergeben sind,
die sind in mir, und ich bin auch in ihnen. 2
Wenn einer, und wäre seine Lebensweise auch sehr schlecht,
mir anhängt, ohne irgendeinem anderen anzuhängen,
so soll man ihn für einen Guten halten;
denn er hat recht entschieden. 30
Rasch wird er zu einem solchen,
der mit der Grundordnung in Einklang steht;
zu ewigem Frieden geht er.
Oh Kuntī-Sohn, sei es gewahr:
Wer mir anhängt, der geht nicht unter. 31
Denn wer, oh Pṛthā-Sohn, sich auf mich gründet,
und sei er auch von schlechter Abstammung,
die Frauen, die Vaiśyas, ebenso die Śūdras,
selbst diese gelangen zum letzten Ziel. 32

Wieviel mehr dann die lauteren Brahmanen,
desgleichen königliche Seher, die mir anhängen!
Bist du in diese unbeständige, glücklose Welt geraten,
so hänge wenigstens mir an! 33
Als einer, der die Denkkraft auf mich richtet, sei mein Anhänger;
als einer, der mir opfert, verbeuge dich vor mir!
Derart geeint, auf mich als auf dein letztes Ziel gerichtet,
wirst du zu mir nur gehen. 34

Kapitel 10

Der Gnädige sagte:
Des weiteren, oh Starkarmiger, höre meine vortrefflichste Rede,
die ich dir, der du mir lieb bist,
verkünden werde, weil ich dir gewogen bin. 1
Der Götter Scharen kennen meinen Ursprung nicht,
auch nicht die großen Seher,
denn ich bin der Anfang dieser Götter,
sowie der großen Seher, insgesamt. 2
Wer mich als anfangslos und ungeboren,
den Hohen Herrn der Welt erkennt,
der allein unter den Sterblichen ist nicht verwirrt;
von allem Übel wird er befreit. 3
Bewußtheit, Erkenntnis, Unverwirrtheit,
Nachsicht, Wahrheit, Beherrschtheit, Ruhe,
Glück und Leid, Werden und Nichtsein,
Furcht und auch Furchtlosigkeit, 4
Gewaltlosigkeit, Ausgeglichenheit, Zufriedenheit,
Askese, Freigebigkeit, Ruhm und Ruhmlosigkeit,
all dies sind Zustände der Wesen,
die sich in all ihrer Verschiedenheit von mir ableiten. 5
Die sieben großen Seher der Urzeit,
sowie die vier Stammväter der Menschen,
sind als die Zustände meiner Denkkraft entstanden,
zu denen all die Wesen auf der Welt gehören. 6

Wer diese meine Ausfaltung und meine Einung
der Wirklichkeit gemäß erkennt,
der wird durch seine unerschütterliche Einung damit
geeint,
darüber gibt es keinen Zweifel.
Ich bin der Ursprung von allem,
aus mir geht alles hervor;
Weise haben, indem sie daran denken,
an mir teil, erfüllt von meinem Seinszustand.
Sie haben ihren Geist auf mich gerichtet,
in mich sind ihre Atemkräfte eingegangen,
sie erwecken einander, und erzählen immerzu von mir,
und so sind sie zufrieden und ergötzen sich.
Solchen, die, immerdar geeint, in Zuneigung mir ergeben
sind,
gewähre ich jene Einung mit Bewußtheit,
durch die sie dann zu mir gelangen. 1
Aus Mitgefühl mit solchen nur
zerstöre ich, im Zustand reinen Selbst-Seins existierend,
jene aus Unkenntnis geborene Dunkelheit
mit dem strahlenden Licht der Erkenntnis. 1

Arjuna sagte:
Der letzte Urgrund, höchste Wohnstatt,
das allerhöchste Läuternde bist du;
«Ewig», «himmlisch», «Geistperson»,
«Urgott», «ungeboren», «Herr», 1
so nennen dich alle die Seher,
desgleichen Nārada, der göttliche Seher,
Asita, Devala, Vyāsa,
und du selber sagst es mir. 1
Ich glaube, daß das alles wahr ist,
was du mir sagst, oh Langhaariger,
denn deine Entfaltung, oh Gnädiger,
kennen nicht die Götter, nicht Dämonen. 1
Nur du selbst erkennst mit deinem Selbst dich selbst,
oh du höchste Geistperson,
oh du, der alle Dinge entstehen läßt,
du Herrscher über die Dinge, Gott der Götter,
Beschützer der Welt. 1

Beschreibe mir vollständig
die himmlischen Ausfaltungen deiner selbst,
mit denen du diese Welten erfüllst
und als die du bestehst. 16
Wie kann ich dich erkennen, oh du in deinem Einungs-
zustand,
indem ich immerdar über dich nachsinne?
Und in welchen Seinszuständen
kann ich dich mir vorstellen, oh Gnädiger? 17
Erzähle weiter, ausführlicher,
von deinem Einungszustand und von deiner Ausfaltung,
oh Heimsucher der Menschen,
denn ich höre und werde des Nektars nicht satt. 18

Der Gnädige sagte:
Nun denn, ich werde dir meine Ausfaltungen nennen,
die himmlischen;
doch nur die jeweils Hauptsächlichsten, oh du Bester der
Kurus,
denn es gibt kein Ende meiner Ausdehnung. 19
Ich bin das Selbst, oh Kraushaar,
das als die Grundlage von allem besteht;
ich bin der Anfang und die Mitte,
und das Ende der Wesen bin ich. 20
Unter den Ādityas bin ich Viṣṇu,
unter den Himmelslichtern die strahlende Sonne,
unter den Maruts bin ich Marīci,
unter den Gestirnen bin ich der Mond; 21
Unter den Veden bin ich der Sāma-Veda,
unter den Göttern bin ich Vāsava;
unter den Sinnen bin ich die Denkkraft;
unter den Dingen bin ich Bewußtsein; 22
und ich bin Śaṇkara unter den Rudras,
der Herr der Schätze unter Yakṣas und Dämonen;
unter den Vasus bin ich das Feuer,
Meru bin ich unter den Bergen; 23
Und wisse, Pṛthā-Sohn, daß unter den Priestern
ich der oberste bin, Bṛhaspati;
unter den Heerführern bin ich Skanda;
unter den Gewässern bin ich das Meer. 24

Unter den großen Sehern bin ich Bhṛgu,
unter den Worten bin ich die eine, unwandelbare Silbe.
Unter den Opfern bin ich das Opfer durch Murmel-
gebet,
unter den standfesten Dingen der Himālaya; 25
der Aśvattha unter allen Bäumen,
und Nārada unter den göttlichen Sehern,
Citraratha unter den Gandharven,
der Schweiger Kapila unter den Vollkommenen; 26
unter den Pferden, wisse, bin ich «Weitgerühmt»,
das mit dem Unsterblichkeitsnektar entstanden ist;
Airāvata unter den fürstlichen Elephanten,
und unter Männern der König; 27
Unter den Waffen bin ich der Donnerkeil;
unter den Kühen bin ich jene, die alle Wünsche erfüllt;
und der Liebesgott, dieser Erzeuger, bin ich;
unter den Schlangen bin ich Vāsuki; 28
Und ich bin Ananta unter den Schlangenwesen,
Varuṇa bin ich unter den Wasserwesen;
und unter den Ahnen bin ich Aryaman,
unter jenen, die dahinraffen, bin ich der Tod; 29
Und unter den Dämonen bin ich Prahrāda;
unter allem was zumißt, bin ich die Zeit;
und unter den wilden Tieren bin ich der König der Tiere,
und Vinatās Sohn Garuḍa bin ich unter den Vögeln; 30
der Wind unter dem, was läutert, bin ich,
unter den Waffenträgern bin ich Rāma;
und unter den Fabeltieren bin ich Makara,
unter den Flüssen bin ich die Gaṅgā; 31
Bei allen Schöpfungen bin ich Anfang und Ende,
die Mitte auch bin ich allein, oh Arjuna;
unter allen Wissensbereichen bin ich Wissen, das das
Selbst betrifft;
ich bin die Lehre für alle, die Lehren vertreten. 32
Unter den Lauten bin ich das A;
das Wortpaar für die Zusammensetzung;
ich allein bin die unzerstörbare Zeit;
ich bin der Ordner, das Gesicht in alle Richtungen
gewendet. 33

Und ich bin der Tod, der alle wegrafft;
ich bin der Ursprung dessen, was erst sein wird;
unter den Wörtern, die weiblich sind,
bin ich «die Ehre», «die Begütertheit», «die Rede»,
«Gedächtniskraft», «Einsicht», «Ausdauer»,
«Nachsicht»; 34
desgleichen bin ich unter Opfermelodien «Hochgesang»;
unter den Metren die Gāyatrī;
ich bin Mārgaśīrṣa unter den Monaten;
unter den Jahreszeiten bin ich die Blütezeit; 35
unter den Betrügenden bin ich das Würfelspiel;
unter allem, was glüht, bin ich die Glut;
ich bin der Sieg, ich bin Entschlossenheit;
die Lichtkraft derer, denen Lichtkraft eigen ist, bin ich. 36
Unter den Vṛṣṇis bin ich Vāsudeva;
unter den Pāṇḍu-Nachkommen der «Schätze-Ersieger»;
unter den Asketen bin ich Vyāsa,
unter den Dichtern der Prophet Uśanas; 37
Unter allem, was diszipliniert, bin ich die Strafe;
unter Eroberern bin ich die Politik;
unter den Geheimnissen bin ich das Schweigen;
ich bin die Erkenntnis jener, die Erkenntnis haben. 38
Und was der Samen aller Wesen ist, oh Arjuna,
ich bin es.
Nichts gibt es, Belebtes oder Unbelebtes,
das ohne mich entstanden wäre. 39
Meiner himmlischen Ausfaltungen ist kein Ende,
oh Feinde-Verglüher;
als Hinweis nur habe ich bis hier
die Ausdehnung der Ausfaltung vorgetragen. 40
Von jedem Seienden, welches an der Ausfaltung teil hat,
was glückvoll oder kraftvoll ist,
von dem sollst du erschließen,
daß es entstanden ist aus einem Teilchen meiner Glut. 41
Aber was nützt es dir, oh Arjuna
die vielen Einzelheiten zu wissen!
Indem ich dieses ganze All aufrichte,
bestehe ich mit einem Teil von mir als Welt. 42

Kapitel 11

Arjuna sagte:
Das, was bekannt ist als «das Selbst betreffend»,
hast du mir genannt als ein allerhöchstes Geheimnis;
durch das, was du zu meiner Förderung mit deinen Worten mir gesagt hast,
ist meine Verwirrung von vorhin vergangen. 1
Denn von dir, oh Lotosäugiger,
habe ich ausführlich gehört
über Entstehen und Vergehen der Wesen,
auch über deine Erhabenheit,
welche nicht vergeht. 2
Genau so, oh du höchster Herrscher,
wie du über dich selbst gesprochen hast,
diese deine Gestalt wünsche ich zu sehen,
die göttlich-machtvolle, oh höchste Geistperson. 3
Wenn du meinst, daß ich es sehen kann, oh Herr,
dann zeige du mir, oh Herr über den Einungszustand,
dich selbst als den Unveränderlichen. 4

Der Gnädige sagte:
Schau, Pṛthā-Sohn, meine Gestalten,
zu hunderten und zu tausenden,
verschiedenartig, himmlisch,
und mit verschiedenen Farben und Formen. 5
Schaue die Ādityas, Vasus und Rudras,
die beiden Aśvins, ebenso die Maruts;
und schau viel Wunderbares, Nachkomme des Bharata,
was vor dir noch niemand gesehen. 6
Hier, an einer Stelle zusammengefaßt,
schaue du heute die ganze Welt
samt Lebendem und Unbelebtem,
in meinem Körper, oh Kraushaar,
und was du sonst noch sehen möchtest. 7
Nicht aber kannst du mich mit diesem deinem Auge schauen.
Ich gebe dir den göttlichen Blick!
Schau meine göttlich-machtvolle Einheit. 8

Saṃjaya sagte:
Nachdem er so gesprochen hatte, König,
zeigte Hari, der Hohe Herr über den Einungszustand,
dem Pṛthā-Sohn die höchste göttlich-machtvolle Gestalt, 9
mit vielen Mündern und Augen,
ein vielfach wundersamer Anblick,
mit vielen himmlischen Geschmeiden,
mit himmlischen Waffen, etliche davon erhoben; 10
angetan mit himmlischen Girlanden und Gewändern,
himmlischen Düften und Balsam,
ein Gott, der alles Wunderbare in sich schließt,
der Unendliche, nach allen Seiten gewandt. 11
Wenn das Strahlen von tausend Sonnen
gleichzeitig am Himmel aufginge,
so wäre es wohl von der Art
des Strahlens dieses Hochgesinnten. 12
Es sah der Pāṇḍu-Sohn sodann
die ganze vielfach aufgeteilte Welt
dort an einer Stelle zusammengefaßt
im Körper des Gottes der Götter. 13
Von Staunen erfüllt war da der Schätze-Ersieger,
die Haare standen ihm zu Berge.
Er faltete die Hände, neigte sein Haupt vor der Gottheit
und sagte: 14
Oh Gott, ich sehe in deinem Körper
die Götter alle und Scharen verschiedener Wesen
Brahmā, den Herrn, auf seinem Lotosthrone,
und alle Seher und himmlische Schlangenwesen. 15
Ich sehe deine Gestalt endlos in alle Richtungen
mit zahllosen Armen, Leibern, Mündern, Augen;
kein Ende, keine Mitte schaue ich,
erst recht nicht deinen Anfang,
oh du Allherrscher, Allgestaltiger. 16
Ich schaue dich mit Krone, Keule, Diskus,
ein Glutbündel, nach allen Seiten leuchtend,
rundherum schwer anzuschaun,
unermeßlich, das flammende Leuchten von Feuer und
Sonne. 17

Du bist das Unwandelbare, die eine Silbe,
von allem, das man wissen kann, das Höchste.
Du bist die höchste Wohnstatt dieses Alls,
bist unveränderlich, Hüter der ewigen Ordnung,
du bist der Ewige, die Geistperson, so glaube ich. 1
Ohne Anfang, Mitte und Ende, von unendlicher Kraft,
mit endlosen Armen, die Sonne, den Mond als die Augen,
so schaue ich dich, dein Mund ein loderndes Opferfeuer,
der du dies All mit deiner Glut erhitzst. 1
Du allein erfüllst den weiten Raum
hier zwischen Himmel und Erde,
und alle Himmelsrichtungen.
Beim Anblick dieser deiner wundersam gewaltigen Gestalt
erzittert die Dreiwelt, oh Hochgesinnter. 2
Da, diese Götterscharen gehen in dich ein,
gar manche rufen furchtsam, die Hände gefaltet, dich an.
Die Scharen der Vollkommenen und großen Seher rufen «Heil!»
und preisen dich mit ausladenden Hymnen. 2
Die Rudras und die Ādityas, die Vasus und die Sādhyas,
die Alle-Götter, die Aśvins, die Maruts
und die Ahnen, die den Opferrauch aufnehmen,
die Scharen der Gandharven, Yakṣas, Asuras und Vollendeten.
sie blicken auf dich und sind alle bestürzt. 2
Beim Anblick deiner riesigen Gestalt,
mit vielen Mündern und Augen,
oh Großarmiger, mit vielen Armen, Schenkeln, Füßen,
mit vielen Leibern, vielen Zähnen und Hauern
erzittern die Welten und ebenso ich. 2

Bei deinem Anblick, wie du die Wolken berührst,
flammend, in zahllosen Farben,
mit aufgerissenem Mund, mit flammenden, weiten
Augen,
erzittert mir im Innersten die Seele,
ich finde keinen Halt und keine Ruhe, Viṣṇu. 24
Beim Anblick deiner Münder mit Zähnen und Hauern,
wie sie dem Feuer des Todes gleichen,
schwindelt es mich und nicht finde ich Schutz;
sei gnädig, du Herr über Götter, du Wohnstatt der Welt. 25
Und alle hier, die Söhne Dhṛtarāṣṭras,
samt der Scharen von Königen,
Bhīṣma, Droṇa, und ebenso des Wagenlenkers Sohn,
zusammen mit all den besten Kämpfern unserer Seite, 26
sie alle ziehen eilends hin in deine Münder,
zwischen die furchterregenden Zähne und Hauer.
Manche sieht man mit zermalmten Häuptern
hängen bleiben zwischen diesen Zähnen. 27
So wie die vielen Flüsse schnellen Laufs
allein dem Meer zufließen,
so münden in deine flammenden Rachen
die in der Welt der Männer Helden waren. 28
So wie Insekten in die offene Flamme
dem Untergang entgegen fliegen ohne Zögern,
genauso ziehen alle Welten in den Untergang,
in deine Rachen ohne Zögern. 29
Verschlingend leckst du zusammen
die Welten all mit lodernden Mündern,
erfüllst die ganze Welt mit deiner Glut;
deine gewaltigen Strahlen durchglühen sie, oh Viṣṇu. 30
So sage mir, wer bist du, diese gewaltige Gestalt?
Verehrung sei dir! Du Bester der Götter, sei gnädig!
Ich wünsche, dich als den Uranfänglichen zu kennen;
denn nicht erfasse ich dein Wirken. 31

Der Gnädige sagte:
Ich bin die reife Zeit, die alle Welt vernichtet;
ich wirke hier, die Welten wegzuraffen;
all diese Kämpfer, die sich hier in Reihen
gegenüberstehen,
werden nicht mehr sein, mit Ausnahme von dir. 32
So steh du auf, erwirb dir Ruhm!
Hast du erst deine Feinde besiegt,
so genieße ein wohlbestelltes Reich.
All diese hier sind schon längst von mir erschlagen;
so sei mein Werkzeug nur, oh Linkshänder. 33
Droṇa, Bhīṣma und Jayadratha,
Karṇa, ebenso auch die anderen Kämpfer und Helden,
die schon von mir erschlagen, sie erschlage du!
Du sollst nicht wanken; kämpfen sollst du;
siegen wirst du über deine Feinde in der Schlacht. 34

Saṃjaya sagte:
Als der Gekrönte diese Worte des Langhaarigen
hörte,
verneigte er sich mit gefaltenen Händen und zitternd
vor ihm,
und fuhr alsdann fort, zu Kṛṣṇa zu sprechen,
stammelnd, verängstigt, voll Ehrfurcht geneigt: 35

Arjuna sagte:
Dank deiner Preisung, Mähnenhaar,
erfreut die Welt sich und sie ist vergnügt.
Die bösen Geister rennen verschreckt in alle
Richtungen;
die Scharen der Vollendeten verehren dich alle. 36
Und warum sollten jene dir nicht Verehrung zollen,
du Hochgesinnter,
dir, der du gewichtiger bist selbst als Brahmā,
der du den Anfang setzt von allem?
Oh Endloser, du Herr der Götter, du Wohnstatt der
Welt!
Du bist das Unwandelbare,
bist das «Seiende» und das «Nicht-Seiende»
und das, was beides übersteigt. 37

Du bist der Urgott, Geistperson von alters her,
du bist die höchste Wohnstatt dieses Alls;
du bist der Wisser und Objekt des Wissens und die
höchste Stätte;
von dir wurde das All ausgebreitet, oh du von
endloser Gestalt. 38
Du bist der Wind, der Todesgott, das Feuer,
bist Varuṇa und der Mond mit dem Hasenzeichen,
bist Herr der Geschöpfe und der Urahn;
Verehrung, Verehrung sei dir, tausendfältig,
und wieder und mehr noch Verehrung, Verehrung sei
dir. 39
Verehrung dir von vorne und von hinten,
Verehrung dir von allen Seiten, oh du All!
Du bist von endloser Manneskraft und unermeßlicher
Tapferkeit;
du umfaßt alles, daher bist du alles. 40
Dafür, daß ich dich für meinen Kameraden hielt,
daß ich vorlaut zu dir sagte,
«he Kṛṣṇa», «he Yādava», «he Kamerad»,
in Unkenntnis dieser deiner Größe,
sei es aus Unbesonnenheit oder auch aus Zuneigung, 41
dafür, daß ich dir zum Spaß
die rechte Ehre nicht erwiesen habe,
beim Zeitvertreib, beim Liegen, Sitzen, Essen,
wenn du alleine warst,
oder auch in Gegenwart der anderen, oh Unerschütter-
licher,
dafür bitte ich um Nachsicht, dich, den Unermeß-
lichen. 42
Du bist der Vater der belebten und der unbelebten
Welt,
du bist ihr würdigster Lehrer, dem sie Verehrung
schuldet;
in der ganzen Dreiwelt gibt es keinen, der dir gleich
wäre,
um wie viel weniger wohl einen, der über dir stünde,
oh du von unausmeßbarer Macht. 43

Deshalb verneige ich mich vor dir, werfe mich nieder,
um dich, den Herrn, den anzubetenden, gnädig zu stimmen.
Oh Gott, ertrage mich, wie ein Vater den Sohn,
wie ein Freund den Freund,
wie ein Geliebter die Geliebte. 4
Ich freue mich, beim Anblick dessen,
was vorher nie gesehen ward;
gleichzeitig ist meine Denkkraft vor Furcht ganz verzagt.
Jene gewohnte Gestalt, oh Gott, zeige du mir.
Sei gnädig, du Herr der Götter, du Wohnstatt der Welt! 4
Mit Krone, Keule, Wurfscheibe in der Hand,
so nur wünsche ich dich zu sehen;
sei wieder der mit der vierarmigen Gestalt,
oh Tausendarmiger, oh Allgestaltiger. 4

Der Gnädige sagte:
Ich habe dir, oh Arjuna, gnädig die höchste Gestalt gezeigt,
dank der Einung im Selbst:
glutvoll allumfassend, endlos, uranfänglich,
wie sie noch niemand außer dir vorher gesehen hat. 4
Nicht mit Hilfe der Veden, Opfer und Rezitationen,
nicht mit Almosen,
nicht mit Hilfe von Riten, noch durch strengste Kasteiungen
kann ich in dieser Gestalt
gesehen werden in der Welt der Menschen,
außer von dir, du Oberheld der Kurus. 4
Sei nicht bedrückt, sei nicht verwirrt,
weil du gesehen hast, daß diese schreckliche Gestalt zu mir gehört;
sei wieder frei von Furcht, freundlich gestimmt,
sieh, da ist meine vorige Gestalt! 4

Saṃjaya sagte:
Mit diesen Worten zeigte Vāsudeva
dem Arjuna wieder seine eigentliche Gestalt,
und aufatmen ließ er den Furchtsamen,
nachdem der Hochgesinnte
wieder seinen lieblichen Körper angenommen hatte. 5

Arjuna sagte:
Jetzt, wo ich wieder deine menschliche Erscheinung
sehe,
die liebliche, oh Heimsucher der Menschen,
habe ich mich gefangen, bin bei Sinnen,
habe zu meiner Natur zurückgefunden. 51

Der Gnädige sagte:
Sehr schwer zu sehen ist diese Gestalt,
in der du mich gesehen hast;
selbst Götter sehnen sich ständig danach,
diese Gestalt zu sehen. 52
Nicht durch die Veden, nicht durch Kasteiung,
nicht durch Almosen und Opferriten
kann man mich sehen als von der Art,
wie du mich gesehen hast. 53
Aber durch eine Teilhabe, welche kein anderes Ziel
kennt,
kann man mich erkennen als von dieser Art, oh Arjuna,
und schauen der Wirklichkeit gemäß,
und zu mir eingehen, oh Feinde-Verglüher. 54
Wer um meinetwillen handelt, wem ich das Höchste bin,
wer mir hingegeben anhängt, frei von Anhaftung,
wer frei von Feindschaft ist zu allen Wesen,
der geht zu mir, oh Pāṇḍu-Sohn. 55

Kapitel 12

Arjuna sagte:
Welches sind die besten Kenner von Einung,
jene, die so, ununterbrochen geeint
und indem sie an dir teilhaben,
dir verehrungsvoll nahen,
oder jene, die dem Unwandelbaren, Unentfalteten
nahen? 1

Der Gnädige sagte:
Ich halte jene für die besten der Geeinten,
die in mich ihre Denkkraft eingehen ließen
und mir, ständig geeint, verehrungsvoll nahen,
erfüllt mit höchstem Glauben. 2

Aber jene, die dem Unwandelbaren, Unbeschreibbaren,
dem Unentfalteten verehrungsvoll nahen,
dem Allgegenwärtigen und Unausdenkbaren,
dem Unbeweglichen, Festen, das am Scheitelpunkt steht,
die alle ihre Sinne gezügelt haben,
in allem die gleiche Bewußtheit behalten,
diese gelangen doch schließlich zu mir,
denn sie haben ihr Gefallen an dem, was in allen Wesen
liegt.
Größer ist die Mühsal jener, die ihren Geist
auf das Unentfaltete gerichtet haben;
denn ein unentfaltetes Ziel
wird von körperhaften Wesen
nur schwer erlangt.
Jene aber, die in mir allen Handlungen entsagen,
für die ich das Höchste bin,
die, indem sie über mich meditieren,
mit einer Einung, die kein anderes Ziel hat,
mir ehrfurchtsvoll nahen,
die werde ich aus diesem Meer des Todeskreislaufs
retten,
ohne Verzug, oh Pṛthā-Sohn;
ihr Geist ist ja in mich eingegangen.
Auf mich nur richte deine Denkkraft,
laß deine Bewußtheit in mich eingehen;
du wirst in mir alleine wohnen –
in dem, was folgt, ganz zweifelsfrei.
Wenn du aber deinen Geist
nicht fest in mich versenken kannst,
dann sei bestrebt, mich zu erlangen
durch Einung mittels Übungen, oh Schätze-Ersieger.
Bist du zu Übung ebenfalls unfähig,
dann sei das Höchste dir, daß du um meinetwillen
handelst;
auch indem du um meinetwillen Handlungen vollziehst,
wirst du Vollkommenheit erlangen. 1
Wenn du aber auch dazu zu schwach bist,
auf Einung mit mir gegründet zu handeln,
dann habe dich in der Gewalt
und übe Verzicht auf die Frucht aller Handlungen. 1

Denn die Erkenntnis ist besser als Übung;
Meditation ist ausgezeichneter als Erkenntnis;
besser als Meditation ist der Verzicht auf die Frucht der Handlungen;
aus dem Verzicht entsteht unmittelbar Frieden. 12
Wer keinen Haß hegt gegen jeglich Wesen,
freundschaftlich ist und mitleidsvoll,
für wen es «mein» und «Ich»-Gefühl nicht gibt,
der Duldsame, dem Freud und Leid gleichgültig sind, 13
wer stets geeint ist und zufrieden,
wer sich gezügelt hat, fest von Entschluß,
mit Denkkraft und Bewußtheit in mich übereignet,
wer an mir teilhat, der ist mir lieb. 14
Vor wem die Leute nicht aufschrecken,
und wer nicht vor den Leuten aufschreckt,
wer frei von Freude ist,
von Ungeduld und Furcht und Aufschrecken,
auch der ist mir lieb. 15
Wer nichts erwartet, rein ist und geschickt,
wer unparteiisch ist, all seine Sorgen hinter sich gelassen hat,
wer alle Unternehmungen aufgibt,
wer an mir teilhat, der ist mir lieb. 16
Wer sich nicht freut, nicht haßt,
nicht trauert, nicht begehrt,
wer Ungenehmes und Genehmes aufgibt,
wer Teilhabe erlangt hat, der ist mir lieb. 17
Wer zu Freund und Feind gleichgültig ist,
und ebenso bei Achtung und Verachtung,
gleichgültig gegen Kälte, Hitze, Freud und Leid,
von Anhänglichkeit frei, 18
ein Mann, dem Tadel oder Lob gleichgültig sind,
schweigsam, mit jeglichem zufrieden,
ohne Zuhause, festen Sinnes,
wer Teilhabe erlangt hat, der ist mir lieb. 19
Doch jene, welche dies von mir Gesprochene
als einen Nektar der Unsterblichkeit verehren,
der mit den Ordnungswerten übereinstimmt,
die gläubig darauf vertrauen,
denen Ich das Höchste bin,
die haben teil an mir und sind mir ganz besonders lieb. 20

Kapitel 13

Der Gnädige sagte:
Dieser Körper, oh Kuntī-Sohn, wird «Feld» genannt.
«Feldkenner» nennen jene, welche darum wissen,
den, der dieses Feld erkennt.
Und wisse, oh Nachkomme des Bharata,
daß *ich* der Feldkenner in allen Feldern bin.
Von der Erkenntnis über Feld und Feldkenner
glaubt man, daß es eine Erkenntnis ist, welche zu mir
gehört.
Höre von mir in Kürze,
was dieses Feld ist und wie es beschaffen ist,
wie es sich entwickelt und woher was stammt;
und auch, wer Er ist und welchen Einfluß Er hat.
Die Seher haben es vielfach besungen
getrennt in verschiedenen Versmaßen,
und in den Worten der Brahmasūtren,
mit guten Gründen, klar entschieden.
Die großen Elemente, das Ichgefühl,
Bewußtheit und das Unentfaltete,
die zehn Sinne und die eine Denkkraft,
und die fünf Sinnesbereiche,
Begierde, Haß, Glück, Leid,
Kompaktheit, Denken, Durchhalten –
damit ist knapp das Feld umrissen,
mitsamt seinen Entfaltungen.
Uneingebildetheit, Freiheit von Dünkel,
Gewaltlosigkeit, Nachsicht, Geradlinigkeit,
Verehrung des Lehrers, Reinlichkeit,
Beständigkeit, Selbstbeherrschung,
Leidenschaftslosigkeit gegen die Sinnendinge,
und vor allem kein Ichgefühl,
Betrachtung von Geburt, Tod, Altern, Krankheit
als Leid und als Makel.
Nicht-Anhangen, nicht Festklammern
an Söhnen, Frauen, Haus und anderem
und beständige Gleichgesinntheit
bei erwünschten oder unerwünschten Vorkommnissen,

und unbeirrbare Teilhabe an mir
durch Einung mit nichts anderem,
Aufsuchen abgeschiedener Orte,
kein Gefallen an Menschenansammlungen, 10
Beständigkeit in der das Selbst betreffenden Erkenntnis,
die Einsicht, daß Erkenntnis der Wirklichkeiten das Ziel ist,
«Erkenntnis» wird all dies genannt,
«Unkenntnis», was davon verschieden ist. 11
Ich werde dir jetzt das verkünden,
was erkannt werden sollte,
wodurch man, wenn man es erkannt hat,
Unsterblichkeit gewinnt.
Es ist der anfangslose Urgrund, über dem es nur mich gibt,
von dem man sagt, er sei nicht seiend, nicht nicht-seiend. 12
Es hat Hände und Füße auf allen Seiten,
auf allen Seiten Augen, Köpfe, Münder;
es hat Gehör auf allen Seiten,
es existiert in der Welt und umgibt doch alles. 13
Die Sinne alle und die Grundzüge läßt es aufscheinen;
und ist doch frei von allen Sinnen;
es haftet nicht an und trägt doch alles;
es ist frei von den Grundzügen und genießt sie doch. 14
In den Wesen ist es und außerhalb;
es ist das Unbelebte und Belebte;
man kann es wegen seiner Feinheit nicht erkennen;
es ist sehr fern, zugleich ganz in der Nähe. 15
Unaufgeteilt besteht es in den Wesen
und ist doch gleichsam aufgeteilt;
und man soll es als den Träger der Wesen erkennen,
den Verschlinger und Hervorbringer. 16
Ferner nennt man es Licht der Lichter,
jenseits der Dunkelheit.
Das, worauf Erkenntnis sich richten soll,
was erkannt werden sollte,
ist selber Erkenntnis, im Herzen eines jeden gegründet. 17

Damit habe ich das «Feld» und die Erkenntnis
und das, was erkannt werden sollte,
in Kürze genannt.
Einer, der an mir teilhat und dies erkannt hat,
gelangt zu meinem Seinszustand. 1
Stoffnatur und Geistperson, wisse,
sind alle beide anfangslos.
Und wisse, daß Grundzüge und Entfaltungen
aus der Stoffnatur entstehen. 1
Die Stoffnatur wird Grund genannt,
sofern sie Ursachen und Wirkungen schafft;
die Geistperson wird Grund genannt,
sofern sie der Genießer ist
von Glücks- und Leiderfahrungen. 2
Nur wenn die Geistperson sich in der Stoffnatur befindet,
genießt sie die aus der Stoffnatur entstehenden Grundzüge.
Ihre Verbindung mit den Grundzügen
ist die Ursache für Geburten
aus gutem und aus schlechtem Schoß. 2
Als Hoher Herr ist sie der Zuschauer
und Einwilliger, Erhalter, Genießer.
Die höchste Geistperson in diesem Körper
wird auch das «höchste Selbst» genannt. 2
Wer dieses weiß über die Geistperson,
und über die Stoffnatur samt ihrer Grundzüge,
der wird nicht nochmals geboren,
auch wenn er durchaus weiterlebt. 2
Einige schauen durch Meditation
in sich selbst das Selbst mit ihrem Selbst;
andere durch Einung gemäß der Stufenfolge des Sāṃkhya;
wieder andere durch Einung mit ihren Handlungen. 2
Andere aber, die nicht derart erkennen,
verehren, was sie von anderen als offenbart gehört haben.
Auch solche Anhänger der Offenbarung
überqueren den Tod. 2

Du sollst wissen, oh Bulle unter den Bharatas,
solange irgendein Wesen entsteht,
sei es unbelebt oder belebt,
entsteht es aufgrund der Verbindung von Feld und
Feldkenner. 26
Wenn jemand erschaut, daß der Höchste Herr
in allen Wesen gleichermaßen sich befindet,
und nicht zugrunde geht, wenn sie zugrunde gehen,
dann sieht er wirklich. 27
Denn wer den Herrn als jenen schaut,
der in allen gleichermaßen mitbesteht,
verletzt sich selbst nicht durch sich selbst;
folglich geht er zum höchsten Ziel. 28
Handlungen werden allenthalben
nur durch die Stoffnatur vollzogen;
wer somit sieht, daß das Selbst kein Täter ist,
der sieht wirklich. 29
Wenn einer einsieht, daß der Zustand
der getrennten Existenz der Wesen
in diesem Einen Bestand hat,
und wenn er sieht, daß die Ausbreitung der Wesen
aus diesem Einen nur hervorgeht,
dann gelangt er zum Urgrund. 30
Weil es anfangslos ist, und gleichzeitig frei von den
Grundzügen,
ist das höchste Selbst unvergänglich.
Obwohl es in den Körpern weilt, oh Kuntī-Sohn,
handelt es nicht, noch wird es befleckt. 31
So wie der Raum, der allgegenwärtig ist,
wegen seiner Feinstofflichkeit nicht befleckt wird,
wird auch das Selbst, das überall im Körper sich befindet,
nicht befleckt. 32
So wie die eine Sonne diese ganze Welt erleuchtet,
so erleuchtet jener, dem das Feld zu eigen,
das ganze Feld, oh Nachkomme des Bharata. 33
Jene, die derart mit dem Auge der Erkenntnis
um den Unterschied zwischen Feld und Feldkenner
wissen
und um die Befreiung der Wesen aus der Stoffnatur,
die gehen zum Höchsten. 34

Kapitel 14

Der Gnädige sagte:
Das Höchste will ich, weiterhin, verkünden,
unter allen Erkenntnissen die oberste Erkenntnis;
alle Schweigeasketen, die sie kennen,
sind aus dieser Welt zur höchsten Vollendung gegangen.
Indem sie sich auf diese Erkenntnis stützen,
sind sie mir gleich geworden;
selbst bei einer Weltenschöpfung werden sie nicht
geboren,
und beim Weltuntergang haben sie nichts zu leiden.
Der umfassende Urgrund ist mir der Schoß,
in den ich den Keim lege.
Daraus entstehen alle Wesen, du Nachkomme des
Bharata.
Für alle Gestaltwerdungen,
die in jeglichen Schößen heranwachsen, oh Kuntī-Sohn,
ist der Urgrund, das Umfassende, der Schoß,
ich bin der samenspendende Vater.
Lichtkraft, Triebkraft, Dunkelkraft –
so heißen die drei Grundzüge,
die aus der Stoffnatur entstehen, oh Starkarmiger;
sie binden den Unveränderlichen
als verkörperte Seele im Körper.
Unter diesen bindet Lichtkraft den Leuchtenden,
Leidfreien,
weil frei von Befleckungen,
durch die Verhaftetheit mit Glück
und durch die Verhaftetheit mit der Erkenntnis, oh du
Frevelloser.
Triebkraft, so wisse, besteht in Leidenschaft,
und sie entsteht aus der Verbindung mit Begierde;
sie bindet die verkörperte Seele, oh Kuntī-Sohn,
durch die Verhaftetheit mit Handlungen.
Wisse, daß die Dunkelkraft aus Unkenntnis geboren ist;
sie ist dasjenige, was alle verkörperten Seelen verwirrt.
Sie bindet durch Unbesonnenheit, Trägheit, Schlaf,
oh Nachkomme des Bharata.

Die Lichtkraft bewirkt das Haften an Glück;
die Triebkraft an Handlungen, oh Nachkomme des
Bharata;
die Dunkelkraft bewirkt fürwahr Haften an
Unbesonnenheit,
indem sie die Erkenntnis verhüllt. 9
Wenn sie die Trieb- und Dunkelkraft überwiegt,
tritt Lichtkraft hervor, oh Nachkomme des Bharata;
desgleichen die Dunkelkraft,
wenn sie die Trieb- und Lichtkraft überwiegt,
die Triebkraft, wenn sie die Dunkel- und die Lichtkraft
überwiegt. 10
Wenn in allen Sinnentoren in diesem Körper
als Leuchten die Erkenntnis entsteht,
dann soll man wissen, daß fürwahr Lichtkraft
zugenommen hat. 11
Wenn die Triebkraft angewachsen ist,
dann entstehen Gier, Weltzugewandtheit, Beginn von
Handlungen,
Unruhe und Sehnsucht, oh Bulle unter den Bharatas. 12
Wenn die Dunkelkraft angewachsen ist,
entstehen Unerleuchtetheit und Weltabgewandtheit,
Unbesonnenheit und Verwirrung, oh Stolz der Kurus. 13
Wenn ein Körperwesen sich auflöst,
während die Lichtkraft überwiegt,
dann gelangt es zu den reinen Welten jener,
die das Höchste kennen. 14
Wenn man unter dem Einfluß der Triebkraft untergeht
wird man unter Wesen wiedergeboren,
die Handlungen verhaftet sind;
desgleichen wird einer, der im Zustand der Dunkelkraft
untergegangen ist,
in den Schößen von Verwirrten geboren. 15
Man sagt, die reine Frucht der wohlgetanen Handlung
sei von der Lichtkraft geprägt,
die Frucht der Triebkraft sei Leiden,
Unkenntnis die Frucht der Dunkelkraft. 16
Aus der Lichtkraft entsteht die Erkenntnis,
und aus der Triebkraft die Gier;
aus Dunkelkraft entstehen Unbesonnenheit und
Verwirrung,
und insbesondere Unkenntnis. 17

Jene, die in Lichtkraft feststehen, gehen nach oben;
die durch Triebkraft Bestimmten bleiben in der Mitte;
jene, die im niedrigsten der Grundzüge befangen bleiben,
von der Dunkelkraft geprägt, gehen nach unten. 18
Wenn die beobachtende Seele erschaut,
daß abgesehen von den Grundzügen kein anderer handelt,
und wenn sie weiß, was jenseits der Grundzüge ist,
nähert sie sich meinem Seinszustand. 19
Wenn die verkörperte Seele jene drei Grundzüge übersteigt,
die des Körpers Ursprung sind,
befreit von den Leiden der Geburt, des Sterbens und des Alters,
gewinnt sie die Unsterblichkeit. 20

Arjuna sagte:
Oh Herr, welche Merkmale hat einer,
wenn er diese drei Grundzüge überschritten hat?
Wie verhält er sich?
Und wie überwindet er die drei Grundzüge? 21

Der Gnädige sagte:
Oh Pāṇḍava, weder Erleuchten
noch die Zugewandtheit noch Verwirrung
lehnt, wenn sie aufgetreten sind, er ab;
haben sie aufgehört, ersehnt er sie nicht. 22
Wer wie ein Unparteiischer dasitzt,
wer von den Grundzügen nicht erschüttert wird,
wer, da er weiß, daß nur die Grundzüge weitermachen,
fest gegründet bleibt und sich nicht rührt, 23
wem Glück und Unglück gleich bedeuten,
wer in sich ruht,
wem Erdklumpen und Gold gleich bedeuten,
wem Liebe oder Ungeliebte gleich wert sind,
der Kluge, welchem Lob oder Tadel seiner selbst gleich sind, 24
wer gleich in Ehre und Verachtung ist,
der gleiche zu Freund- und Feindesseite,
wer alle Unternehmungen aufgegeben hat,
von dem sagt man, er habe die Grundzüge überstiegen. 25

Und wer mir in unbeirrbarer Einung und Teilhabe dient,
der wird, indem er diese Grundzüge überschreitet,
bereit für die Seinsweise des Urgrunds. 26
Denn ich bin Grundlage des Urgrunds,
des unsterblichen und unveränderlichen,
und der ewigen Grundordnung
und des letztendlichen Glücks. 27

Kapitel 15

Der Gnädige sagte:
Man spricht von einem unveränderlichen Feigenbaum
mit Wurzeln nach oben, Zweigen nach unten,
dessen Blätter die Versmaße sind.
Wer ihn kennt, der kennt den Veda. 1
Seine Zweige breiten sich nach unten und nach oben
aus;
ihre jungen Triebe, nämlich die Sinnendinge,
sind aus den Grundzügen hervorgewachsen.
Und drunter sind die Wurzeln, die sich überall hin
ausbreiten,
in der Menschenwelt verknüpft mit Handlungen. 2
Seine Gestalt wird in dieser Welt nicht wahr-
genommen,
weder Ende noch Anfang, und nicht das Bestehen.
Wenn man diesen Feigenbaum mit seinen fest
verwachsenen Wurzeln
mit der scharfen Klinge der Unverhaftetheit gefällt
hat, 3
dann läßt der Weg zu jener Stufe sich beschreiten,
von der, ist man erst in sie eingegangen, niemand je
wieder zurückkehrt.
Zu eben dieser uranfänglichen Geistperson nehme ich
Zuflucht,
von der Weltzugewandtheit ausgegangen ist seit alters
her. 4

Jene, die frei von Wahn und Wirren sind,
die alle Mängel der Verhaftetheit besiegten,
unentwegt auf sich selbst gerichtet sind,
die von Begierden sich ganz abgewendet haben,
die frei von all den Gegensätzen sind
– was man als leidvoll oder angenehm bezeichnet –,
unverwirrt gelangen sie zu jener unveränderlichen Stufe.
Nicht erhellt die Sonne sie, nicht Mond noch Feuer.
Die dorthin gingen, kehren nicht zurück;
solch höchste Wohnstatt – sie ist mein!
Ein ewiger Teil von mir ist es,
was in der Welt beseelter Wesen
als deren Lebensseele existiert.
Er zieht die Sinne und die Denkkraft als sechstes an sich,
die in der Stoffnatur angelegt sind.
Wenn er als machtvoller Herr in einen Körper sich herabläßt,
und auch wenn er wieder aus ihm auszieht,
greift er sie auf und nimmt sie mit sich,
wie der Wind Gerüche von einem Gegenstand.
Er macht sich Sicht, Gehör, Berührung,
Schmecken und Riechen untertan
und auch die Denkkraft,
und pflegt so Umgang mit den Sinnendingen. 9
Ob er nun auszieht oder bleibt
oder aufnimmt, was mit den Grundzügen verbunden ist,
jene, die das Auge der Erkenntnis haben, schauen ihn. 10
Und Yogins, welche sich bemühen, schauen ihn,
wie er in ihnen selber weilt.
Auch wenn sie sich mühen, schauen jene ihn nicht,
denen die Einsicht fehlt,
solange sie ihr Selbst noch nicht verwirklicht haben. 11
Den Glanz der Sonne, der die ganze Welt erhellt,
und den des Mondes und des Feuers,
all diesen Glanz erkenne als den meinigen. 12
Und indem ich in die Erde eingehe,
erhalte ich mit meiner Energie die Wesen;
und ich nähre alle Pflanzen,
da ich der Mond bin voller Lebenssaft. 13

Als «Lebensfeuer» aller Menschen,
gestützt auf den Körper der Lebewesen,
vereint mit Atem- und Verdauungswinden
gare ich die vierfältige Nahrung. 14
In eines jeden Herzen bin ich eingedrungen;
Erinnern, Erkenntnis und Abwägen gehen auf mich zurück;
und ich allein bin, was zu wissen ist durch sämtliche Veden;
ich bin der Verfasser der Upaniṣaden;
und wahrer Vedakenner, der bin ich! 15
Man sagt ja, daß es diese beiden Geistpersonen in der Welt gibt,
sowohl die wandelbare, als eben auch die unwandelbare.
Die Wesen alle sind die wandelbare;
die unwandelbare steht am Scheitelpunkt. 16
Noch ein anderer ist die allerhöchste Geistperson;
«höchstes Selbst» wird er genannt.
Er ist es, der als unveränderlich, machtvoller Herr
die Dreiwelt trägt, indem er in sie eingeht. 17
Weil ich das Wandelbare überstiegen habe,
weil ich der Höchste, noch über dem Unwandelbaren, bin,
deshalb bin ich bei den Menschen wie auch in den Veden
als die «Höchste Geistperson» verbreitet. 18
Wer unverwirrt mich so, als Höchste Geistperson, erkennt,
hat an mir teil als einer, der das Ganze kennt,
mit dem das Ganze umfassenden Seinszustand, oh Nachkomme des Bharata. 19
Hiermit habe ich dir, du Makelloser,
eine überaus geheime Lehre mitgeteilt,
Wer ihrer bewußt bleibt, ist wohl einer, dem Bewußtheit eignet
und der getan hat, was zu tun war, oh Nachkomme des Bharata. 20

Kapitel 16

Der Gnädige sagte:
Furchtlosigkeit, völlige Klarheit der Lichtkraft,
Gegründetheit in Einung mit «Erkenntnis»,
Spenden und Beherrschtheit und Opfer,
Rezitation, Kasteiung, Gradlinigkeit, 1
Gewaltlosigkeit, Wahrhaftigkeit, Zornlosigkeit,
Verzicht, innerer Friede, Freiheit von übler Nachrede,
Mitleid mit den Wesen, Habsuchtslosigkeit
Sanftmut, Scham, Fehlen von Wankelmütigkeit, 2
Glut, Nachsicht, Durchhalten, Reinheit,
Freiheit von Feindseligkeit, keine übermäßige Ehrsucht
– diese sind jenem zu eigen, oh Nachkomme des Bharata,
der zu göttlicher Bestimmung geboren ist. 3
Geltungssucht, Eingebildetheit und Ehrsucht,
Zorn und Grobheit und Fehlen von Erkenntnis
– diese sind jenem zu eigen, Pṛthā-Sohn,
der zu widergöttlicher Bestimmung geboren wurde. 4
Göttliche Bestimmung führt zu Befreiung,
widergöttliche zu Bindung, so meint man.
Sei unbesorgt!
Du, Pāṇḍu-Sohn, bist zu göttlicher Bestimmung geboren. 5
In dieser Welt gibt es zwei Schöpfungen von Wesen,
die eine göttlich und die widergöttliche.
Von der göttlichen wurde schon ausführlicher gesprochen;
höre von mir über die widergöttliche, oh Pṛthā-Sohn. 6
Weder um Weltzugewandtheit noch um Abgewandtheit
wissen die widergöttlichen Leute;
Reinheit, und noch weniger das rechte Verhalten,
auch Wahrheit findet man bei ihnen nicht. 7
Sie sagen, die Welt sei unwahr,
ohne Grundlage, ohne göttlichen Herrn,
entstanden ohne gegenseitige Abhängigkeit.
Ist sie denn anders als durch Lust verursacht? 8
Menschen, die diese Ansicht unterstützen,
haben sich selbst verloren, haben von Bewußtheit wenig.
Sie tun sich hervor mit ihren schrecklichen Taten,
gnadenlos, zum Untergang der Welt. 9

Sie frönen der Lust, die doch schwer zu stillen ist,
sind voller Geltungssucht, Ehrsucht, Nachlässigkeit;
und indem sie aus Betörtheit ungute Unternehmungen unternehmen,
leben sie dahin mit ihren unreinen Observanzen. 10
Sie gründen auf unermeßlicher Sorge,
die kein Ende findet bis an das Ende der Welt,
und machen den Genuß von Lust
zu ihrem obersten Prinzip,
in der Gewißheit, daß es mehr nicht gebe. 11
Von Hoffnungsbanden hundertfach gebunden,
die Lust, der Zorn ihr letztes Ziel,
so gieren sie zwecks Lustgenuß
durch Unrecht nach der Anhäufung von Wohlstand. 12
«Dies eine habe ich heute bekommen;
den anderen Wunsch werde ich mir noch erfüllen.
Der hier gehört mir schon;
auch jener Reichtum wird mir noch gehören.» 13
«Der Feind da wurde von mir erschlagen;
und auch die anderen werde ich erschlagen.
Ich bin ein Herr, weiß zu genießen,
ich habe Erfolg, bin mächtig und glücklich.» 14
«Wohlhabend bin ich, stamme aus guter Familie;
wer ist der andere, welcher mir gleich wäre?!
Ich werde opfern, werde spenden,
ich werde vergnügt sein!» – so reden sie,
verwirrt durch Fehlen von Erkenntnis. 15
Durch Denken an so vieles umgetrieben,
von Netzen der Verwirrung eingehüllt,
an Lustgenüssen hängend stürzen sie
in eine unreine Hölle. 16
Von sich selbst eingenommen, verbohrt,
voll jener Ehrsucht und Nachlässigkeit, die durch Reichtum entstehen
vollziehen sie, was nur dem Namen nach Opfer sind,
aus Geltungssucht, und ohne Rücksicht auf die Regeln. 17
Auf Ichdünkel, Macht, Stolz, Lust und Zorn
gründen sich diese Heuchler
und hassen dabei mich, der ich in ihrem
und in aller anderen Körpern bin. 18

Ich selber werfe solch gemeine Menschen,
die hassen und die grausam sind,
die heillosen, in diesen Lebenskreisen
unverzüglich in widergöttliche Geburten. 1
In einem Leben nach dem anderen erlangen die Verwirrten
eine widergöttliche Geburt,
sie, die mich also nicht erreichen, Kuntī-Sohn,
gehen sodann zu einem niederen Ziel. 2
Von dreierlei Art ist das Tor zur Hölle,
des Selbstes Verderben:
Lust, Zorn und Begierde.
Diese Dreiheit soll man deshalb vermeiden. 2
Oh Kuntī-Sohn, ein Mensch, der sich von diesen drei,
den Toren der Dunkelheit befreit hat,
führt einen Lebenswandel, der für ihn selbst zum Heil gereicht.
Sodann geht er zum höchsten Ziel. 2
Wer die überlieferten Regeln beiseite läßt
und seinem Lustgewinn nur frönt,
erlangt keine Vollkommenheit,
kein Glück, kein höchstes Ziel. 2
Deshalb laß die Lehrtexte dir deine Richtschnur sein
bei der Festlegung dessen, was zu tun ist, was zu lassen ist.
In Kenntnis der in der Lehrtradition verkündeten Regeln.
obliegt es dir hier, dein Werk zu tun. 2

Kapitel 17

Arjuna sagte:
Was aber, Kṛṣṇa, ist die Grundlage von jenen,
die die in Lehrtexten enthaltenen Regeln beiseite lassen,
aber mit gläubigem Zutrauen opfern?
Ist es die Licht-, die Trieb-, oder die Dunkelkraft?

Der Gnädige sagte:
Gläubiges Zutrauen ist von dreierlei Art.
Es entsteht für die verkörperten Seelen
aus ihrer jeweiligen Natur.
es ist bestimmt durch Lichtkraft oder Triebkraft oder
Dunkelkraft;
höre davon: 2
Oh Nachkomme des Bharata, das gläubige Zutrauen
eines jeden
ist von der Lichtkraft geprägt.
Als Geistperson besteht der Mensch aus Zutrauen;
ein jeder ist bestimmt durch das,
worauf sich sein gläubiges Zutrauen richtet. 3
Lichthafte Menschen opfern den Göttern;
triebhafte den Yakṣawesen und Dämonen;
und jene anderen, die dunkelhaften Menschen,
opfern den Totenseelen und Gespenstern. 4
Jene Menschen, welche wilde,
in keinen Lehrtexten gebotene Kasteiung üben,
die sind mit Geltungssucht und Ichdünkel verbunden,
von Lust und Leidenschaft und von Gewalt umgeben; 5
die geistlosen, sie reißen am Zusammenschluß der
Elemente,
die den Körper bilden,
und somit an mir, der ich ja in den Körpern mich
befinde.
Solcher Menschen Absichten, so wisse,
sind von widergöttlicher Natur. 6
Die Nahrung auch, die jedem Menschen lieb ist,
ist von dreierlei Art;
desgleichen Opfer, Kasteiung und Almosen;
höre deren entsprechende Einteilung. 7
Nahrungsmittel, welche Lebensdauer,
Lichtkraft, Stärke, Gesundheit,
Glück und Gefallen fördern,
die geschmackvoll, ölreich, fest und herzhaft sind,
die sind lichthaften Menschen lieb. 8
Nahrungsmittel, welche bitter,
sauer, salzig, übermäßig heiß,
scharf, trocken oder brennend sind,
sind bei den triebhaften Menschen erwünscht;
sie führen zu Leid, Kummer und Krankheit. 9

Was abgestanden, schmacklos, faulig und vom Vortag ist,
und auch was andre übrig ließen,
was kultisch unrein ist,
das ist die Speise, die den Dunkelhaften lieb ist. 1
Ein Opfer ist dann von Lichtkraft geprägt,
wenn jemand ohne Gier nach Ergebnissen opfert,
mit Blick auf die Regeln,
und die Denkkraft darauf konzentriert,
daß Opfern fürwahr nötig ist. 1
Ein Opfer, das mit Ausrichtung auf ein Ergebnis
oder auch aus Geltungssucht dargebracht wird,
betrachte es, oh Bester unter den Bharatas,
als von Triebkaft bestimmt. 1
Ein regelloses Opfer ohne Speisung,
ohne vedische Sprüche, ohne zeremonielle Geschenke,
gelöst von allem gläubigen Zutrauen,
das wird als dunkelhaft bezeichnet. 1
Die Verehrung von Göttern, Brahmanen, Lehrern und Weisen,
Reinheit, Gradlinigkeit, Enthaltsamkeit, Gewaltlosigkeit
heißen körperliche Kasteiung. 1
Reden, das nicht aufregt,
das wahrhaftig und angenehm und nützlich ist,
sowie die Übung der Rezitation
nennt man sprachliche Kasteiung. 1
Abklärung der Denkkraft, Gefälligkeit,
Schweigen, Selbstgenügsamkeit, Reinheit des Charakters
nennt man gedankliche Kasteiung. 1
Diese dreierlei Kasteiung nennt man lichthaft.
Sie wird mit äußerstem gläubigen Zutrauen
geübt von Menschen, die geeint sind,
die nach dem Ergebnis nicht verlangen. 1
Kasteiung, die um Respekt, Ansehen oder Ehrerweis willen
und mit Stolz geübt wird,
die nennt man triebhaft, unstet, unbeständig. 1
Kasteiung, welche einer ausführt,
dessen Unternehmungen verwirrt sind,
und quält einer selbst,
oder zur Beseitigung eines Feindes,
wird als dunkelhaft angeführt. 1

Die Spende, die gegeben wird
nur in dem Gedanken, daß es notwendig sei,
und nicht an jemanden, der einem von Nutzen ist,
am rechten Ort, zur rechten Zeit, der würdigen Person,
solch Spende wird gelehrt als lichthaft. 20
Was aber wegen einer Gegen-Gefälligkeit
oder auch im Blick auf das Ergebnis
und überdies grollend gegeben wird,
die Überlieferung nennt solches Spenden triebbestimmt. 21
Die Spende, die zur falschen Zeit, am falschen Ort
denen gegeben wird, die ihrer nicht würdig sind,
die nicht geschätzt, verachtet ist,
wird angeführt als dunkelhaft. 22
Für den Urgrund ist eine dreifache Bezeichnung
    überliefert:
«OM», «TAT» und «SAT».
Die Veden, Opfer und Brahmanen
wurden früher damit angeordnet. 23
Deshalb gehen die vorgeschriebenen Werke
wie Opfer, Spenden, Kasteiung
bei Leuten, die des Urgrunds Wortgestalt verkünden,
immerzu unter dem Aussprechen von «OM» vor sich. 24
Ohne an das Ergebnis zu denken,
vollziehen die, die nach Befreiung streben,
die Tätigkeiten wie Kasteiung oder Opfer
und die verschiedentliche Durchführung von Spenden,
indem sie dabei «TAT» sagen. 25
Das Wort «SAT» wird benutzt
im Sinne von «seiend» und im Sinne von «gut».
Bei jeder Handlung, die so Beifall findet,
wird das Wort «SAT» angewendet, Pṛthā-Sohn. 26
Bei Opfer, Kasteiung und Spenden
wird auch das Bestehen bezeichnet,
indem man «SAT» sagt;
und eine Handlung, welche diesen Zwecken dient,
wird mit eben dem Worte «SAT» belegt. 27
Was ohne gläubiges Zutrauen geopfert, gespendet,
an Kasteiung geübt und sonst getan wird,
das wird «nicht-seiend» genannt, oh Pṛthā-Sohn;
und nicht hat es Bestand,
in dieser Welt nicht, noch wenn man verstorben ist. 28

Kapitel 18

Arjuna sagte:
Du Starkarmiger, ich will das Wesen der Entsagung
wissen,
und, oh Mähnenhaar, unabhängig davon,
das Wesen des Verzichts, du Zermalmer des Keśin.

Der Gnädige sagte:
Die Seher wissen, daß Entsagung
ein Ablegen jener Handlungen ist,
die sich auf Wünschenswertes richten.
Einsichtige nennen Verzicht,
was ein Verzicht auf die Früchte *aller* Handlungen ist.
Einige Denker sagen vom Handeln,
es sei aufzugeben als mit Makel behaftet;
andere sagen, daß bestimmte Handlungen
wie Opfer, Spenden und Kasteiung
nicht aufgegeben werden dürfen.
Höre von mir die Entscheidung darüber,
du Bester der Bharatas, bezüglich des Verzichts:
Verzicht wird nämlich, oh Tiger unter den Menschen,
allgemein als von dreierlei Art verkündet.
Taten wie Opfer, Spenden, Kasteiung
sollen nicht unterlassen werden; sie sind zu tun!
Denn Opfer, Spenden und Kasteiung
dienen der Reinwerdung der Verständigen.
Es sind jedoch auch diese Handlungen zu tun,
indem man auf Anhangen und auf die Früchte
verzichtet;
dies ist, oh Pṛthā-Sohn,
entschieden meine letzte Meinung.
Entsagung einer vorgeschriebenen Handlung aber
ist nicht zulässig;
verzichtet einer aus Verworrenheit darauf,
so ist bekanntlich dieser sein Verzicht
von Dunkelkraft geprägt.
Wer auf eine Handlung verzichtet,
aus Furcht vor körperlicher Pein,
weil er gar denkt, «das ist doch schmerzhaft!»,
der übt von der Triebkraft geprägten Verzicht
und bekommt nicht die Frucht des Verzichtens.

Oh Arjuna, wenn eine vorgeschriebene Handlung
vollbracht wird
in dem Gedanken daran, daß sie getan werden muß,
und man dabei auf Anhaften und Frucht verzichtet,
so wird das für Verzicht gehalten,
der von der Lichtkraft zeugt. 9
Wer von der Lichtkraft durchdrungen Verzicht übt,
haßt nicht die ungenehme Handlung
und drängt sich nicht nach der genehmen;
er ist besonnen, seine Zweifel sind gelöst. 10
Denn während man in seinem Körper lebt,
kann man auf Handlungen nicht restlos verzichten;
«Verzichter» aber wird genannt,
wer auf die Frucht der Handlungen verzichtet. 11
Die Frucht des Handelns nach dem Tod
für solche, die keinen Verzicht üben, ist dreifach –
erwünscht und unerwünscht und beides gemischt.
Für die Entsager jedoch gibt es nirgends eine. 12
Höre, Starkarmiger, von mir die fünf Faktoren,
die in der Sāṃkhya-Lehre verkündet wurden
bezüglich der Verwirklichung jeglicher Handlungen: 13
Bezugsrahmen und Täter und verschiedenartiges
Werkzeug
und die einzelnen Aktionen von verschiedener Art,
und dann noch göttliche Einwirkung als fünftes. 14
Dies sind die fünf Ursachen einer Handlung,
welche ein Mensch in Angriff nimmt,
sei sie rechtschaffen oder das Gegenteil davon,
sei es in Gedanken, Worten oder Werken. 15
Da dies so ist, hat einer, der das losgelöste Selbst
für dasjenige ansieht, welches handelt,
weil er die Stufe der Bewußtheit nicht verwirklicht hat,
die falsche Meinung und keineswegs die rechte Sicht. 16
Wer nicht in jenem Zustande befangen ist,
der durch das Ich geschaffen wird,
wessen Bewußtheit folglich nicht befleckt wird,
wenn dieser auch die ganze Welt erschlüge,
so erschlägt er nicht wirklich und wird nicht gebunden. 17

Der Anstoß zu einer Handlung ist dreifach:
Eine Erkenntnis, ihr Objekt und das Subjekt des Erkennens.
Der Handlungskomplex selbst ist dreifach:
Werkzeug, Ausführung und Ausführender. 18
Erkenntnis, Ausführung und Ausführender sind wiederum dreifach,
entsprechend der Aufteilung nach Grundzügen.
In der Aufzählung der Grundzüge wird gelehrt,
wie es sich verhält; auch das höre dir an: 19
Jene Erkenntnis, wodurch einer in allen Wesen
die eine unveränderliche Wirklichkeit sieht,
die ungeteilt in allen Teilen ist,
die, wisse, ist von der Lichtkraft bestimmt. 20
Jene Erkenntnis, welche in allen Wesen
gemäß ihrer Verschiedenheit die vielfältigen Wirklichkeiten,
voneinander verschieden, erkennt,
die, wisse, ist von der Triebkraft bestimmt. 21
Jene Erkenntnis aber, welche ohne besonderen Anlaß
einer einzigen Aufgabe verhaftet ist, als sei diese alles,
und gering ist wie etwas, das nicht die Wirklichkeit zum Gegenstand hat,
die wird von Dunkelkraft bestimmt genannt. 22
Eine Handlung, die vorgeschrieben ist
und ausgeführt wird ohne Anhangen,
von jemandem, der keine Frucht zu erlangen wünscht,
ohne Zuneigung oder Haß,
die wird lichthaft genannt. 23
Eine Handlung aber, die mit großem Einsatz
von jemandem ausgeführt wird, der Erfüllung von Begierden wünscht
und voller Ichdünkel ist,
die wird triebhaft genannt. 24
Von einer Handlung, welche ohne Rücksicht auf die Folgen
– Untergang, Verletzung –
und auf das menschlich Machbare,
aus Verworrenheit unternommen wird,
von der sagt man, sie sei von der Dunkelkraft geprägt. 25

Frei von Anhangen, ohne Ichbezogenheit,
versehen mit Beständigkeit und Durchhaltevermögen,
unverändert in Erfolg und Mißerfolg,
ein solcher Tätiger wird lichthaft genannt. 26
Wer tätig ist, indem er, leidenschaftlich,
einer Handlung Frucht erlangen will,
gierig, gewalttätig, unrein,
von Freude und Trauer betroffen
der ist bekannt als von der Triebkraft bestimmt. 27
Ein ungeeinter, gewöhnlicher, träger,
ein betrügerischer, unaufrichtiger, fauler,
ein niedergeschlagener und umständlicher
wird ein von Dunkelkraft bestimmter Tätiger genannt. 28
Höre über die Einteilung der Bewußtheit
und der Durchhaltekraft,
dreifach gemäß den Grundzügen,
wie sie dir restlos und im einzelnen verkündet wird,
du Schätze-Ersieger. 29
Weiß eine Bewußtheit um die Zugewandtheit und die
Abgewandtheit,
um zu Tuendes und nicht zu Tuendes,
Furcht und Furchtlosigkeit,
Bindung und Befreiung,
ist sie, oh Pṛthā-Sohn, von der Lichtkraft bestimmt. 30
Erkennt man durch eine Bewußtheit unrichtig,
was rechte Ordnung und Unordnung,
zu Tuendes und nicht zu Tuendes ist,
so ist sie, oh Pṛthā-Sohn, von der Triebkraft bestimmt. 31
Eine Bewußtheit, die, von Dunkelheit umgeben,
die Unordnung für rechte Ordnung hält
und alle Dinge für ihr Gegenteil,
die ist, oh Pṛthā-Sohn, von der Dunkelkraft bestimmt. 32
Jenes unbeirrbare Festhalten,
durch das man die Tätigkeiten von Denkkraft, Atem und
Sinnen
festwerden läßt durch Einswerdung,
solch Festhalten gehört, oh Pṛthā-Sohn, zur Lichtkraft. 33
Das Festhalten, durch das einer,
der nach Ergebnissen verlangt,
die rechte Ordnung, Lust, Besitz
sich Halt sein läßt durch Anhaften, oh Pṛthā-Sohn,
solch Festigkeit ist von der Triebkraft bestimmt. 34

Das Festhalten durch das ein Uneinsichtiger
Schlaf, Furcht und Kummer,
Niedergeschlagenheit und besonders Leidenschaft nicht losläßt,
das ist, oh Pṛthā-Sohn, von Dunkelkraft bestimmt. 3
Oh Bulle unter den Bharatas, höre von mir jetzt,
inwiefern das Glück dreifach ist,
das man nach Einübung genießt
und zu dem man kommt als dem Ende alles Leids. 3
Was zu Beginn wie Gift erscheint,
in seiner Auswirkung dem Unsterblichkeitsnektar gleicht,
das ist ein Glück, das zur Lichtkraft gehört,
denn es ist aus der Klärung der Bewußtheit und des Selbstes geboren. 3
Ein Glück, das dank der Verbindung von Sinnen und Objekten
anfänglich dem Unsterblichkeitsnektar gleicht,
in seiner Auswirkung wie Gift ist,
wird von der Tradition gelehrt als von Triebkraft bestimmt. 3
Jenes Glück, das anfänglich sowohl
wie auch in seiner Auswirkung das Selbst verworren macht,
da es aus Schlaf, Trägheit und Nachlässigkeit entsteht,
wird angeführt als von der Dunkelkraft bestimmt. 3
Es gibt weder auf Erden noch auch unter den Göttern im Himmel
ein Wesen, das von diesen drei Grundzügen frei wäre,
die mit der Stoffnatur gegeben sind. 4
Auch die Betätigungen der Brahmanen, du Feindeverglüher,
der Kṣatriyas, Vaiśyas und Śūdras
werden eingeteilt gemäß den Grundzügen,
wie sie sich aus der jeweiligen Natur dieser Stände herleiten. 4
Ruhe, Beherrschtheit, Askese, Reinheit,
Duldsamkeit und Aufrichtigkeit,
Erkenntnis, ihr Erkennen, Rechtgläubigkeit
bilden das Tun des Brahmanenstandes,
wie es aus seiner Natur entspringt. 4

Tapferkeit, Feuereifer, Durchhalten,
Geschicklichkeit und auch Nichtfliehen im Kampf,
Freigebigkeit und herrisches Gehabe
bilden das Tun des Kriegerstandes,
wie es aus seiner Natur entspringt. 43
Ackerbau, Viehzucht und Handel
bilden das Tun des Nährstandes,
wie es aus seiner Natur entspringt.
Dienend ist das Tun des Śūdra,
das auch bei ihm aus seiner Natur entspringt. 44
Der Mensch erlangt Vollkommenheit,
indem er sich seiner jeweiligen Tätigkeit widmet.
So höre, wie Vollkommenheit findet,
wer sich mit seiner Tätigkeit begnügt. 45
Der Mensch erlangt Vollkommenheit,
indem er mittels seiner Standestätigkeit denjenigen ehrt,
von dem die Weltzugewandtheit der Wesen stammt,
der dieses Universum ausgebreitet hat. 46
Besser ist des eigenen Standes Ordnung,
auch wenn sie keine Vorzüge hat,
als eines fremden Standes Ordnung, gut erfüllt.
Wenn jemand jene Tätigkeit ausübt,
die durch seine Natur ihm vorgegeben,
erlangt er keinen Makel. 47
Oh Kuntī-Sohn, die durch Geburt bestimmte Tätigkeit
soll man nicht aufgeben,
selbst wenn sie von Übel sein sollte.
Denn so wie Feuer von Rauch,
sind alle Unternehmungen von Übel umgeben. 48
Wer die Bewußtheit losgelöst hat in jeder Beziehung,
wer sein Selbst ersiegt hat,
wem Ehrgeiz vergangen ist,
der nähert durch Entsagung sich jener höchsten
Vollendung,
die Freiheit von jeglichem Tun bedeutet. 49
Höre von mir – in aller Kürze, Kuntī-Sohn,
wie jemand, der Vollkommenheit erlangte,
ganz ebenso den Urgrund erlangt,
jene letzte Grundlage der Erkenntnis. 50

Vereinigt mit geläuterter Bewußtheit
und indem er mit Festhalten sein Selbst zügelt,
indem er Sinnendinge, wie Geräusche und die andern
alle, aufgibt
und Leidenschaft und Haß ablegt, 5
wenn er die Einsamkeit liebt, leicht ißt,
sein Reden, seinen Körper, seine Denkkraft kontrolliert
hat,
immerzu auf Einung durch Meditation ausgerichtet,
auf Leidenschaftslosigkeit gegründet ist, 5
wenn er Ichdünkel, Macht, Stolz,
Lust, Zorn und Raffgier losgelassen hat,
frei von Besitzgefühl, befriedet ist,
so ist er bereit für die Seinsweise des Urgrunds. 5
Wer mit dem Urgrund eins geworden ist,
und sein Selbst abgeklärt hat,
der leidet nicht und der begehrt nicht;
indem er allen Wesen gegenüber gleich ist,
erlangt er die höchste Teilhabe an mir. 5
Durch Teilhabe erkennt er mich,
wie ich in ganzem Umfang wirklich bin.
Danach, nachdem er mich der Wirklichkeit gemäß
erkannt hat,
geht er ohne Zwischenstufen in mich ein. 5
Obwohl er alle Handlungen immer ausführt,
erlangt, wer sich auf mich verläßt, durch meine Gnade
die unveränderliche, ewige Stufe. 5
Indem du mich zu deinem Höchsten machst,
mit deinem Geiste aller Handlungen – in mir – entsagst,
indem Du dich auf Einung in Bewußtheit einläßt,
richte ununterbrochen dein Denken auf mich. 5
Wenn du deinen Geist auf mich ausrichtest,
wirst du durch meine Gnade alle Hürden überwinden.
Wenn du allerdings aus Ichdünkel nicht hören magst,
wirst du zunichte werden. 5
Wenn du auf Ichdünkel beharrst und denkst,
«ich werde nicht kämpfen!» –
hinfällig ist solch ein Beschluß;
die Stoffnatur wird dich doch einspannen. 5

Du bist gefesselt, Kuntī-Sohn,
durch deine Standestätigkeit,
die sich aus deiner Natur herleitet.
Was du aus Verworrenheit nicht vollziehen willst,
machtlos wirst du es dennoch tun! 60
In der Herzensgegend aller Wesen
wohnt, oh Arjuna, ein machtvoller Herr,
der mit Machenskraft die Wesen
wie auf ein Rad gesetzt herumtreibt. 61
Zu ihm allein nimm deine Zuflucht,
mit einer alles umfassenden Haltung, oh Nachkomme
des Bharata;
durch seine Gnade wirst du höchsten Frieden finden
als einen immerwährenden Standort. 62
Ich habe dir somit von Erkenntnis erzählt,
welche geheimer ist als das Geheime.
Bedenke es in seiner Gesamtheit;
dann handle, wie du willst. 63
Das Allergeheimste aber folgt jetzt;
höre mein allerletztes Wort!
Du bist gewißlich mein Erwählter;
deshalb werde ich über das reden, was dir nützt. 64
Habe auf mich deine Denkkraft gerichtet,
sei einer, der an mir teilhat;
als einer, der mir opfert, erweise mir Ehre;
wahrlich zu mir nur wirst du gehen;
ich sag es dir zu: du bist mir lieb. 65
Lasse alle Ordnungsregeln hinter dir;
und pilgere zu mir allein als Zuflucht.
Von allem Übel werde ich dich erlösen,
sorge dich nicht! 66
Dir mußte dieses gesagt werden,
doch darf man es niemals einem sagen,
der keine Kasteiung übt, keiner meiner Anhänger ist,
nicht dem, der nicht zu hören bereit ist,
und nicht einem, der mir mißgönnt. 67
Wer dieses höchste Geheimnis
bei jenen verbreiten wird, die an mir teilhaben,
und dadurch seine Teilhabe an mir am höchsten macht,
wird frei von Zweifeln geradewegs zu mir gehen. 68

Und keinen gibt es bei den Menschen,
der mir einen größeren Gefallen tut;
und es wird auf Erden keinen anderen geben,
der mir lieber wäre als jener. 69
Und wer dieses unser Gespräch rezitiert,
welches die rechte Ordnung betrifft,
der hat mir wohl mit einem Erkenntnisopfer geopfert –
das ist meine Ansicht. 70
Befreit ist auch ein Mensch,
der es mit gläubigem Zutrauen, ohne Mißgunst anhört;
heilvolle Welten soll er erlangen
für seine verdienstvollen Taten. 71
Hast du, oh Pṛthā-Sohn, gut zugehört,
mit deinem Geist einzig darauf gerichtet?
Wurde dir, oh du Schätze-Ersieger,
die Verwirrung der Erkenntnislosigkeit vernichtet? 72

Arjuna sagte:
Die Verwirrung ist vernichtet.
Dank deiner Gnade, Unerschütterlicher,
habe ich festes Gedenken erlangt.
Ich stehe auf, von Zweifel frei.
Ich werde deine Worte in die Tat umsetzen. 73

Saṃjaya sagte:
So hörte ich dies wunderbare,
dieses erregende Gespräch
zwischen Vāsudeva und dem hochgesinnten Pṛthā-Sohn. 74
Dank Vyāsas Gnade hörte ich
dieses höchste Geheimnis:
Einung – von Kṛṣṇa, dem Herren über diese Einung,
direkt und selber vorgetragen. 75
Oh König, immer wieder erinnere ich mich
an dieses wunderbare, heilsame Gespräch
zwischen dem Langhaarigen und Arjuna,
und freue mich jedesmal aufs neue. 76
Und auch daran erinnere ich mich immer wieder,
an die so überaus wunderbare Gestalt Haris –
meine Begeisterung ist groß, oh König,
und ich freue mich immer wieder. 77

Dort wo der Herr der Einung, Kṛṣṇa,
und wo der bogentragende Sohn Pṛthās sind,
dort finden sich Glück, Sieg, Gedeihen,
und feste Führung –
das ist meine Meinung. 78

III. Anmerkungen zu den einzelnen Kapiteln

Kapitel 1

Gliederung und Inhaltsübersicht

1	Dhṛtarāṣṭra fragt nach dem Geschehen auf dem Schlachtfeld.
2–11	Saṃjaya berichtet von Duryodhanas Rede an seinen Lehrer Droṇa (Beschreibung der Schlachtaufstellung);
12–19	er beschreibt den Schlachtenlärm der Kriegsinstrumente.
20–27	Arjuna läßt zwischen die Fronten fahren, um die Parteien zu überblicken.
28–30	Er beschreibt die Symptome seiner Verzagtheit;
31–37	er begründet die Ablehnung dieses Kampfes mit der Rücksicht auf Verwandtschaftsbindungen;
38–39, 45–46	er ist bereit, aus dieser Einsicht die Konsequenz zu ziehen, selbst wenn es das eigene Leben kostet;
40–44	und er referiert zur Begründung die Grundsätze der sozialen Ordnung der Sippe.

Sacherläuterungen

Durch philologische Argumente läßt sich zeigen, daß die einleitende Aufzählung der Helden durch Duryodhana ein «Zitat» aus der Beschreibung des Kampfbeginns vom zweiten Tag der großen Schlacht im Mahābhārata (6.47) ist. Sie steht dort in sinnvollerem Zusammenhang. Dadurch wird deutlich, daß die Ausmalung der Schlachtszenerie zu den redaktorischen Mitteln gehört, mit denen die Bhagavad-Gītā in das Mahābhārata eingefügt wurde. Daß diese Einfügung nicht nach erzähltechnischen Gesichtspunkten bewertet werden kann, ist oft bemerkt worden; die Situation eines ausführlichen Lehrgesprächs zwischen kampfbereiten Heeren ist wenig überzeugend, so wenig wie Arjunas Motiv dafür, Kṛṣṇa den Wagen zwischen die Heere fahren zu lassen. Angeblich will er sehen, wer mit ihm zu kämpfen habe; man darf annehmen, daß Arjuna dies schon weiß.

Das Problem, das Arjuna dann aufwirft, betrifft die soziale Grundordnung (*dharma*), die durch den Bruderkrieg in Frage gestellt wird. Und aus dieser Ausgangsproblematik läßt sich auf das Motiv der Redaktoren des Mahābhārata schließen, die die Bhagavad-Gītā gerade an den Anfang des Krieges einfügten: Man teilte nicht mehr die erzählerische Spontaneität im Umgang mit den epischen Ereignissen; der Krieg, das Verhalten der Helden mußte gerechtfertigt werden. Es galt, den Dharma hochzuhalten.[1] «Mitleid» scheint den Verteidigern dieser Ordnung kein Grundwert zu sein; es geht Arjuna nicht um die Problematik des Tötens schlechthin, sondern um die Ablehnung dieses speziellen Kampfes aus Rücksicht auf die Verwandtschaftsbeziehungen der kämpfenden Parteien. Und daß die Sittsamkeit der Frauen, die Gefahr einer Kastenmischung und die drohende Höllenstrafe bemüht werden, dürfte die elitäre Orthodoxie, der die Verteidigung dieses Dharma ein Anliegen war, hinreichend kennzeichnen.

Zu den Eigennamen und Epitheta der genannten Personen und ihren Waffen, Blasinstrumenten usw. sei auf das Glossar verwiesen.

Kapitel 2

Gliederung und Inhaltsübersicht

1–10 Das Gespräch zwischen Arjuna und Kṛṣṇa beginnt damit, daß Kṛṣṇa seiner Verwunderung über Arjunas Verhalten, welches für ihn untypisch sei, Ausdruck gibt. Arjuna wiederholt sein Festhalten am Respekt vor den Autoritätspersonen der Sippe, was verbietet, sie im Kampf zu töten (wobei die Verse 5–8 eine – durch längeres Metrum hervorgehobene – Ausschmückung derBeschreibung des Dharma-Dilemmas darstellen).

11–30 Kṛṣṇa beginnt seine Ausführungen mit einer Reihe von Argumenten, die alle um die Unsterblichkeit

[1] Vgl. G. v. Simson: Die Einschaltung der *Bhagavad-Gītā* im *Bhīṣmaparvan* des *Mahābhārata*. In: Indo-Iranian Journal 11,3, 1969, S. 159–174.

der Seele kreisen und Arjunas Kummer und Sorge widerlegen wollen.

31–37 Unter Rückgriff auf einen anderen Argumentationszusammenhang wird Arjuna an seine Pflichten als Krieger (Kṣatriya) erinnert und zum Kampf ermuntert, nicht zuletzt im Blick auf die Ergebnisse seines Verhaltens.

38–72 Der folgende Abschnitt des Kapitels kreist um die Geisteshaltung von «Yoga», einer Erkenntnishaltung, die über dem von Arjuna empfundenen Dilemma steht, sich von der bindenden Kraft aller Handlungen frei gemacht hat, indem nicht dem Handeln selbst, sondern den Ergebnissen des Handelns entsagt wird.

(42–46) Dieses Verständnis von Handeln wird in polemischem Gegensatz zum vedischem Ritualismus und seiner Ausgerichtetheit auf konkrete Ergebnisse dargestellt.

(54–72) Arjuna drückt das Bewußtsein über das Neue dieser Lehre in Form einer Zwischenfrage aus. Er weiß, daß die Erreichung des Ziels, nämlich der Lösung und Erlösung aus den Fesseln innerweltlicher Gebundenheit, um das es allen genannten Wegen und Haltungen geht, an die Lebensform des Entsagers (*saṃnyāsin*) gebunden ist. Die Antwort auf seine Rückfrage spiegelt die Grundzüge jenes Ideals, wonach das endgültige Überschreiten des Handlungsbereichs erst und nur beim und durch das Sterben am Ende des Lebens erreichbar war. Die Übertragung jenes Ideals in den Bereich weltlichen Lebens geschieht dank der Hinordnung des Erlösungsweges auf einen der Welt zugewandten Gott.

Sacherläuterungen

Das zweite Kapitel ist, was Inhalt und Aufbau angeht, sicher eines der vielschichtigsten und gewichtigsten in der Bhagavad-Gītā. Die Diskussion dieser beiden Männer auf dem Schlachtfeld bewegt sich sehr rasch auf andere, höhere Ebenen. Schon Kṛṣṇas erste Argumente als Antwort auf Arjunas Verzagtheit betreffen gar nicht die Frage der Verwandtentötung, sondern argumentieren, als hätte Arjuna die Sterblichkeit des Menschen beklagt. Wiedergeburtslehren einerseits (2.12–13) und die

Lehre von der weltenthobenen Unsterblichkeit der Seele andererseits (2.14–15; 2.16–17) werden zwar auch zur Rechtfertigung des Tötens angeführt (2.18), aber der Horizont der Antwort ist deutlich verschieden vom Fragehorizont. Indem gegen Trauer oder Kummer (*śoka*) argumentiert wird, wird dem Dilemma des Kriegers die Geisteshaltung der Gleichschau entgegengesetzt. Die Verbindlichkeit sozialer Ordnungsnormen (*dharma*) wird relativiert; das verbindende Ziel und das Grundproblem ist die «Richtigkeit» menschlichen Verhaltens im Blick auf eine Überwindung der innerweltlichen Konflikte.

Der Standpunkt, an dem das Dilemma des Kriegers einerseits gemessen wird, für dessen Darstellung andererseits dieses Dilemma den Anlaß bildet, hat einen Namen in der Bhagavad-Gītā: Sāṃkhya und Yoga. Die Nennung dieser Positionen ist verknüpft mit einer Polemik gegen Ritualismus und Offenbarungsgläubigkeit, welche historisch gesehen die ältere Form von Religion darstellen.

Was als das Neue der abgelehnten Haltung gegenübergestellt wird, kreist um die Vorstellung der «Einung» (*yoga*) mit «Bewußtheit». Der Verweis auf Sāṃkhya in 2.39 läßt sich so verstehen, daß Arjuna (also dem Leser oder Hörer) unterstellt wird, daß er weiß, wovon die Rede ist. Das Schema der Sāṃkhya-Psychologie und Kosmologie (vgl. Schaubild in der Einleitung) wird als bekannt vorausgesetzt. Diskutiert wird das Problem der erlösungsverhindernden Funktion jeglichen Handelns und Tuns.

Die Tatsache, daß der Text Zitate aus einer Upaniṣad enthält (2.19–20, vgl. Kaṭha-Upaniṣad 2.20 und 2.19) unterstreicht, daß der Text in einer Tradition steht und, so darf man annehmen, sich dieser Tradition bewußt zuordnet. Verwiesen sei auch auf Parallelen, die sich in Lehrtexten aus dem Śāntiparvan des Mahābhārata finden; ihre Kenntnis (bzw. Kenntnis der in ihnen vertretenen Anschauungen und Lehren) scheint bei den Lesern oder Hörern der Bhagavad-Gītā vorausgesetzt zu werden (vgl. z.B. Mahābhārata 12,197, speziell Verse 10–17).

Es wird mit Nachdruck gelehrt, daß durch Einung mit «Bewußtheit» eine Haltung oder ein Standpunkt erreicht ist, der einerseits nicht mehr von der Fesselung durch Handlungen erreicht werden kann, der andererseits noch «in» der Welt liegt. Abschalten der Sinnesfunktionen, Rückzug ins eigene Selbst, Abgeklärtheit, Begierdelosigkeit, innerer Friede, Ausgeglichenheit und «Gleichheit», Zurücklassen alles Handelns – dies sind einige der im Text genannten Kennzeichen des «Yoga»-Zustandes, der Einung mit Bewußtheit (vgl. auch 14.21–25).

«Bewußtheit» (*buddhi*) gehört in die Sāṃkhya-Begriffsreihe; es benennt andererseits einen Sachverhalt, der in der Bhagavad-Gītā auch mit anderen Wörtern bezeichnet wird. In Arjunas Frage (und in der Antwort) scheint *prajñā* mit Bewußtheit synonym zu werden (übersetzt mit «Geist»); an anderen Stellen wird der Begriff «Erkenntnis» (*jñāna*) gebraucht. Wenn man von der Synonymität von «Erkenntnis» und «Bewußtheit» im Rahmen der hier angedeuteten Problematik ausgeht, ergibt sich für einige Stellen der Bhagavad-Gītā eine konsistente und plausible Deutung. (Vgl. auch die Einleitung zur Auslegung von Arjunas Zwischenfrage, 2.54.)

Kapitel 3

Gliederung und Inhaltsübersicht

1–2	Arjuna fragt danach, was Heil sei angesichts des Gegensatzes zwischen der Aufforderung zum Kampf und der Hochschätzung einer (allem Tun enthobenen) Bewußtheit.
3	Kṛṣṇa verweist auf die (als gängig vorausgesetzte) Unterscheidung von Sāṃkhya und Yoga (vgl. 2.39).
4–8	Entsagung aller Handlungen wird als unmöglich abgelehnt: der körperlich-materielle Bereich soll und muß aktiv bleiben, aber bei einer inneren Haltung der Unverhaftetheit (Sāṃkhya-Erklärungsmodell, vgl. 3.25–29, 33–34).
9–16	Als ein (anderes) erlösungsorientiertes Handlungsmodell wird das Opfer eingeführt, wobei Worte Prajāpatis zitiert werden (10–12), eine Grundregel *dharma*-gerechten Verhaltens für den Hausstand referiert wird, zwei Begriffsreihen zum Opferzusammenhang angeführt werden (14, 15).
17–18	Dem steht das (upaniṣadische) Ideal der Selbst-Erkenntnis gegenüber.
19	Der Gegensatz wird «versöhnt» durch das Ideal (der inneren Haltung) von Unverhaftetheit.
20–21	Weitere Maximen zur Begründung der Handlungsorientiertheit.
22–24, 30–32	Kṛṣṇa spricht (zum ersten Mal) über sich als einen Gott, der selber handelt, die Welt erhält, und der Bezugspunkt für die Handlungen der Menschen ist.

25–29, 33–34 Damit verzahnt wird die Haltung jener beschrieben, die Einung mit Bewußtheit erzielt haben und um Rolle und Wirkung der Stoffnatur und ihrer Grundzüge wissen.

35 Der Vers versucht, einen Zusammenhang zur Dharma-Problematik Arjunas herzustellen (vgl. 18.47).

36 Arjuna fragt, was den Menschen zu Übel antreibt.

37–43 Kṛṣṇa belehrt ihn über Zorn und Lust als Funktionen des Grundzugs Triebkraft; «Erkenntnis» muß daraus gelöst werden, was durch «Zitat» («man sagt»; mit 3.42 vgl. Kaṭha-Upaniṣad 3.10–11 und 6.7–8), durch Anführen eines sāṃkhyistischen Begriffsschemas unterstrichen wird.

Sacherläuterungen

Arjunas Frage (3.1–2) geht von einem Entweder-Oder aus, welches besteht zwischen Versenkung in eine dem Handlungsbereich enthobene Bewußtseinsstufe und der Aufforderung zur Erfüllung der Kriegerpflicht. Die Rückfrage belegt, daß Kṛṣṇa hier Gesprächspartner ist, der Meinungen vorträgt, und (noch) nicht der Gott, der sich als Bezugspunkt von allem offenbart. Arjuna scheint nicht gehört zu haben, was Kṛṣṇa in Vers 61 der vorigen Kapitels gesagt hat, daß man *ihn* als höchstes Ziel haben solle.[2]

Die Antwort bietet statt eines Gegensatzes ein Sowohl-Alsauch an. Dies geschieht durch Rückgriff auf Lehren und Begriffe derselben philosophischen Richtung (Sāṃkhya), in der die Abfolge von Versenkungs- und Seinsstufen gelehrt wurde: Der Bereich undifferenzierter Bewußtheit (*buddhi, jñāna*) liegt gar nicht jenseits des Bereichs von Handlungen; vielmehr sind alle Aktivitäten und alle Unterschiede und Differenzen letztlich angelegt in dem, was die Grundzüge (*guṇa*) der Stoffnatur (*prakṛti*) genannt wurde. Aktivität läßt sich nicht vermeiden; sie ist naturgegeben (eine Tatsache, für die man sich auf Sāṃkhya beruft). «Freiheit vom Handeln» (3.4) wird als Ziel anerkannt; aber der Weg dorthin ist ein anderer als der, welcher als bekannt vorausgesetzt zu sein scheint.

[2] Arjuna hat kein *matparaḥ* («mit mir als seinem höchsten Ziel») gehört; wurde die Zwischenfrage in einen Text redigiert, der noch nicht theistisch war?

Worauf es ankommt, ist die Gesinnung, die innere Haltung, nicht der nach außen beobachtbare Lebenswandel. Daß es Leute gibt, die «tatenlos dasitzen» und dies für heilbringendes Verhalten ansehen, wird vorausgesetzt. Es wird angenommen, daß sie nur äußerlich nichts tun, aber sich vom Sinnlichen nicht gelöst haben. Diesen werden jene anderen gegenübergestellt, die zwar äußerlich aktiv sind, aber sich nicht in ihren Aktivitäten verlieren.

Terminologisch aufschlußreich und wichtig ist die Parallelität von «Bewußtheit» und «Erkenntis»; Arjuna stellt in seiner Frage Handeln (*karman*) und Bewußtheit (*buddhi*) einander gegenüber; Kṛṣṇa spricht von «Handeln» und «Erkenntnis» (*jñāna*) und macht dadurch deutlich, daß *buddhi* und *jñāna* dasselbe meinen können.[3]

Mit dem Opferbegriff (3.9–16) wird eine neue Dimension der Handlungsproblematik angeschnitten. (Vgl. Kap. 4.23–33, wo im Rückgriff auf die hier referierte Grundeinsicht alles zum Opfer erklärt wird.) Die Einsetzung des Opfers wird von ihrem «mythologischen» Anfang her und in theoretisch-kosmologischem Zusammenhang begründet.[4]

Im Gegensatz dazu geht es in Versen 3.17-18 tatsächlich um das Aufhören von Tun – dem Kontext nach das opferorientierte Tun, im weiteren Sinn alle Tätigkeiten – körperliche Funktionen, Sinnestätigkeiten, rituelle Vollzüge usw.! Das Opfer wurde in 3.9 als Zweck angepriesen; und gegen das Aufgeben von Handlungen polemisiert 3.4! Das Kapitel enthält die religionsgeschichtlichen Grundpositionen: Opferritualismus (9–16) – handlungslose Entsagung (17–18) – weltzugewandtes Erlösungsstreben (3–8) in theistischer Ausrichtung (3.22–24, 3.30–32). Die Passage, welche den jüngeren Standpunkt einführt, steht vor jener, welche den älteren referiert. Wenn im Verlauf der Religions-(und Text-)Geschichte aus der Feststellung der Lehre vom Aufhören aller Tätigkeiten (3.17–18) gefolgert wurde, daß man «deshalb» (3.19) sein Werk vollbringen solle, so ist die schwer nachvollziehbare Schlüssigkeit des

[3] Diese Quasi-Synonymität liegt der Übersetzung von 3.41 zugrunde.

[4] Meistens wird die Passage so interpretiert, als ob beide Listen sich zu einem «Rad» (Vers 16) fügen würden. Vermutlich handelt es sich jedoch zwei (ursprünglich getrennte) Darstellungen von Entstehungszusammenhängen. Das «wisse» (*viddhi*) in Vers 15 markiert die Tatsache, daß ein eigener Gedanke formuliert wird. Im Begriff «Handlung» (*karman*, bzw. *kriyā*) begegnen und überschneiden sich die beiden Listen.

Arguments zunächst und vor allem als Distanz (historisch wie inhaltlich) zu erklären.

Der Kṛṣṇa-Bezug in den Versen 3.22–24 wirkt zunächst wie ein Fremdkörper. Bisher war Kṛṣṇa (für den Gang der Argumentation) als *Gott* entbehrlich. Hier macht Gott sich zu dem Vorbild jener Haltung, die in 25ff. den Wissenden zugeschrieben wird. Vers 30 setzt die Umorientierung der älteren Lehren auf Gott fort (vgl. 22–24). Kṛṣṇa spricht über sich. Die Überlassung der Handlungen (und das schließt die gefürchteten Wirkungen der Handlungen mit ein) an Kṛṣṇa, an die Gottheit, bildet einen neuen Gedanken und stellt eine andere Haltung zum Handeln dar, als die bisher genannten. Entsagung der Werke und gesellschaftlicher Einbindung (*nirmama*, «meinlos»), Zutrauen und guter Wille bilden gemeinsame Werte, die übernommen werden.[5]

Wer «Erkenntnis» hat, ist durch Ganzheitsschau gekennzeichnet (3.25–29, 33–35);[6] er hat Tätigkeiten und Betätigung als Funktion des Materiebereichs von Wirklichkeit durchschaut und kann also in innerer Distanz die Dinge geschehen lassen. Er soll (und kann) keinen missionarischen Ehrgeiz entwickeln, andere Menschen (die Unwissenden) für seine Sicht zu gewinnen. Wenn sie für dieses Wissen nicht vorbereitet sind, würde das Abstandnehmen vom Handeln ihnen keinen Fortschritt bringen, sondern nur Zerfahrenheit und Haltlosigkeit verursachen.

Die Schlüsselfrage nach dem Handeln wird somit aus dem Kontext der Ritualistik (Opfer) gelöst und auf die Grundlagen jeglichen Verhaltens hin analysiert: Die Sinnesorgane sind es, was Handlungen auslöst und durchführt. Sie sind selber Produkte der Stoffnatur. Damit kann «Handlungslosigkeit» als Bedingung für Erlösung als unmöglich angesehen werden; das moralische Problem der Unterscheidung von guten und bösen Taten hat sich in ein metaphysisches Problem verwandelt. Es wird (3.36–43) gegen gegen Leidenschaft (und Zorn), als Auslöser von Übel, polemisiert.

Die Schlüsselfrage für die Erlösungslehren jener Zeit leitet sich also aus der Überzeugung ab, daß unser menschliches Tun

[5] Das «auch die» in Vers 31 ist aufschlußreich, denn es bestätigt die Existenz der «anderen» als andere.

[6] Das «derart» in Vers 33 dürfte sich auf Vers 29 beziehen. Die erste Hälfte von Vers 35 findet sich wörtlich wieder in 18.47; hier scheint der Vers einen Versuch darzustellen, die philosophische Dimension der behandelten Probleme mit Arjunas epischer Situation (das Dilemma des Familien-Krieges) zu verbinden.

und Verhalten in der Welt eine Wirkung im Jenseits hat. Der Zusammenhang zwischen Werk und Wirkung begründet den (vedischen) Glauben an die Wirksamkeit all jener Riten, die unter dem Blickwinkel diesseitiger Pragmatik nutz- und sinnlos wären. Das Opfer ist der typischste Ritus dieser Art; und Opferriten bildeten den Rahmen und die Bedingung für Leben und Heilsstreben der vedischen Zeit. Derselbe Zusammenhang zwischen Ausführung und Wirkung einer Handlung kann aber auch als Fessel empfunden werden, insbesondere wenn das Diesseits, in dem Werk und Wirkung wurzeln, als leidvoll, vergänglich, unheilvoll erlebt wird. Erlösung muß dann die Lösung vom Tun voraussetzen. Diese Lösung findet man institutionalisiert in der Lebensstufe und Lebensform des Entsagers (*saṃnyāsin*). Dieselbe Lösung wurde artikuliert anhand von Versenkungserfahrungen, die als schrittweises Sich-Entfernen aus der Verbundenheit mit Welt und Umwelt empfunden wurden. Ziel war Einbindung in und Einung mit einem Seinsbereich, der der Wirkung von Handlungen enthoben ist – Yoga.

Beide Begriffe, Opfer und Einung, *yajña* und *yoga*, werden in diesem Kapitel der Bhagavad-Gītā aufgenommen, teils in ihrem traditionellen Verständnis referiert, teils in neuer Perspektive uminterpretiert. Der aller Leidhaftigkeit, Vergänglichkeit und Bindung enthobene Bereich wird mit einem Gott identifiziert, von dem der Gläubige annimmt, daß er selber der Welt handelnd zugewandt ist. Er bildet das Vorbild und den Garant einer Haltung, aus der heraus man in der Welt aktiv sein kann, ohne die Hoffnung auf Lösung und Erlösung aus der Welt aufgeben zu müssen.

Die Bhagavad-Gītā interpretiert demnach einen an Entsagung und Handlungslosigkeit gebundenen «Yoga» um, indem *karma-yoga* eingeführt wird. Eine ähnliche Umdeutung erfährt der Opferbegriff. Opfer wird nicht als ergebnisorientierte Handlung verstanden, sondern als Ausdruck eines Zusammenhangs, den man (modern) als Solidarität bezeichnen könnte. Das traditionelle Verständnis beider Verhaltensweisen spiegelt sich in der Bhagavad-Gītā einerseits in Passagen, die gegen die älteren Auffassungen polemisieren (z.B. 2.42–46), andererseits in Passagen, die ältere Anschauungen zitieren (z.B. 3.9–15; vgl. 4.23–33).

Kapitel 4

Gliederung und Inhaltsübersicht

1–3	Kṛṣṇa stellt sich als Autorität der Yoga-Tradition dar,
4	was Arjuna zu einer Zwischenfrage veranlaßt.
5–15	In Antwort darauf beschreibt Kṛṣṇa den Zusammenhang seiner göttlichen und seiner menschlichen Erscheinungsformen, seine Funktion als Garant des *dharma* und als Erlösungsziel.
16–22	Er expliziert die Einheit von Tun und Nicht-Tun.
23–34	Er stellt jegliche yogische Praxis als Opfer dar (4.25–30). Das Ziel der Lösung von den Fesseln der Handlungen (vgl. 4.16 und 4.32) verknüpft Ausgerichtetheit auf Gott, auf Opfer, auf Erkenntnis.
35–42	«Erkenntnis» wird gepriesen als jene Haltung, jener Bereich, durch den Erlösung vorbereitet und erreicht werden kann.

Sacherläuterungen

Zweimal in diesem Kapitel beruft Kṛṣṇa sich auf die Tradition; im Sinne redaktionell-rhetorischer Stilmittel interpretiert darf man vermuten, daß die hier vorgetragenen Lehren hinreichend neu waren, daß sie so ausdrücklich der Betonung ihres Alters bedurften. Die Tradition eines verloren gegangenen Yoga-Verständnisses wird bis an den Anfang des Menschengeschlechts zurückverfolgt (4.1–3); und die wahre Gotteserkenntnis ist etwas, was auch den Früheren zugeschrieben wird (4.14–15).

Die Zwischenfrage Arjunas klingt, als ob er die Belehrung über die Ewigkeit der Seele (Kap. 2) nicht verstanden habe, als ob er den Glauben an die Wiedergeburt nicht teile. Kṛṣṇa unterstreicht seine göttliche Funktion durch Hinweis auf seine Gegenwart in den innerweltlichen wie in den transzendenten Seinsbereichen der Welt und durch seine göttliche Garantie für die Sozialordnung des Dharma (4.7–8, 4.13); solche Garantie dürfte jenem willkommen sein, den diese Sozialordnung privilegiert. Auch die schon in vorigen Kapiteln genannten Zusammenhänge von Erlösung als Freiheit von den Banden des Handelns und vom Opfer als Modalität des Handelns werden auf die Gottheit hingeordnet.

Vers 16 enthält eine deutliche Ankündigung eines neuen Themas und markiert dadurch einen Textabschnitt (was sich sprachlich auch durch das Fehlen von Ich-Aussagen im folgenden Textabschnitt bestätigt). Dargelegt wird die Einheit von Handeln und Nicht-Handeln, wie sie der yogischen Haltung innerer Losgelöstheit entspricht. Einige der Motive, die Yoga als «Zustand der Einung mit Bewußtheit» charakterisieren (vgl. Kap. 2), kommen erneut zur Sprache: das Aufgeben von Verklammerung oder Anhaften, Reinheit, Überwindung aller Gegensätze (vgl. Yoga als «Gleichheit»), Überwindung von Begierde.

Vers 23 faßt die verschiedenen Interpretationsmodelle zusammen und markiert die nächste Fuge durch Einführung des Stichworts «Opfer», welches hier als Handlungsweise von Yogins in einer komplexen Liste religiöser, meditativer Praktiken vorgeführt wird.

Mit einer erneuten Berufung auf die Tradition, aus der man zu lernen habe, wird an das Thema der Überwindung des Handlungsbereichs durch oder in «Erkenntnis» angeknüpft (4.34, mit Anschluß an 4.15?); es folgt ein Preis der «Erkenntnis», mit der geeint aller Zweifel überwunden, die Fesseln des Handelns abgelegt werden. Auch wenn Erkenntnis hier nicht ausschließlich als der metaphysische Bereich dargestellt wird, mit dem Einung anzustreben ist, so legt sich doch nahe, auch hier «Erkenntnis» (*jñāna*) als Synonym von «Bewußtheit» zu verstehen. Erkenntnis ist ein Bereich, der diese und die jenseitige Welt umfaßt (vgl. 4.40 und die Parallele in 4.31).[7]

Kapitel 5

Gliederung und Inhaltsübersicht

1	Arjuna versteht «Entsagung» und «Yoga» als Gegensätze und will eine klare Wertung.
2–5	Kṛṣṇa behauptet, daß das, was als Gegensatz erscheint (Entsagung und Handlungen; Sāṃkhya und Yoga), in seiner Zusammengehörigkeit zu sehen sei.
6–28	Das Ziel eines auf Entsagung beruhenden Einungszustandes, der das Aufhören der Sinnestätigkeiten einschließt, wird anhand der sāṃkhyistischen Stufenfolge mit dem Weitergehen von Handlungen

[7] Zu diesem Kapitel vgl. auch den Abschnitt über «Yoga und Bhakti» in der Einleitung.

versöhnt. Den materiellen Bereichen Objekte –
Sinne – Bewußtheit – Urstoff, Urgrund (*brahman*)
steht die (geistige) Seele, das Selbst gegenüber.
29 Dieses Ziel ist an die Kenntnis von Kṛṣṇa als dem
Empfänger aller religiösen Praktiken geknüpft.

Sacherläuterungen

Wie bei der Frage, die Kapitel 3 einleitet, geht Arjuna von einem Gegensatz aus; es gibt verschiedene Standpunkte bei der Frage, welche Rolle Handlungen im Hinblick auf Erlösung spielen (5.1). Die als Sāṃkhya bezeichnete Position war in 3.3 durch «Erkenntnis» als Stichwort beschrieben worden. Sie wird hier durch «Entsagung» charakterisiert. Für den Weg des Versenkungs-Yoga und der Entsagung bildet «Vereinung der Werke» oder «Verbundenheit mit Handlungen» eigentlich eine Unmöglichkeit, einen Stein des Anstoßes. Und als solchen empfindet Arjuna die Vorstellung auch, wenn er auf den Gegensatz hinweist. Die in diesem Kapitel skizzierte Position des «Yogin» (wie 3.3 eine Haltung, die Handlung akzeptiert) übernimmt Zielsetzung, Metaphysik und Methode der Entsager. Es ist jedoch jene Position, die aus der Unvermeidlichkeit von Handlungen den Schluß zieht, daß nicht das Aufhören des Vollzugs von Handlungen Bedingung für die Lösung aus den Bindungen durch Handeln ist. Dieses Ziel wird vielmehr erreicht durch die Verwirklichung, die Erkenntnis der Unverhaftetheit der Seele mit jenem Bereich, in dem Handlungen nur stattfinden können. Als innere Haltung reflektiert diese «Erkenntnis» die (metaphysischen) Eigenschaften der «Bewußtheits»-Stufe und der Stoffnatur. Sie ist als Urgrund aller Ausfaltung und Vielheit und Bindung vorgeordnet. Daher soll und kann sich auf sie berufen, wer die Gleichschau besitzt. So interpretiert wird deutlich, daß in diesem Kapitel *brahman* im Sinn von *prakṛti* verwendet wird.

Die Behauptung, daß Yoga und Sāṃkhya eins seien, setzt das Bewußtsein ihrer Verschiedenheit und Unterscheidbarkeit voraus. Die Stufen des angedeuteten Weges sind die einer sāṃkhyistischen Begriffsreihe. Vielleicht ähnlich wie in Kaṭha-Upaniṣad 3.10–11 und 6.7–8 (vgl. Bhagavad-Gītā 3.42) wird auch ein Selbst (vgl. 5.11) und ein über dem Urstoffbereich stehendes «Höchstes» (vgl. 5.16–17: Bewußtheit, Erkenntnis – Selbst – Höchstes) erwähnt. Die «verkörperte Seele» (5.13–14) ist es, die den Weg geht. Für die menschliche Erfahrung ist sie zugänglich nur als die Erfahrung von Innerlichkeit und Selbstsein (5.24, 5.26, 5.14).

Versteht man die im Text vorkommenden Ausdrücke *prabhu, vibhu, dehin, ātman* als Umschreibungen des Geistprinzips (des *puruṣa* in der Terminologie des klassischen Sāṃkhya) , dann lassen sich die Verse 5.13–17 lesen als Darlegung des Verhältnisses des Subjekt- und Geist-Bereiches im Menschen zum Materiebereich:

Als verkörpert ist der *puruṣa* glücklich und unbetroffen, wenn er sich nicht in Aktionszusammenhänge verstrickt (Entsagung und Weiterleben) (5.13). Denn er ist grundsätzlich über den Aktionsbereich erhaben, der Sache der *prakṛti* ist, in deren Bereich die Ausfaltung von Körpern und Individualitäten fällt (5.14). Deshalb ist er von Gut und Böse unberührt; die «Erkenntnis» ist verhüllt (Erkenntnis = Bewußtheit (*buddhi*) als individuelle Erkenntnisfähigkeit und metaphysischer Seinsbereich) (5.15). Aber wer sie gewonnen hat, dem eröffnet sie den Blick auf das Höchste (5.16). Und damit ist die Voraussetzung für Nicht-Wiederkehr, d.h. Erlösung, geschaffen (5.17). Diese Zusammenhänge ergeben eine Zusammenfassung der Erlösungslehre von Sāṃkhya-Yoga; die Einheit von Sāṃkhya und Yoga ist das in 5.4–5 angeschnittene Thema!

Die Integration des Handelns in den Yoga-Weg ist an dieser Stelle noch nicht die eines heilsfördernden Mittels. Das Handeln bewirkt keine Einung; aber nachdem Einung erzielt ist, kann Weiterhandeln ihr nichts anhaben (vgl. 5.5–11). Yoga bedeutet die (innerliche) Trennung des Selbstes vom Körper (darin deutet sich der Dualismus des (späteren) Sāṃkhya an). Das Selbst (auch im Körper) handelt nicht (5.14) und ist von den guten und schlechten Taten des Menschen nicht betroffen (5.15; vgl. dagegen 7.28). Die Erkenntnis der Selbigkeit von allem, die in dieser Selbsterkenntnis begründet ist, bedeutet, daß man den Entfaltungsprozeß der Welt rückgängig gemacht hat (5.19).

Wenn *jñāna* auch hier im Sinne von *buddhi* verwendet wird, dann ergibt sich, daß die Bewußtheit der Bereich ist, in dem der stoffliche und der geistige Bereich sich begegnen. Die Bewußtheit macht möglich, daß der Geistbereich sichtbar werden kann; die Bewußtheit wird an dieser Funktion jedoch gehindert, wenn die Reinigung von Sinnestätigkeiten und Lust nicht erfolgt ist (vgl. 5.11–12).

Es werden einige Praktiken genannt, die zu diesem Weg gehören: Atemkontrolle (5.27); meditative Versenkung (5.27–28); Unterdrückung der Sinnestätigkeiten (5.21–22, 5.27). Mehrfach wird angesprochen, daß das Ziel dieses Weges in diesem Leben und in der Welt «eigentlich» nicht erreichbar ist (letztes Ziel, Nicht-Wiederkehr 5.17), daß der Yogin aber dennoch («in kurzer Zeit» 5.6; «hier schon» 5.19; «in dieser Welt», «vor Verlassen des Körpers» 5.23; «ist schon befreit für immer» 5.28) jener Stufe, jener Erfahrung nahezukommen vermag («bleibt nahe» 5.26), die das Ziel bildet. Darin besteht eine Gegenposition zum erlösenden Sterben, die offensichtlich den Redaktoren eine ausdrückliche Erwähnung wert war. Trotzdem sind die Aussagen über yogische Praktiken und Haltungen in diesem Kapitel dem Ideal des weltabgewandten Entsagers noch viel näher als die Maximen für weltzugewandtes Handeln (vgl. 3.20–21) oder das Vorbild göttlicher Weltzugewandtheit (3.22–24, 4.1–15).

Hingewiesen sei noch auf einige problematische Stellen, bei denen die Übersetzung eine definitivere Stellungnahme verlangt als eine analytische Interpretation des Sanskrittexts wohl derzeit zuläßt:

Das Kompositum über das «Selbst» (*ātman*) in Vers 7 ließe sich auch auflösen im Sinne von «Wenn er ... selbst zu jenem Selbst geworden ist, welches das Selbst von allen Wesen ist»; und auch wenn man hinter *ātman* gar keine philosophische Begrifflichkeit, sondern nur pronominale Verwendung sieht, ergibt der Vers einen plausiblen Sinn: «Wenn einer in Einung geeint ist, sich gereinigt hat, sich in Gewalt hat, seine Sinne besiegt hat, dann ist er zugleich er selber und alle Wesen (und) wird nicht befleckt, auch wenn er handelt.» Die Unterdrükkung der Sinne, die Reinigung von allen Tat-Wirkungen, bedeutet den Rückzug auf einen Seinsbereich, der in allen Dingen und Menschen durchgängig derselbe und gleich ist. (Der Gedanke ist in 6.29 mit größerer Eindeutigkeit ausgedrückt.) Dieser Bereich ist es, aus dem die Vielheit der Dinge sich entfaltet hat. Die auch hier wieder genannte «Gleichschau» ist einerseits eine innere Haltung, sie ist andererseits ein metaphysischer Zustand. Die «Selbigkeit» von allem hilft, soziale Unterschiede nicht zu beachten (5.18); sie gilt auch auf der Ebene des Kosmos.

Aufgrund dieser Vorstellung habe ich mich in Vers 25 zur der vorgelegten unüblichen Übersetzung entschieden (gängig wäre etwa «die ihr Gefallen haben am Wohlergehen aller Wesen», worin man die Reflektion oder Rezeption buddhistischer Ideale sehen kann).

Die häufige Verwendung des Wortes *brahman* wurde als Anzeichen für vedāntistische Überarbeitung der Bhagavad-Gītā angesehen (R. Garbe, R. Otto). Der Begriff ist jedoch so schlüssig in die Vorstellungen von Sāṃkhya und Yoga eingebettet, daß man «Vedānta» kaum als selbständigen Textbaustein aus dem Kontext lösen kann. Erkennbar sind in diesem Kapitel «Sāṃkhya» alsPosition des Entsagers, ergänzt um das Zulassen von Handlungen für den «Yogin», ergänzt um eine Ausrichtung auf Kṛṣṇa (5.29).

Kapitel 6

Gliederung und Inhaltsübersicht

1–2	Kṛṣṇa beginnt mit einer Definition von «Entsagung», die mit Yoga vereinbar sei.
3–4	Entscheidend ist die Rolle von und Einstellung zu Handlungen.
5–9	Der Yogin wird definiert und beschrieben durch «Gleichschau», die durch Rückzug in sich selbst, Beherrschung der Sinne erreicht wird.
10–13, 16–17	Es werden Praktiken und Verhaltensweisen yogischer Konzentration genannt und empfohlen.
18–29, 32	Die Beschreibung des Einungszustandes und der Gleichschau wird fortgesetzt (vgl. 5–9).
14–15, 30–31	Beide Abschnitte werden durch die Hinordnung der Praktiken und des Ziels auf Kṛṣṇa unterbrochen.
33–34	Arjunas Zwischenfrage unterstreicht die Schwierigkeit, diesen Zustand zu erreichen.
35–36	Kṛṣṇa bestätigt diese Schwierigkeiten und nennt Übung und Selbstbeherrschung als Mittel, sie zu überwinden.
37–39	Arjunas zweite Rückfrage verweist darauf, daß das Ziel nicht von allen erreicht wird; welches Geschick erwartet sie?
40–45	Die Antwort besteht in einem Hinweis darauf, daß der Weg des Yogin sich über mehrere Existenzen fortsetzen kann.
46–47	Abschließend wird eine Rangfolge erlösungsorientierter Praktiken unter dem Stichwort *yoga* aufgestellt, wonach Hingabe an Kṛṣṇa die höchste Stufe von Yoga darstellt.

Sacherläuterungen

Der Anfang des Kapitels geht von einer «gängigen» Vorstellung von Entsagung (*saṃnyāsa*) aus, die in etwa dem Leben auf der vierten Lebensstufe entspricht; dieser wird eine andere Vorstellung gegenübergestellt. (Sie erweist sich dadurch als nachgeordnet und in diesem Sinne als abhängig bzw. jünger.)

Entsagung als Fachausdruck einer ritualistischen Religion ist u.a. dadurch definiert, daß man auch auf jene Ziele verzichtet, die nur durch Riten erreicht werden können. Für die meisten Formen von Opfer war das Feuer als der «Mund der Götter» und Bote der Götter unerläßlicher Bestandteil. Es ist ein Bestandteil der vorschriftsmäßigen Durchführung eines Ritus, daß in einer Absichtserklärung (*saṃkalpa*) der Bezug des Ritus auf sein Ziel formuliert wird. Wer keine solchen Absichten mehr hegt, ist ein Saṃnyāsin, ein Entsager. Der Yogin teilt mit dem Entsager diese Haltung, aber das Spezifische am Yogin geht darüber hinaus.

Wenn es eine «Ursache» («Mittel») auch dann noch gibt, wenn einer schon zu der aus den Banden der Welt er-lösenden Einung aufgestiegen ist, dann folgt zwingend, daß dieser Einungszustand seinerseits eine Vorstufe zu etwas Höherem ist. Genau das unterstellt Arjuna in seiner (späteren) Frage nach dem, der aus dem Einungszustand herausgefallen ist (dem *yogabhraṣṭa*). Er ist einer, der den nächsten Schritt nicht geschafft hat, sondern der (nach einem Aufstieg) wieder abgestürzt ist. (Vgl. auch das *tatparam* in 5.16.)

Daß Befriedung, Stille ein «Mittel» genannt wird, paßt auch zu der Vorstellung, daß im Yoga-Zustand die Einswerdung mit dem in allen Dingen selbigen Sein und Bewußtsein erreicht ist. Voraussetzung dafür ist das Aufhören aller Handlungen. Handlungen sind in diesem Sinne die Vorstufe («Ursache») für diese erste Stufe.

Darüber, was nach Yoga kommt, schweigt der Text weitestgehend: Frieden, Stille (*śānti*), Glück (*sukha*), Erlöschen im Urgrund (*brahmanirvāṇa*) sind Ausdrücke und Haltungen bzw. Erfahrungen, die einen Vorgeschmack und eine Ahnung erlauben. Es entspricht einem «Sachzwang», daß es letztlich keine Aussagen geben kann, denn nach *yoga* folgt im Rahmen dieser Metaphysik und Erlösungslehre nur noch ein Tod und keine Wiederkehr. Die Einung mit *buddhi, jñāna* ist die letzte Stufe, über die mit einiger Ausführlichkeit geredet wird und geredet werden kann.

Daß von «Aufstieg» die Rede ist (6.3), paßt in die Vorstellung von der Einung mit den transzendenten Seinsbereichen. Yoga stellt sich als eine Stufe auf einem Weg dar. Was als Vorverständnis erschließbar ist (daß der Yogin *nicht* handelt), wird spezifiziert: Stille (Handlungsfreiheit) kennzeichnet erst das

Ziel, aber nicht den Weg. Vielleicht sind es die in diesem Abschnitt beschriebenen Tätigkeiten, die gemeint sind, wenn und wo der Yogin dem strengeren Entsager gegenübergestellt wird? Es ist schwierig, sich vorzustellen, daß Arjuna (der Krieger auf dem Schlachtfeld) zu diesen meditativen Praktiken angehalten wurde, wenn er am Schluß des Kapitels aufgefordert wird, Yogin zu werden. Das Nebeneinander der Erwähnung verschiedener Yoga-Wege oder Stufen auf dem Yoga-Weg erklärt sich als das Nebeneinander oder Nacheinander verschiedener Yoga-Wege in der Zeit der Abfassung und Redaktion des Textes. Belegt sind ein Yoga strenger Entsagung, ein Yoga meditativer Zurückgezogenheit, ein Yoga aktiven Vollzugs der gesellschaftlichen Pflichten.

In diesem Kapitel steht der Yoga meditativer Zurückgezogenheit im Vordergrund. Bemerkenswert ist die Diskussion um «Glück» und «Leid». Es ist deutlich, daß ein Grundanliegen in der Beseitigung von Leiden besteht. Yoga beansprucht, dieses «Problem» zu lösen. Man spürt aber auch, daß man sich gegen Einwände verteidigen mußte – vermutlich des Inhalts, daß Yoga mühsam und schmerzhaft ist, daß er zumindest physisch und psychisch zu Unbehagen und Leid führt.

Man kann z.B. auch in Vers 22 einen Hinweis auf die Mühsal und Unbill des Yoga-Weges sehen. Im Sinne eines spirituellen Weges ist aufschlußreich, daß nicht die Versuchung durch Glück und Wohlbefinden besprochen und abgelehnt wird, sondern die Ablenkung durch Schmerz und Leid!

Man hält die Erfahrbarkeit eines größeren Glücks dagegen, ohne daß die Realität der Unannehmlichkeiten von Yoga geleugnet würden (vgl. 6.22!). Allerdings wird hier ausdrücklich «Yoga» als eine Haltung angepriesen, die bei und in allen weltlichen Aktivitäten durchgehalten werden kann und soll. Als Gegenposition müßte man Lebensformen der weltentsagenden Askese annehmen; zumindest betont man, daß Yoga nicht zwangsläufig oder automatisch zum Tod führen muß (*videhamukti*). Daß dies ausdrückliche Erwähnung verdient, ist aufschlußreich für das Problembewußtsein der Autoren.

Wenn Yoga einen weltenthobenen Erlösungszustand bezeichnet, dann ist *duḥkha* allerdings sicher auch das Leid der Unerlöstheit (vgl. 6.23). Leid ist dadurch definiert, daß alles Glück vergänglich ist (vgl. die buddhistischen Grundwahrheiten; *sarvaṃ duḥkham* – alles ist Leid!); wahres Glück muß endlos sein. Da für den Menschen die konkreteste Form des Endes der Tod ist, wird wohl auch mitschwingen, daß das verkündete Glück ein Glück ist, das den Tod überdauert. Bewußtheit ist die Größe, die die Brücke zu jenem Seinszustand schafft! Die Erkenntnis, die durch *buddhi* getätigt wird, stellt eine Angleichung an die erkannte Wirklichkeit dar; die Endlosigkeit des Glücks impliziert die Endlosigkeit dieses Seinszustandes, der allem Werden und Vergehen enthoben ist, der reine «Diesheit» (*tat-tva*) jenseits aller Vielfalt und Entfaltung ist.

Ausgehend von der Arbeitshypothese, daß *ātman* im Kontext von Sāṃkhya und Yoga kein philosophischer Fachausdruck ist, kommt man in diesem Kapitel zu einem plausiblen, nachvollziehbaren Sinn der meisten *ātman*-Verse, wenn man das Wort als Ausdruck für die Person des Yogin nimmt und mit Reflexiv-Pronomen u.ä. übersetzt. (Man vergleiche jedoch 13.22, 13.31; und vgl. 18.16, wo das Adjektiv *kevala* als Hinweis auf ein transzendentes Selbst verstanden werden muß oder kann.) Das «Selbst», also er selbst ist es, was der Yogin bändigen, beherrschen soll (vgl. z.B. 6.36), in sich selbst soll er seine Denkkraft einbinden (statt sie durch die Tore der Sinne entweichen zu lassen). Nach den Ausführungen über die Praktiken der Versenkung und über ihr Ziel erscheint es wenig sinnvoll, ein metaphysisches, transzendentes Selbst anzunehmen, das «gebändigt» werden müßte. Gebändigt werden muß der Körperbereich, die Atemtätigkeit, die Sinne, die Denkkraft. «Selbst-Beherrschung» besteht darin, sie zum Stillstand zu bringen, sie zu besiegen (und nicht ein transzendentes Selbst). Dann ist man einer, «der sein Selbst besiegt hat» (vgl. 6.7).

Auch Vers 20 bliebe nachvollziehbar: «(der Zustand), wo man nur noch sich selber mit sich selber erschaut und in sich zufrieden ist ...», weil ja die Sinnestätigkeiten aufgehört haben und also keine Objekte mehr da sind, die Anlaß für jene Art von Befriedigung sein könnten, die nach immer noch mehr verlangen läßt. (Verse 20–23 bilden einen Satz; der Hauptsatz in 6.23 macht deutlich, daß die vom Yogin geforderte Beschränkung auf sich selbst, seine Innenschau und Versenkung, als Sammlung und Einung zwar die Trennung von der Außenwelt voraussetzt, aber dadurch zu einem höchsten Glück führt.)

Ähnlich muß Vers 29 mit dem Selbst nicht direkt jenen metaphysischen Seinsbereich benennen, der das ist, was in allem, den Dingen (oder Elementen) und dem Yogin selbst, gleich ist. Vorausgesetzt wird, daß es ein solches «Gleiches» gibt (in Vers 32 ist «das Gleiche» Objekt zu dem Verb «schauen»). Der gemeinsame Nenner vieler Stellen, an denen Entsagung und Einung kombiniert werden, ist die Gleichschau! Benannt wird hier, d.h. im folgenden Vers 30, nur Kṛṣṇa als der, der in allen Dingen gleich besteht. Das, worauf der Yogin durch seine Selbstbeschränkung ausgerichtet ist, wird *brahman* genannt. Die Glückserfahrung durch den Kontakt mit dem Urgrund ist eines der Elemente, die in die Ausrichtung auf Kṛṣṇa übernommen wurde. Die Berührung mit *brahman* (bzw. mit Kṛṣṇa) ersetzt das Glück, von dem der Yogin sich getrennt hat, auf das er durch den Rückzug aus der Sinnenwelt verzichtet zu haben schien.

Eine solche Interpretation stellt zur Diskussion, daß die metaphysische Dimension des in diesem Kapitel dargelegten Yoga-Verständnis nicht auf einem vedāntistischen Selbst-Begriff aufbaut, sondern auf dem Hintergrund der sāṃkhyistischen Begriffsreihe gesehen werden muß. Sinne, Denkkraft (*manas, cetas, citta*), Bewußtheit kommen ausdrücklich vor; *brahman* wird somit auch hier als Bezeichnung für den Urstoff-Bereich (*prakṛti*) gebraucht. Darin kann durchaus eine Übernahme von upaniṣadischer Terminologie liegen; der Terminus wird jedoch ganz den Aussagen und dem Gedankengebäude der in Sāṃkhya-Terminologie ausgedrückten Versenkungserfahrungen der Yogins untergeordnet und eingegliedert. Die vedāntistische Interpretation dürfte den «Selbst»-Aussagen der Bhagavad-Gītā erst im Laufe ihrer Wirkungsgeschichte zugewachsen sein. (Die Ambivalenz des Originals mag nachvollziehbar werden, wenn der Leser für «sich selbst» und ähnliche Formulierungen in der Übersetzung «ein Selbst» liest.)

Die Schlußverse bilden eine kṛṣṇaitische Vereinnahmung der Yoga-Wege. Wenn der Kṛṣṇa-Bezug etwas ist, das älteres «Material» (eben das Ideal und Erlösungsziel der Entsager und Yogins) voraussetzt und integriert, dann werden hier deutlich die Vorstellungen von Nirvāṇa und vom Frieden als Erlösungsbegriffe als vor-kṛṣṇaitisch charakterisiert.

Kapitel 7

Gliederung und Inhaltsübersicht

1–3 Kṛṣṇa beginnt mit der Ankündigung eines neuen Themas: Er wird über sich selber sprechen. Diese neue Belehrung nimmt die Stichworte «Einung» und «Erkenntnis» auf und sie wird mit der Schwierigkeit verknüpft, solche Erkenntnis zu erlangen (vgl. 7.15).

4–6 (Die Wirklichkeit der Gottheit wird im folgenden dargelegt anhand des sāṃkhyistischen Schemas:) Kṛṣṇa spricht über sich und seine Beziehung zur

Welt, indem er zwei Aspekte des Materiebereichs (der Stoffnatur) unterscheidet;

7–11 er rezitiert eine hymnisch-emphatische Auslegung seiner Gegenwart in den Dingen der entfalteten Welt;

12–14 und er betont diese seine Gegenwart auch für den nur durch die drei Grundzüge gekennzeichneten Zustand der Stoffnatur (der *guṇa*-Aspekt Kṛṣṇas).

15–19 Die Allheit Gottes ist jenen zugänglich, die Erkenntnis haben; (Beschreibung jener Erkennenden, die geeint, ausgerichtet auf Kṛṣṇa, um die Allheit Vāsudevas wissend, zu ihm Zuflucht nehmen.)

20–23 Die Allheit Gottes umfaßt jedoch auch die Praktiken und Haltungen jener, die im Bereich entfalteter Welthaftigkeit befangen bleiben. (Abgrenzung gegen jene Verehrer anderer Gottheiten, deren Praktiken durch Begierde gekennzeichnet sind.)

24–26 Das Verhältnis der höchsten Form Gottes zu seinen konkreten Manifestationen.

27–28 Die beiden Aspekte der Gottheit entsprechen den zwei Verehrungsweisen.

29–30 Aufzählung verschiedener Aspekte der Gottheit unter Verwendung der upaniṣadischen und buddhistischen Zielsetzungen im Hinblick auf ihre Erlösungswirkung beim Sterben.

Sacherläuterungen

Dies ist das erste Kapitel, das als ganzes und ausschließlich Kṛṣṇa-Theologie lehrt. Man wird an die «neuen» Begriffe und Gedanken und Zusammenhänge nicht Schritt für Schritt herangeführt, sondern eine Art «Summa theologica» wird an den Anfang gestellt. Ausführlichere Darlegungen über z.B. die Grundzüge der Stoffnatur folgen erst viel später im Text. Diese Textgliederung dürfte Ergebnis jener redaktionellen Verfahrensweise sein, die das Neue in einem bestehenden Textzusammenhang vor dem Alten einschiebt.

Nach allem, was in den vorhergehenden Kapiteln über Yoga gelehrt worden war, ist deutlich, wie sehr die hier vorgetragenen theistischen Erlösungslehren geprägt sind durch das Ideal jenes Yogin, der sich mit dem über aller Vielfalt stehenden, in aller Vielfalt durchgängig selben Bewußtheitsbereich vereinigt hat. Der Yogin wird zum Bhakta, indem die Beziehung der (einseitigen) Einung mit dem jenseitigen Seinsbereich zu einer (gegenseitigen) Teilhabe wird (vgl. 7.17).

Das Thema der Ankündigung («Erkenntnis») wird ausdrücklich aufgegriffen in den Versen 16 und 24, wodurch sich die zwischen diesen Fugen stehenden Passagen als eigene Zusammenhänge abgrenzen lassen. (Das Wissen um Kṛṣṇa mit der Kenntnis um jene Bewußtheit zu identifizieren, die dem Yogin den «letzten Gang» und Wissen um das jenseitige Absolute eröffnet, wird durch mehr als einen Begriff in diesen Aussagen nahegelegt.) Die Allwissenheit (7.2) ist ein anderer Aspekt jener Seinsstufe, die in allem gleich ist; wer sehen kann, inwiefern alles gleich ist, bzw. wer schaut, was in allem durchgängig gleich ist, kennt «alles», denn es gibt kein Einzelding, was von diesem durchgängigen, in allem gleichen Sein (*sattva*) nicht erfaßt wäre (vgl. 7.26 für die Gegenüberstellung der Unerkennbarkeit des transzendenten Gottes mit seiner Allwissenheit).

Auch in der Übernahme durch eine Kṛṣṇa-Theologie sind noch wesentliche Merkmale der Yoga-Haltung und -Lehren erkennbar. Es wurde schon darauf hingewiesen, daß man den Yoga-Weg als schwierig und mühselig ansah. Kṛṣṇa-Erkenntnis teilt diesen Zug zumindest insofern, als man ein Ideal aufstellt, welches selten erreicht, aber trotzdem für erstrebenswert gehalten wird. Es wird gelegentlich vermutet, daß die Anordnung der Bhagavad-Gītā einen Erkenntnisfortschritt ausdrücke, vom Einfachen zum Komplexen, vom Situationsbezogenen zum Abstrakten, usw. Zu den bisher genannten Kriterien für Abfolgen auf dem Weg gehören: Oben – unten; innen – außen; eines – vieles; selten – oft.

Nur selten erlaubt der Text Rückschlüsse darauf, wer die ursprünglichen Adressaten der hier vorgetragenen Lehren gewesen sein könnten. Wenn man den Schluß zuläßt, daß die, über die gesprochen wird, auch zu denen gehören, zu denen gesprochen wird, dann zieht die Erwähnung der «Geplagten» und jener, «die nach Wohlstand streben» (7.16), den Kreis sehr weit. Da im folgenden jene, die Erkenntnis erlangt haben, besonders gepriesen werden, könnte man diese Ausweitung im Sinne der Sowohl-Als-auch-Haltung deuten, die schon an anderen Stellen begegnet ist. Kṛṣṇa würde dann hier sinngemäß sagen: «Ich bin nicht nur in den Erkennenden, sondern auch in den Unterprivilegierten, den mit innerweltlichen Zielen Beschäftigten, jenen, die Erkenntnis suchen (aber das Ziel des Yoga-Zustandes nicht erreichen) ...»

Die Unterscheidung eines «niedrigen» und eines «höheren» Aspekts der Stoffnatur scheint sich durch den Rückgriff auf zwei verschiedene Begriffszusammenhänge in (vermutlich überkommenen) Aussagen über *prakṛti* zu erklären. Geht man davon aus, daß die Identifikation Kṛṣṇas mit der Essenz der verschiedenen Einzeldinge in der Welt den entfalteten, «niederen» Bereich der Stoffnatur mit der Gottheit in Beziehung setzt, dann bietet sich an, die Aussagen über den nur noch durch die drei Grundzüge beschreibbaren Aspekt der Stoffnatur mit ihrem höherem Aspekt in Verbindung zu bringen (im Text wird diese Gleichsetzung nicht eindeutig ausgedrückt).

Mit der «höheren Stoffnatur» könnte deren unentfalteter Zustand gemeint sein, mit ihrem niederen Aspekt die acht genannten Entfaltungsstufen (vgl. Schaubild in der Einleitung). Beide Aspekte werden der Gottheit zugeschrieben, die noch darüber steht. Nur wer auch den unentfalteten Materiebereich, der gleichsam den Einungszustand (*yoga*) Gottes darstellt, noch übersteigt, hat sich aus der Welt gelöst (7.14).

Die beiden Schlußverse sind denen von Kapitel 6 (6.46–47) vergleichbar, insofern sie kataloghaft Richtungen und Ideale nennen, denen der Kṛṣṇaismus sich zu- und vorordnet. Man könnte in den Stichworten vom Zufluchtnehmen und der Überwindung von Alter und Sterben eine Anspielung auf den Buddhismus sehen; und es werden jene Bereiche genannt, durch die die meditative Verinnerlichung des vedischen Rituals in den Upaniṣaden praktiziert wurde.

Das *brahman* und den *ātman* zu erkennen, war das Ziel vieler jener Lehren, die uns in den Upaniṣaden überliefert sind. Für Kenntnis des All (der kosmologischen Zusammenhänge) wird *brahman* als der Bezugspunkt genannt; aus der Sicht der Kṛṣṇa-Theologie legt dies ein Verständnis von *brahman* im Sinne der Stoffnatur auch hier nahe. Für Kenntnis des Rituals wird Bezogenheit auf das Selbst (der innerlich meditative Vollzug?) als das genannt, was jene, die Erlösung erstreben, wissen. Es steht nur ein «und» in diesem Satz, also dürften nur zwei Bereiche genannt sein, nicht «*brahman* und Selbst und Ritual», auch wenn Arjuna zu Beginn des nächsten Kapitels nach den drei Begriffen fragt. Drei Aspekte der Gotteserkenntnis sind in Vers 30 genannt. Kṛṣṇa umfaßt alle der genannten Aspekte.

Kapitel 8

Gliederung und Inhaltsübersicht

1–2 Arjuna stellt eine Rückfrage nach den in 7.29–30 verwendeten Ausdrücken.

3–6	Kṛṣṇa erläutert jeden der Ausdrücke;
7	er fordert Arjuna zum Kampf auf, bei gleichzeitiger Ausrichtung der Gedanken auf Kṛṣṇa.
8,9–11, 12	umschreiben die Geistperson als das letzte Ziel, auf das die Gedanken, besonders in der Todesstunde, auszurichten sind (9–11 in längerem Metrum).
13–16	Dieses letzte Ziel ist Kṛṣṇa; er garantiert die Nicht-Wiederkehr des Yogin.
17–19	Kṛṣṇa referiert, was über den kosmischen Werde-Rhythmus überliefert ist.
20–22	Und noch einmal wird die jenseits davon liegende Seinsstufe der Geistperson betont und mit Kṛṣṇa identifziert.
23–26	Kṛṣṇa referiert dann überlieferte Lehren über den Zeitpunkt und die Stationen des Weges nach dem Tod.
27	Er fordert Arjuna auf, als Yogin diesem Ziel verbunden zu bleiben;
28	denn der Yogin läßt den Bereich aller anderen religiösen Praktiken hinter sich (in längerem Metrum).

Sacherläuterungen

Dieses Kapitel ist ein sehr vielschichtiger Text, in dem überliefertes Gut (einschließlich wörtlicher Zitate) gesammelt sind. Der Tod, das Abscheiden, scheint das eigentliche Thema des Kapitels zu sein; der Weg nach dem Tod wird in durchaus kosmologischen Größen beschrieben. Aufforderungen an Arjuna akzentuieren den Text; es ist fast, als wolle Kṛṣṇa ihn auf seinen bevorstehenden Tod vorbereiten, den der Kampf (in dessen Kontext das Gespräch ja stattfindet) ihm bringen könnte.

Es verdient, daran erinnert zu werden, daß die einzelnen Kapitel der Bhagavad-Gītā sich «Upaniṣaden» nennen; Kapitel 8 ist ein Abschnitt, von dessen Aussagen sich viele ohne krasse Diskrepanzen in eine der jüngeren Upaniṣaden fügen könnten (vgl. speziell Maitrī-Upaniṣad und Kaṭha-Upaniṣad). Terminologie und Sichtweise der Upaniṣaden werden integriert in eine Kṛṣṇa-Theologie, die sich selber vorwiegend mit sāṃkhyistischen Begriffen und Denkmodellen darstellt; dabei sind die Verse 8.1–15 vor allem dem Erlösungsweg gewidmet, 8.16–28 explizieren die makrokosmischen Entsprechungen dieses Weges.

Die Anfangsverse machen, wie die Schlußverse des vorigen Kapitels, auf die sich die Rückfragen beziehen, beträchtliche

Verständnisschwierigkeiten. Die Schlußverse hatten die upaniṣadischen Betrachtungsweisen von Makrokosmos und Ritual alle auf Kṛṣṇa bezogen. Die Begriffe der Schlußverse bilden den Bezugspunkt für Umschreibungen oder Ausdeutungen; Bezugspunkte bilden die vedisch-upaniṣadischen Themenbereiche, während die Umschreibungen aus dem Bereich des sāṃkhyistischen Weltbildes und seiner Versenkungstechniken genommen zu sein scheinen. Die Silbe OM stellt die symbolische Zusammenfassung der gesamten vedischen Offenbarung dar; es ist die Silbe, von der man annimmt, daß aus ihr jegliche sprachliche Wahrheitsformulierung «entwickelt» wurde. Daß hier diese Silbe gemeint ist und nicht nur die Wortbedeutung von «unwandelbar» (und daß damit *brahman* nicht nur als der ontologische Urgrund sondern auch in seinem Aspekt der Wortgestalt zu verstehen ist), legt sich nahe, weil es sich um die Terminologie des «Bezugspunkt», der upaniṣadisch-vedischen Religiosität handelt und die Silbe OM (samt einer Übertragung auf Kṛṣṇa) in 8.13 ausdrücklich genannt ist.

In der Übertragung auf das sāṃkhyistische Denkmodell würden sich drei Seinsstufen ergeben:

akṣara – «unwandelbar», undifferenzierter Geistbereich
svabhāva – «Eigensein», undifferenzierter (Materie-)Bereich
kṣara (8.4) = *visarga* – «Emanation», ausdifferenzierter (Materie)-Bereich

Die Stufe Kṛṣṇas (*madbhāva*, 8.5) stünde über allen diesen Seinsbereichen. Es würde für eine keineswegs zufällige Verwendung von Epitheta sprechen, daß Kṛṣṇa gleich im ersten Vers mit *puruṣottama* («Höchste Geistperson») angeredet wird; und das «Höchste» als Umschreibung *brahmans* kehrt wieder in 8.8 bezogen auf die «höchste Geistperson», mit der sich Kṛṣṇa identifiziert. In der Überbietung des *puruṣa* durch einen *puruṣottama* ergänzt die Kṛṣṇa-Theologie das überlieferte Schema.

Das «leicht zu erlangen» in 8.14 ist im Blick auf die Diskussion um die Beschwerlichkeit des Yoga-Weges (vgl. Erläuterungen zu Kap. 6) vermutlich nicht auf die Erfüllung der genannten Bedingungen zu beziehen, sondern auf die Nähe zum Ziel: Wer so weit gekommen ist, wie dieser Yogin, für den ist Kṛṣṇa leicht zu erlangen, weil nicht mehr viel fehlt. Die Ausschließlichkeit des Gedankeninhalts und die Beständigkeit des Darandenkens umschreiben den gemeinten Zustand.

Die Seinsstufe (*bhāva*), die Geistperson (*puruṣa*) sind in der Übersetzung feminine Wörter, im Sanskrit jedoch maskulin; dies ist angesichts der Übertragung der Rolle des *puruṣa* auf Kṛṣṇa in Rechnung zu stellen.

Kapitel 9

Gliederung und Inhaltsübersicht

1–3	Kṛṣṇa kündigt eine Belehrung als besonders geheim an; sie vereint die «Erkenntnis» der Yogins, die Rücksicht auf die «Grundordnung» (*dharma*) und die Vorstellung, daß Erlösung «Nicht-Wiederkehr» ist.
4–15	In Ausführung davon spricht Kṛṣṇa von sich; er ist die Gottheit als Einheit aller Vielfalt, aller Dinge der entfalteten Welt. Der Weg zu ihm ist für verschiedene Menschen mit verschiedenen Praktiken verbunden.
16–19	Kṛṣṇa nennt eine Reihe von Funktionen und Bereichen in der Welt, mit denen er identisch ist;
20–21	es folgt (in längerem Metrum) eine Polemik gegen die Ziele des vedischen Ritualismus;
22	Beschreibung von Menschen, die auf Kṛṣṇa als das Ziel ausgerichtet sind: Die Gottheit ist das Ziel des Yoga-Weges;
23–26	aber (indirekt) auch jener, die andere Götter und Wesen verehren.
27–28	Arjuna wird aufgefordert, die Hinordnung auf Kṛṣṇa zum Kriterium für sein Verhalten zu machen.
29–34	Die Haltung der Hingabe wird empfohlen als diejenige Haltung und Praxis, die alle anderen Zielsetzungen und Wege umfaßt und einschließt.

Sacherläuterungen

Das als königliches Geheimnis angekündigte Wissen ist weitgehend ein «Ich-Hymnus» Kṛṣṇas; er beschreibt seine Göttlichkeit, seine Erhabenheit, seine Allheit, wobei verschiedene Umschreibungen des Ziels und verschiedene, teilweise einander ausschließende Voraussetzungen für das Erreichen des Ziels der «Nicht-Wiederkehr» genannt werden.

Ich habe an anderen Stellen *jñāna* («Erkenntnis») als Ausdruck für das interpretiert, was auch Bewußtheit (*buddhi*) heißt und gleichermaßen Bewußtseinszustand oder Geisteshaltung wie auch metaphysisch-ontologischer Seinszustand sein kann. Terminologische Konsequenz (besonders angesichts der floskelhaften Zusammenstellung von *jñāna* und *vijñāna* in der Bhagavad-Gītā erfordert, auch hier von dieser Bedeutung auszugehen. *Vijñāna* könnte dann wegen der theologischen Wichtigkeit des Themas von Gottes gleichzeitiger Anwesenheit in den unentfaltet-einheitlichen Stufen des Welt-Seins *und* in den entfaltet-vielheitlichen Stufen der konkreten Dinge sehr wohl den der Einheitsschau von *jñāna* gegenüberstehenden Bereich der vielheitlichen Dingwelt sein (im Sinne des Erkenntnisobjekts wie der Erkenntnishaltung).

Als Antwort zur aufgeworfenen Frage, was die Bedingungen der Nicht-Wiederkehr sind, beschreibt Kṛṣṇa seine Identität mit der Stoffnatur (*prakṛti*); sie ist die Matrix für materielles Entstehen und Vergehen. Kṛṣṇas Beziehung zur Stoffnatur wird allerdings in einer Weise beschrieben, die offen läßt, wie der Aspekt der Geistperson (*puruṣa*) eingeordnet wird. In 9.4 heißt es, Kṛṣṇa nehme die Gestalt der Stoffnatur an (die hier «unentfaltet» genannt wird); in 9.8 ist sie etwas, worauf er zurückgreift oder sich gründet (*avaṣṭabhya*); in 9.9–10 hat er die Oberaufsicht, ohne an den Handlungen beteiligt zu sein.

Vom Wissen um die Funktion der Stoffnatur und um deren Verhältnis zu Kṛṣṇa wird eine Typologie von Menschen abgeleitet, die die Einstellung der Menschen zur Stoffnatur, zur Welt spiegelt. Man könnte in der Gegenüberstellung einen Anklang an die Unterscheidung von höherer und niederer *prakṛti* sehen (vgl. 7.4–14). Die Unterscheidung ergibt sich hier aus der Haltung der Menschen: Der Blick auf das Höchste (9.11) vergöttlicht gleichsam den Bereich der Stoffnatur; wer den Blick «nach unten» auf den Bereich der entfalteten Einzelwesen gerichtet hält, ist dagegen «wirr» oder vergeblich. Die Aussagen über jene «anderen», die um Kṛṣṇa nicht wissen, sind in diesem Kapitel auffallend harsch und abweisend.

Man darf hinter Vers 13 eine Zäsur sehen; auch die Erwähnung von «wieder anderen» in 9.15 ist ein Hinweis darauf, daß es sich hier um eine Aufzählung verschiedener Gruppen oder Typen von Menschen handelt, eine Aufzählung, die nach Einschub einer hymnischen Selbstbeschreibung Kṛṣṇas mit Vers 25 fortgesetzt zu werden scheint. Dies erlaubt, in dem «sie» (Subjekt von Vers 14) eine andere Gruppe von Menschen zu sehen. Observanzen (wie Fastengelübde, Tempelbesuch usw.), Verneigungen, Preisungen sind «unyogische» Praktiken. Ihre

Nennung hier belegt religionsgeschichtlich die Ausweitung des yogischen weltflüchtigen Ideals auf eine Spiritualität des Lebens in der Welt. Bhakti ist nicht mehr nur die spirituell-innerliche Teilhabe am Seinszustand Gottes, sondern auch der fromme Vollzug der Hingabe an ihn. (Es wurde daher hier *bhakti* mit «Hingabe» übersetzt.)

Daß in den Versen 27–28 Arjuna angeredet wird, bewirkt wieder eine Zäsur. Vers 29 nimmt die Ich-Aussagen Kṛṣṇas noch einmal auf. Er schreibt sich selbst jene Gleichschau zu, die auch dem Yogin zugesprochen wird (vgl. 6.8–10); es ist jedoch zugleich eine ontologische Aussage, die man im Lichte von 9.4–11 verstehen sollte.

Mit Vers 30 wird der Problembereich der Konformität zur Grundordnung des *dharma* (vgl. 9.1–3) wieder aufgegriffen. Dharma-Konformität und Kṛṣṇa-Hingabe sollen zusammengehen. Im Kontext von *dharma* ist bei «Lebensweise» wohl eher an Berufstätigkeit als an moralische Integrität zu denken. Auch jenen, denen durch ihren sozialen Stand der Zugang zu den verdienstvollen Wirkungen z.B. des vedischen Rituals verwehrt ist, steht das Ziel der Teilhabe und Hingabe an Kṛṣṇa offen (9.33 schließt die Angehörigen der beiden oberen Stände jedoch ausdrücklich und respektvoll mit ein).

Durch den ausdrücklich thematisierten sozialen Rahmen der erwähnten religiösen Praktiken und Gruppierungen kommt ein weiteres Element der Bedeutung jener Wörter zum Tragen, die von der Wurzel *bhaj-* abgeleitet sind; der *bhakta* ist nicht nur durch seine Haltung der Teilhabe und Hingabe gekennzeichnet, er ist auch der treue Anhänger, der sich auf seinen Gott beruft, um soziale Identität und Anerkennung zu gewinnen.

Die Zusage, daß auch jene Unterprivilegierten den Geltungsbereich des *dharma* und das Ziel der Befriedung und Stille (aller Tätigkeiten und Pflichten) erreichen werden (9.31), ist vermutlich auf dem Hintergrund des Wiedergeburtsglaubens zu lesen. Damit wird auch der Yogin, der in diesem Leben das Ziel verfehlt, vertröstet (vgl. 6.37–45).

Kapitel 10

Gliederung und Inhaltsübersicht

1–3	Kṛṣṇa kündigt erneut ein «letztes Wort» an und unterstreicht die damit vermittelte Kenntnis von

ihm als dem Anfang von allem, indem er seine Unerkennbarkeit für Götter und Seher betont.

4–5 Kṛṣṇa zitiert eine Liste von Befindlichkeiten, die (wie alles) auf ihn zurückgehen.

6 Desgleichen die mythischen Stammväter der Menschheit.

7–11 Wissen um die Gottheit in der Einheit als Ursprung und in der Vielheit der Entfaltung bildet die Voraussetzung für die Teilhabe an ihn, Hingabe zu ihm; er ist es, der die Bedingungen der Unerlöstheit zerstört.

12–18 Arjunas Zwischenfrage: Er bekräftigt Kṛṣṇas Göttlichkeit und bittet um eine ausführlichere Beschreibung Kṛṣṇas in seiner Einung und seinen Ausfaltungen.

19–42 Kṛṣṇa bezeichnet sich als den Besten, Ersten, Vorzüglichsten verschiedener Klassen von Wesen und Dingen. Nichts existiert ohne ihn, der die Welt als einen Teil von sich (oder «mit nur einem Teil von sich») erhält.

Sacherläuterungen

Die Beziehung der Gottheit zur Welt bleibt weiterhin das dominierende Thema. Darin, daß Arjuna (und mit ihm die Hörer der Bhagavad-Gītā) über Kṛṣṇas Anwesenheit in allen Teilbereichen der Welt belehrt wird, gewinnt er eine Einsicht, deren Neuheit dadurch unterstrichen wird, daß sie nicht nur als bisher unbekannt (wie in anderen Bekräftigungen der vorgetragenen Lehren als geheim), sondern auch als unerkennbar für die höchsten Wesen und Autoritäten der Tradition dargestellt wird.

Das was «Ausfaltung» Gottes genannt wird (*vibhūti*), ließe sich in westlicher Terminologie als Gottes Immanenz bezeichnen; was der Einungszustand Gottes genannt wird (*yoga*, vgl. *ekatvam* in 6.31), wäre seine Transzendenz über der Dingwelt.

Indem Kṛṣṇa sich im ersten Abschnitt des Kapitels als der Anfang aller Dinge darstellt, belehrt er Arjuna eigentlich über seine Einheit; Arjuna scheint vor allem die Anwesenheit Gottes in der Welt ausführlicher kennen zu wollen, er fragt aber zuletzt nach Einungszustand *und* Ausfaltungen. Falls man in dieser Frage einen Hinweis auf die Themen der folgenden Abschnitte sehen darf, dann wäre der Rest von Kap. 10 als Darstellung der Ausfaltungen, Kap. 11 im Lichte von Gottes

Einheit zu interpretieren (konkretisiert in seiner Funktion als derjenige, in den alles am Ende wieder eingeht).

Die Dinge und Wesensklassen und Bereiche, als deren vorzüglichsten Vertreter Kṛṣṇa sich behauptet, entstammen nur zu einem kleinen Teil der sichtbar konkreten Welt; das meiste davon ist dem mythischen Bereich entnommen; auf das vedische Erbe wird ausführlich zurückgegriffen. Ein System in der Auswahl oder Reihenfolge der genannten Namen und Dinge ist nicht ersichtlich.

Kapitel 11

Gliederung und Inhaltsübersicht

1–4	Arjuna bekräftigt die erhaltene Belehrung und bittet darum, Kṛṣṇas wahres Selbst *schauen* zu dürfen.
5–8	Kṛṣṇa fordert Arjuna auf, seine Gestalten, alle Wesen, das ganze Universum in ihm zu schauen.
9–14	Saṃjaya beschreibt Arjunas Vision von Kṛṣṇas göttlich-kosmischer Gestalt.
	(Die Verse 15–50 stehen in längerem Metrum.)
15–31	Arjuna beschreibt seine Vision von Kṛṣṇas göttlich-kosmischer Gestalt.
32–34	Kṛṣṇa bekräftigt seine kosmische Funktion als Zerstörer.
35(–50)	Saṃjaya leitet den folgenden Hymnus des überwältigten Arjuna ein.
36–46	Arjuna preist Kṛṣṇa in seiner Göttlichkeit. Abschließend unterwirft er sich, bittet um Gnade und darum, daß Kṛṣṇa wieder seine menschliche Gestalt annehmen möge.
47–49	Kṛṣṇa bekräftigt die Einmaligkeit der Vision, die Arjuna zuteil wurde.
50	Saṃjaya erzählt das Ende der Vision.
51	Arjuna bestätigt, daß er Kṛṣṇa wieder in menschlicher Gestalt sieht.
52–55	Kṛṣṇa bekräftigt die Einmaligkeit der Vision; wer ihm in Ergebenheit (*bhakti*) naht, vermag ihn so zu erkennen und in ihn einzugehen. Er fordert Arjuna auf, sich ganz auf ihn auszurichten.

Bei den Zwischenfragen, die Arjuna in den Mund gelegt werden, darf man annehmen, daß sie in der redaktionellen Komposition des Gesamttextes eher zu einem der äußersten Ringe und also zu den zeitlich jüngsten Beiträgen zur Gesamt-Gītā gehören (was nicht ausschließt, daß auch die gestellten Fragen geprägtes Gut der Überlieferung sein können).

Liest man Arjunas einleitende Aussagen und Fragen im Lichte dieser Annahme, dann findet man hier eine deutliche Bestätigung dafür, daß die Weltzugewandtheit der Gottheit als das eigentlich Neue und Wichtige an der Theologie der Bhagavad-Gītā verstanden wurde. Man findet außerdem klare Hinweise darauf, innerhalb welcher Tradition und auf dem Hintergrund welcher Fragestellungen und Anliegen dies Neue zu sehen ist. Wir können erschließen, welche Gedanken und Begriffe ererbt (und weiterentwickelt) wurden.

Es bestätigt sich, daß ein Weltbild vorausgesetzt wird, das durch den Gegensatz von «niederen» und «höheren», vergänglichen und unveränderlichen, dem Entstehen und Vergehen unterworfenen und diesen Zuständen enthobenen Bereichen oder Zuständen gekennzeichnet ist. Dieses Denkschema entspricht der dem Sāṃkhya zugeschriebenen Begriffsreihe.

Es ist durch die Übertragung dieses Schemas auf Gliederung und Aufbau (und damit Aussageabsicht) dieser Kapitel der Bhagavad-Gītā begründet, wenn ich vorschlage, die Darlegung von Kṛṣṇas Identität mit den konkreten Dingen der Welt (Immanenz – *vibhūti*) (Kap. 10) als Gegenstück zur Darstellung seiner alles zusammenfassenden und vereinigenden transzendenten Seinsweise (*viśvarūpa*, *yogam aiśvaram*) zu lesen. Dies erklärt (oder macht zumindest nachvollziehbar), daß so viel der yogischen Terminologie in die Theologie des Kṛṣṇaismus (nicht zuletzt der Titel *puruṣottama*) eingegangen ist. Was die Yogins als Erfahrungen auf dem Weg ihrer Erlösungssuche als Stufenweg zu weltenthobener Einswerdung beschrieben haben, was im Sāṃkhya zu einer Kosmologie und Metaphysik wurde, enthält «Antworten» auf die Problembereiche «Erlösung» und «Weltbild», die in dieser Theologie nicht verworfen, sondern übernommen und ergänzt werden.

Wenn diese Auffassung berechtigt ist, dann liegt die ursprüngliche Betonung in der Gottesvision von Kap. 11 nicht auf der Vielheit (die gehörte in den Bereich der Ausfaltungen), sondern auf der Gleichzeitigkeit und Gemeinsamkeit des Vielen (eben *yoga*, vgl. 11.9, 11.12, wo die von Arjuna in den Anreden verwendeten Bezeichnungen für die Erhabenheit und

Einheit Gottes aufgegriffen werden) – nicht «die Sonne unter den Himmelslichtern», sondern «tausend Sonnen gleichzeitig», nicht den Besten unter den Ādityas oder Vasus oder Rudras, sondern alle, nicht Anfang und Ende, sondern ohne Anfang und Ende! Die ganze Dreiwelt ist «unterhalb» der Gottheit, bei deren Anblick sie erzittert (11.20). Nach der Vision bezeichnet sich Arjuna als zur «Stoffnatur» (zurück)gegangen (weil der geschaute Aspekt der Gottheit den Stoffnatur-Bereich überstiegen hatte?).

Deutlich ist aber natürlich auch, daß die Vision von der Einheit der Gottheit mit und über der Welt als der theologische und literarische Höhepunkt der Belehrung nicht in der theoretischen Unberührtheit dieser Rekonstruktion eines theologischen Gedankengangs stehen geblieben ist. Es läßt sich nicht übersehen, daß die Vision, nach allen Regeln der Kunst, nicht «aus einem Stück» ist; das Aussehen Kṛṣṇas *nach* der Vision paßt nicht auf das *davor*; was Arjuna sehen *will*, ist nicht, was ihm gezeigt *wird*; was ihm gezeigt wird, veranlaßt ihn einmal zu beeindruckter Beschreibung, dann zu hymnischer Unterwerfung. Einzelne Abschlußfloskeln werden wiederholt; Dialogsituation, metrische Gestalt und rhetorische Absicht sind mehrfach verschränkt.

Wollte man eine Zäsur angeben, so käme vielleicht die Gnadenbitte von 11.25 in Frage; bis dahin steht die Einheit und die Sicht der Einheit im Vordergrund; danach kommt der Bezug auf die epische Rahmensituation und die Ausschmückung der eschatologischen Dimension von Gottes Größe und Schrecklichkeit hinzu. Antwort auf diese Gnadenbitte könnte z.B. 11.47 gewesen sein. Allerdings betont auch der mit Vers 36 beginnende Teil des Hymnus wieder die All- und Einheitsgestalt Gottes, nicht die weltliche Gestalt oder gar die menschlich-epische Situation (vgl. Vers 41, wo Arjuna sich gerade dafür entschuldigt). Und Vers 31 stellt eine Art Schlußvers dar, der nicht in die Theorie von einem Gegenüber von Weltgestalt (Kap. 10) und Einheitsgestalt (Kap. 11) der Gottheit zu passen scheint. Eine Erklärung bestünde darin, zumindest die Verse 26–35 (nicht zuletzt wegen ihres episodischen Bezugs) zu isolieren.

Wenn die Auffassung von der theologisch begründeten Zusammenstellung der zwei Teilaspekte der Gottheit in Kap. 10 und 11 berechtigt ist, dann kann man in der Theologie der Bhagavad-Gītā (auch vor der Zeit der Endredaktion der Bhagavad-Gītā) nicht nur ein (mehr oder weniger mechanisch zustandegekommenes) Ergebnis bewahrender redaktioneller Tätigkeit sehen, sondern auch eine gestalterische Absicht.

Der Inhalt der Vision ist sicher nicht mehr nur der transzendente Gott, der *puruṣa* in Einheit mit der unentfalteten *prakṛti*, sondern auch der Gott in seiner Identität mit der gesamten Vielfalt der geschaffenen Welt, wobei die Prägung durch vedische Kosmologie und Mythologie auffällt. Kapitel 10 und 11 sind vielfach miteinander verschränkt und verwoben. Und in diesem Zusammenhang ist auch bedenkenswert, daß der Zweck, den Kṛṣṇa im Nachhinein zu verfolgen schien, nicht Entrückung und Verzückung ist, sondern rücksichtslose soldatische Pflichterfüllung. Die Vision wird dazu benutzt, Arjuna zum Kämpfen aufzufordern bzw. zu motivieren. Der Anblick, daß die Helden des Schlachtfeldes von der Gottheit verschlungen werden, soll dem Krieger sein blutiges Geschäft erleichtern, ihn von der Bürde der Verantwortung befreien. Muß man davon ausgehen, daß der Gott der Krieger von Anfang an auch der Gott der Bhaktas war, bzw. daß alle Krieger Bhaktas, gar alle Bhaktas Krieger waren? Beunruhigend bleibt, wenn Menschen sich eines Gottes bedienen, um ihre Ziele durchzusetzen.

Kapitel 12

Gliederung und Inhaltsübersicht

1	Frage Arjunas: Gegenüberstellung von zwei Yoga-Wegen.
2–7	Beide Wege haben dassselbe Ziel (Kṛṣṇa), sind aber verschieden schwierig. Meditation, Yoga, Entsagung der Frucht sind Voraussetzungen dafür, von Kṛṣṇa gerettet zu werden.
8–11	Abfolge von je «leichteren» Heilspraktiken.
12	Abfolge von je «besseren» Heilspraktiken.
13–19	Die Eigenschaften des idealen Verehrers.
20	Textbezug der Gottesverehrung.

Sacherläuterungen

Das Kapitel beginnt, im Originaltext deutlicher als in der Übersetzung, mit einer Art Rückverweis auf bereits Besprochenes, auf bereits Bekanntes. Das erste Wort im Original ist das «so» der Übersetzung, als hätte Kṛṣṇa gerade Ausführungen über jene beendet, die «ununterbrochen geeint» sind. Es läßt sich leicht feststellen, daß nichts im vorhergehenden Kapitel der Bezugspunkt dieses Rückverweises sein kann. Der Terminus *satata-yukta* («ununterbrochen geeint») kommt in der Bhagavad-Gītā tatsächlich noch einmal (und zwar nur noch einmal) vor (10.10). Es ist nicht von der Hand zu weisen, daß Arjuna sich tatsächlich auf den Anfang des 10. Kapitels bezieht. Es wäre ein Text denkbar (und es wäre dies nicht notwendigerweise die oder eine «Bhagavad-Gītā»!), in dem der Anfang von Kapitel 12 direkt an Vers 11 von Kapitel 10 anschloß. Die Stimmigkeit in der Gedankenführung, im Aufbau des Gesprächs und in der Terminologie (wörtliche Wiederholungen) sprechen dafür.

Indem Arjunas Frage von mehreren Arten von Yoga-Kennern ausgeht, wird unterstellt, daß es mehr als einen Yoga-Weg gibt. Daß das Absolute jener anderen, die nicht *bhakta* genannt werden, als «unentfaltet» bezeichnet wird, macht deutlich, daß dieses Absolute der Welt (als ihre Ursache) vorgeordnet ist. Wer Vereinigung mit diesem Unentfalteten anstrebt, zielt also ab auf einen Zustand, der «vor» der Entstehung der Welt liegt. Der Weg dorthin ist ein Weg, auf dem die Entfaltung der Welt gleichsam rückgängig gemacht wird. Darin liegt die einzige Möglichkeit, sich aus der Welt und der Verstrickung in der Welt zu befreien. In dieser Befreiung sieht der Yoga-Kenner, an den Arjuna denkt, sein Heil, seine Erlösung. Und Kṛṣṇas Antwort anerkennt dieses Ziel (12.7).

In dem Ausdruck «unwandelbar» (*akṣara*) sollte man auch jene andere Bedeutung des Wortes mithören, wonach *akṣara* «Silbe» bedeutet. Die Silbe ist der kleinste, nicht mehr teilbare Bedeutungsträger von Sprache. Das Wort verweist somit auf einen wirklichen, realen und einen sprachlichen Bereich. Man könnte also Arjunas Frage ausdeutend paraphrasieren als die Frage nach den Yoga-Kennern, die Vereinigung mit jenem Absoluten anstreben, das jenseits aller sprachlichen Ausdeutung und Formulierbarkeit das Wesen von allem enthält. Es ist ein Absolutes, das Inhalt und Ziel der gesamten vedischen Offenbarung und upaniṣadischen Spekulation ist. Es ist ein Absolutes, in dem Wahrheit und Wirklichkeit vereint sind, das in der heiligen Silbe OM symbolisch ausgedrückt wird.

Der Weg zur Einheit mit dem Unentfalteten ist ein «Rückweg», ist der Versuch, die Entstehung der Welt zumindest für den einzelnen Yogin rückgängig zu machen. Vom Standpunkt der Kṛṣṇa-Bhaktas her gesehen dient es der Verherrlichung Gottes, wenn er mit allen Wirklichkeitsbereichen des überweltlich, übersinnlichen Bereichs identifiziert wird. Man anerkennt die Existenz dieser Zielvorstellung; Kṛṣṇa ist auch dies;

und er ist auch der *puruṣa*, die Geistperson, die von allem unberührt, über alles erhaben, als unbeteiligter Zuschauer dem Weltengetriebe gegenübersteht.

Der Körper, seine Funktionen und Bedürfnisse halten den Menschen in der Welt fest. Wenn und da der traditionelle Yoga-Weg ein Weg zur Überwindung der Bedingungen und Bedingtheiten der körperlichen und weltlichen Existenz des Menschen ist, leuchtet es ein, daß solche Angleichung an das Unmanifeste, Unentfaltete für Menschen aus Fleisch und Blut als schwieriger Weg empfunden wurde. Denn schon auf den ersten Stufen dieses Weges wird verlangt, die Daseinsbedingungen und Lebensäußerungen eines Lebens im Körper und in der Welt aufzugeben und zu überwinden.

Indem Kṛṣṇa einen Vergleich dieses Weges mit einem «leichteren» anstellt, erkennt er indirekt die Existenz und das Ansehen des schwierigeren Weges an. Er übernimmt die Vorstellung, daß weltliche Verstrickung bei Erlösung aufhören muß. Diese Verstrickung kann nur aufhören, wenn nichts mehr geschieht, wenn man nichts mehr tut, denn jede Tat würde zwangsläufig eine Wirkung nach sich ziehen. Darin liegt das Ideal der Entsagung (*saṃnyāsa*). Entsagung ist auch, was Kṛṣṇa fordert (12.6), aber sie besteht nicht mehr im Aufhören-Lassen jeglicher Aktivität, sondern in einer Umorientierung des Handelns auf ihn, auf Gott. Damit wird den Wirkungen des Handelns ebenfalls die Kraft abgesprochen, den Zustand der Unerlöstheit fortzusetzen; die Werke werden wie bei jenem strengeren Yoga-Weg aus dem Zusammenhang weltlicher Verstrikkung herausgenommen. Anstatt aber Inbegriff der Unerlöstheit zu bleiben, können sie selber zum Mittel der Erlösung werden.

Auch in der Anpreisung der «leichteren» Lösung (12.8) ist immer wieder das «alte» Anliegen zu erkennen – das Schicksal nach dem Tod, im Jenseits. Darauf könnten sich «Zweifel» richten, darauf konzentriert sich Kṛṣṇas Zusage seiner Gnade.

Vers 12.8 wiederholt teilweise die Aussagen von 12.2 und markiert den Beginn eines neuen Abschnitts, in dem eine Stufenfolge von Erlösungswegen angeboten wird (im Gegensatz zu den bisherigen Aussagen reden diese Verse Arjuna direkt an).

Denkkraft – Bewußtheit – ein letzter Schritt (möglicherweise ein Hinweis auf das erlösende Sterben) deuten die Stufenfolge des yogischen Weges an. Durch das «in mich eingehen» bekommt diese Stufenfolge eine neue Ausrichtung.

Es hat den Anschein, als ob auch das noch für viele zu schwierig ist. Die Stufenfolge von jeweils leichteren Praktiken, die Kṛṣṇa in diesen Versen anbietet, spiegelt noch die Stufen des strengeren Yoga-Weges. Vers 12 liest sich zunächst wie eine Zusammenfassung der vorangegangenen Aufzählung von je leichteren Wegen; die Begrifflichkeit weicht jedoch ab. «Leichter» (das Kriterium für die erste Aufzählung, 12.8–11) und «besser» (bezogen auf die Nähe zum angestrebten Ziel, dem ersehnten Heil – ein Zusammenhang, der im Sanskritwort *śreyas* ganz deutlich ist) sind die zwei Kriterien, anhand deren sich der Yoga-Weg zum Unmanifesten und der Yoga-Weg zu Einung mit Kṛṣṇa vergleichen und letztlich identifizieren lassen.

Das Zusammenfließen verschiedener Idealtypen erklärt, warum im nächsten Abschnitt so nachdrücklich auf den Zusammenhang mit Entsagung und mit Abwendung von Welt und Leben hingewiesen wird. Es entsteht ein Bild von einem tatenlosen («allen Unternehmungen entsagen» u.ä.), indifferenten, unnahbar ausgeglichenen, selbstlosen und zugleich ganz in sich selbst ruhenden und auf sich selbst beschränkten Erlösungssuchenden. Die positiven Haltungen, speziell jene, die sich auf Mitmenschen und andere Lebewesen zu richten scheinen (freundschaftlich, mitleidsvoll, keinen Schrecken einjagend, usw.), erklären sich aus der Gefahr erneuter Verstrikkung, die sich für den Asketen und Entsager gerade aus den negativen Stimmungen und Leidenschaften ergeben, für die Asketen besonders anfällig zu sein scheinen: Reizbarkeit, Zornesausbrüche, Stolz auf bereits Erreichtes, Mißbrauch etwaiger innerer Kräfte und übernatürlicher Fähigkeiten.

Kṛṣṇa bekräftigt allerdings jene Gleichsetzung, die rein terminologisch bereits in Arjunas einleitender Frage vollzogen war, nämlich von Yoga-Kennern und solchen, die Kṛṣṇa ergeben nahen. Kein Begehren ist in Indien leidenschaftlicher dargestellt worden, als das Begehren nach Gott und nach Gemeinschaft mit ihm. Selbst Haß gegen Gott vermag noch eine Beziehung herzustellen, die ausschließlich und intensiv genug ist, um den Gott zur Annahme seines Feindes gleichsam zu zwingen. Solche emotional geprägte Gottesbeziehung gehört religionsgeschichtlich zu späteren Epochen und sind der Wirkungsgeschichte der Bhagavad-Gītā zuzurechnen. Der Text definiert seine eigene Position auf dem Hintergrund und in Abgrenzung gegen die Ideale eines Erlösungsweges, der Erlösung nur «nach dem Tod» kannte und Entsagung von Welt, Gesellschaft, Körper voraussetzte. Das Ideal dieses Weges und seine Zielvorstellung werden deutlich anerkannt; man geht darüber hinaus, indem man sie modifizierte und ergänzte.

Im letzten Vers steht Arjuna stellvertretend für alle, die in dem Text nicht nur eine epische Episode sehen, sondern aus ihm göttliche Belehrung ziehen. Nicht die Lehren und Inhalte, sondern wirklich der Text als Text, die Worte und Formulierungen der vorangegangenen Verse werden zum Gegenstand der Verehrung und ihre Kenntnis zur Bedingung von Gottesbeziehung gemacht.

Kapitel 13

Gliederung und Inhaltsübersicht

1	«Feld» und «Feldkenner» (Körper und Seele) werden als Thema eingeführt.
2	Kṛṣṇa identifiziert sich mit der Erkenntnis beider Bereiche.
3–6	Abhandlung über Eigenschaften und Funktionen des Feldes.
7–11	Abhandlung über Eigenschaften und Funktionen von «Erkenntnis» (mit eingeschobenem Kṛṣṇa-Bezug in 12.10).
12–17	Abhandlung über «Objekt des Wissens».
18	Abschlußvers (mit Kṛṣṇa-Bezug).
19–23	Abhandlung über «Stoffnatur und Geistperson».
24–25	Die verschiedenen Erlösungswege haben gemeinsam, daß sie den Tod überwinden sollen.
26–34	Abhandlung über «Feld» und «Feldkenner».

Sacherläuterungen

Das Kapitel hat offensichtlich verschiedene Textstücke zu einem Themenbereich gesammelt. Bezeichnend ist die Häufigkeit von formelhaften Wendungen, die den «Referatcharakter» der angeführten Lehren und Begriffe unterstreichen («wird genannt», «wisse» u.ä.). Das übernommene Material wurde nur locker in den Kontext der Gesprächssituation der Bhagavad-Gītā integriert; Verse 2, 18 und 26 sind deutliche Zäsurverse, die als Ankündigungen und/oder Abschluß sowie durch den Bezug auf Kṛṣṇa (der, abgesehen von 12.10, nur in 12.2 und 12.18 über sich in der ersten Person spricht) eingeschoben wurden.

Da Vers 2 wie Vers 18 ein «Ich»-Vers ist, versucht die Übersetzung, die beiden als aufeinander abgestimmt zu verstehen.

In 18 ist von drei Dingen die Rede, über die gelehrt wurde: Feld, Erkennen (*jñāna*) und Objekt des Erkennens (*jñeyam*).

Übertragen auf Vers 2 sind also auch dort drei Faktoren genannt; die erhält man, wenn neben Feld und Feldkenner (mit dem Kṛṣṇa sich identifiziert) auch die Erkenntnis um die beiden ein eigener Faktor ist.

Versucht man, die Ankündigung von 13.2 im Aufbau des Kapitels wiederzufinden, so bestätigt sich die Dreiteilung:

4–6 über *kṣetra,*

7–11 über *jñāna* (gemäß der Schlußfloskel in 13.11),

12–17 über *jñeyam.*

Daraus ergibt sich, daß in der zweiten Hälfte von 13.17 (welches der Abschlußvers zu diesem Abschnitt ist) nur von einer Sache gesprochen wird (*jñeya*, welches im Sinne der Gegenwart der Gottheit in allem als Erkenntnis auf alle Wesen verteilt ist). Die Erkenntnis, die in 7-11 beschrieben ist, paßt gut auf eine mögliche Synonymität von *jñāna* und *sattva*, wobei zu bedenken ist, daß diese «Erkenntnis» in den Bereich der Stoffnatur fällt. (Möglicherweise ist eine Identität von Stoffnatur und *sattva* unterstellt und eine Lehre angedeutet, die nicht von einer gleichmäßigen Verteilung der drei Grundzüge in der Stoffnatur ausgeht.)

Die Erwähnung von «Brahma-Sūtras» (13.4) spielt bei vielen Datierungsversuchen der Bhagavad-Gītā eine große Rolle. Wenn das dem Bādarāyaṇa zugeschriebene Werk dieses Titels (eine Zusammenfassung upaniṣadischer Lehren in Form von Merksprüchen) gemeint ist, dann kann «die» Bhagavad-Gītā nicht älter sein als jenes Werk (dessen Datierung aber seinerseits unsicher ist) – eine Argumentation die natürlich von all jenen abgelehnt wird, die an das hohe Alter der Bhagavad-Gītā glauben (weil nicht sein kann, was nicht sein darf?).

Die Liste von Faktoren, aus denen sich das «Feld» zusammensetzt (13.5) ergibt die Zahl der «klassischen» 24, wenn mit «großen Elemente» gemeint ist, was sonst *tanmātra* heißt und von den Sinnenbereichen verschieden ist. Die hier angedeutete Evolutionsreihe veranschaulicht, daß man Sāṃkhya als Weltanschauung voraussetzen muß für die hier referierte Unterscheidung von «Feld» und «Feldkenner». Diese Terminologie mag nicht in die Schulphilosophie des Sāṃkhya eingegangen sein und ihren Ursprung anderswo haben; sie hat jedoch Sāṃkhyavorstellungen übernommen und integriert.

Die empfohlene Einsamkeit der *bhaktis*-Praxis (13.10) spricht gegen Dinge wie Gemeinschaften von Gleichgesinnten (*satsaṇga*), Idolverehrung, Tempelbetrieb und all die anderen Paraphernalia emotionaler Bhakti. Das Wort scheint eher wie ein

Synonym für den Einungszustand, bzw. zur Bezeichnung des Ergebnisses dieser Einung (Teilhabe, eben) verwendet zu werden.

Für sich genommen umreißen die genannten Haltungen und Lebensweisen (13.7–11) ein eher asketisches Ideal; in dessen Licht muß *bhakti* gesehen werden als entsagungsreiche Teilhabe an Gott; warum sollte *bhakti* sonst einsame Orte suchen und Mitmenschen meiden (vgl. die in Kap. 6 genannten Praktiken). Ein Tempel in Indien ist heute nur in den seltensten Fällen ein «abgeschiedener Platz». Die Verhältnisse mögen anders gewesen sein zur Zeit der Bhagavad-Gītā; aber solch geschäftiger und geschäftlicher Trubel könnte sehr wohl dem nahekommen, wovor der Text warnt!

Die Lesung des Wortlauts von 13.12 ist strittig. Ich habe *anādi mat-param* aufgelöst. Insofern *brahman* («Urgrund») Inbegriff des Objektbereichs ist, erscheint es mit dem identisch zu sein, was in der Sāṃkhyaterminologie *prakṛti* heißt (und in Kap. 14 ausführlich und ausdrücklich als solches beschrieben wird!). Andererseits wird der vedische *puruṣa* (aus Ṛg-Veda 10,90), der den «Stoff» abgibt, aus dem Welt und Gesellschaftsordnung gemacht sind, mit diesem Bereich identifiziert (13.13). Und wenn es heißt, daß dieser Bereich «frei von den Grundzügen» sei (13.14), dann ist das eine Aussage, die nicht über den Urstoff, sondern über die Geistperson gemacht werden kann.

In 13.28 liegt vielleicht eine Anspielung auf die Todesstunde, das Sterben als den letzten Gang, und möglicherweise ein Hinweis auf jene, die den letzten Gang antreten und sich dabei selbst verletzen, Gewalt antun.

Das Kapitel endet mit dem nachdrücklichen Hinweis auf das Grundproblem all dieser Diskussionen: Erlösung und der Weg oder die Wege zur Erlösung. Hier handelt es sich um eine Erlösungsvorstellung verbunden mit dem «Weg des Wissens». Innerhalb des Typs von Wissensweg gibt es verschiedene Realisationen, abhängig von dem Objekt des Wissens. «Unterscheidendes Wissen» ist ein Typ. Das nächste Kapitel setzt schon damit ein, daß es einen anderen Typ ankündigt, so will es scheinen.

Kapitel 14

Gliederung und Inhaltsübersicht

1–2 Kṛṣṇa kündigt ein Erlösungswissen an, welches über den Bereich der Wiedergeburt hinausführt.

3–4 Der Urgrund ist die Matrix der Welt, Kṛṣṇa ihr Vater.
5–18 Beschreibung von Eigenart und Auswirkungen der drei Grundzüge.
19–20 Durch Übersteigen der Grundzüge gewinnt man Unsterblichkeit, den Zustand Kṛṣṇas.
21 Arjuna stellt eine Zwischenfrage nach dem Zustand und Verhalten dessen, der «überstiegen» hat.
22–25 Kṛṣṇa beschreibt das Verhalten dessen, der die Grundzüge überschritten hat; es ist durch Gleichschau gekennzeichnet.
26–27 Indem Kṛṣṇa sich mit dem Urgrund identifiziert, macht er Teilhabe an ihm zum Ziel jener, die die Grundzüge übersteigen.

Sacherläuterungen

In diesem Kapitel werden etliche Themen und Motive, die in früheren Kapiteln schon dargestellt und abgehandelt wurden, wieder aufgenommen und wiederholt. Sie sind ergänzt um die Anwendung des Klassifikationsschemas der drei Grundzüge (*guṇa*). Dies ist ein Indiz dafür, daß die *guṇa*-Lehren als typisch und zentral für eine Denkrichtung (philosophische Schule, Zweig einer Schule, Gruppe um eine Lehrerpersönlichkeit, Tradenten bestimmter Texte (vgl. z.B. 18.19) angesehen werden können. Ihre Übernahme in die Bhagavad-Gītā kennzeichnet andere Textpassagen als die, welche sonst (und bisher im Verlauf des Textes) als sāṃkhyistisch eingestuft wurden.

Es fehlen die Stufen der Sāṃkhya-Begriffsreihe; Kṛṣṇa steht als höchstes Prinzip dem Bereich von *brahman* und *prakṛti* gegenüber. Die in der Darstellung der drei Grundzüge genannten Einzelheiten betreffen nicht so sehr metaphysische Größen und Begriffe, sondern konkretes menschliches Verhalten, Haltungen, Einstellungen.

In 14.6 ist auch eine andere Konstruktion des Satzes möglich, wonach «leuchtend, leidfrei (heil)» nicht als Objekt des Bindens, sondern als Attribute der Lichtkraft zu verstehen wären: «Unter diesen ist Lichtkraft leuchtend (und) heil, weil sie ja frei ist von Befleckungen, (doch) bindet sie durch das Anhaften an Glück ...» Es ist die ausdrückliche Umschreibung von *sattva* als «leuchtend», was die Übersetzung mit «Lichtkraft» nahelegte.

Bei allen Unterschieden der Begrifflichkeit ist doch das Grundthema von Erlösung und Erlösungswegen bestimmend.

Ziel und Ideal ist ein erlösendes Sterben, d.h. ein Sterben, nach dem keine weitere Wiedergeburt folgt. Bedingung der Unerlöstheit sind Vielheit und Handlungen; der Bereich der Unerlöstheit wird hier mit Hilfe der Typologie der drei Grundzüge beschrieben. Nur dieser Bereich ist durch Handlungen bestimmt, von denen das Schicksal nach dem Tode abhängt (14.14–18). Aber es gibt die Möglichkeit, diesen Bereich zu übersteigen (14.19–20).

Auffällig ist besonders die Parallele zu Fragestellungen und Lehren, wie sie in Kapitel 2 vorgetragen wurden. Wieder stellt Arjuna die Frage, wie einer, der diesen Bereich der Grundzüge überstiegen hat, zu kennzeichnen sei. Wenn *alles* von den Grundzügen bestimmt ist, dann – so scheint man hinter der Frage nach dem Verhalten des Erlösten zu erspüren – darf er sich eigentlich überhaupt nicht verhalten. (Daß diese Frage wiederholt wird, belegt, daß sie ein Problem thematisiert, das «gängig» war, und kein Sonderfall.)

Gleichmut, Gleichgültigkeit, Unbeteiligtheit, Untätigkeit (14.23, 25) scheinen hier keineswegs nur eine Geisteshaltung zu umreißen, sondern eine Lebensform! Das Ideal des Entsagers ist deutlich erkennbar.

Aus den Schlußversen ergibt sich eine Stufung:
1. Überschreiten der Grundzüge
2. Seinszustand *brahmans*
3. Seinszustand Kṛṣṇas

Hält man diese Aussagen mit dem Anfang des Kapitels zusammen, so ergibt sich, daß in 14.3 wohl kaum das «vedāntische» *brahman* gemeint ist, sondern die *prakṛti*, die Materiesubstanz und produktive Matrix der Welt. Auch das mit «umfassend» übersetzte Wort *mahat* (eigentlich «groß») kann einen Seinsbereich im Sāṃkhya-Weltbild bezeichnen, den der Bewußtheit (*buddhi*). Die Stoffnatur ist hier nicht das, was selber durch die Grundzüge bestimmt ist, sondern das, was sie hervorbringt (14.5). Dazu paßt, daß der Urgrund erst erreicht wird, nachdem man die Grundzüge hinter sich gelassen hat (14.26); es wird hier die begriffliche Identität von *brahman* und Stoffnatur wieder aufgelöst. Eine Erklärung für solchen Textbefund bietet die Annahme, daß Texte verschiedener Herkunft von den Redaktoren der Bhagavad-Gītā verwendet wurden.

Das weltliche Ordnungsgefüge (*dharma*), die Berufung auf die Transzendenz *brahmans*, und der Gott, der Grundlage und Ziel zugleich ist, bilden auch in diesem Kapitel eine Synthese. Aber die Vielschichtigkeit der Terminologie, das Wechselspiel von Fragen und Antworten, das Nebeneinander verschiedener Aussage-Formen (Ich-Aussagen, «Referat» («man sagt» usw.),

Überbietungsrhetorik (14.1)) ermöglichen, auch hier nicht nur die eine Erkenntnis zu finden, sondern mehrere – Wege und Weisungen!

Kapitel 15

Gliederung und Inhaltsübersicht

1–6	Die Welt als Feigenbaum, der gefällt werden muß, damit der Weg zur höchsten Stufe frei wird, welche Kṛṣṇas Stufe ist. (15.2–6 in längerem Metrum)
7–11	Die Beziehung des göttlichen Teils in den Körpern zur materiellen Welt erfolgt über Denkkraft und Sinne; durch Innenschau kann die Geistperson erschaut werden.
12–15	Die Einheit und Verbundenheit von Kṛṣṇa und Welt. (15.15 in längerem Metrum)
16–19	Zur Begrifflichkeit und Einteilung des transzendenten Bereichs: Kṛṣṇa als «allerhöchste Geistperson» (*puruṣottama*).
20	Abschlußvers.

Sacherläuterungen

Das Kapitel ist ein weiterer Beleg dafür, daß und wie sich die Bhagavad-Gītā ausdrücklich auf überlieferte gängige Anschauungen und Begriffe beruft. Das «man spricht von», «man nennt» (15.1, vgl. auch 15.16, 15.17) macht deutlich, daß etwas zitiert oder referiert wird. (15.6 ist ebenfalls «Zitat», vgl. Kaṭha-Upaniṣad 5.15.) Die Ausdrücklichkeit solcher Bezugnahme legt nahe anzunehmen, daß es bewußt und gewollt geschah, wenn die Überlieferung, ihre Themen und ihr Sprachgebrauch aufgegriffen wurden.

Liest man das Kapitel als Dokument einer Kṛṣṇa-Theologie, die ihre Sicht des Grundthemas «Erlösung» und der Erlösungswege dem Denkmodell von Sāṃkhya und Yoga verdankt, dann erklärt sich, warum auch die theologische Grundfrage nach dem Verhältnis der Gottheit zur Welt diesem Denkmodell verpflichtet bleibt. Das Kapitel gliedert sich in zwei Teile, welche zwei Aspekte dieser Grundfrage behandeln. Der erste Teil betrifft (übertragen in unsere Begrifflichkeit) die Immanenz Gottes (15.1–6 und 15.7–15), der zweite betrifft Gottes Transzendenz (15.16–19).

Die Beschreibung der Immanenz Gottes greift einen Aussagestil auf, der schon in Kapitel 7 (vgl. 7.7–11) begegnet ist. Für die Identifizierung der Gottheit mit dem Mond (*soma*) ist zu bedenken, daß «Soma» auch den Opfertrank im vedischen Ritual bezeichnet und daß der Mond als Gefäß des Unsterblichkeitsnektars (*amṛta* als äquivalent zu Soma) verstanden wird; dieser garantiert den Göttern die Unsterblichkeit, geht über den Kreislauf des Regens aber auch in die Lebenszusammenhänge auf der Erde ein (vgl. 3.14 und 3.15; 8.23–26).

Die Grenze zwischen Immanenz und Transzendenz ist (im Sinne des Sāṃkhya-Schemas) die Grenze zwischen Stoffnatur-Bereich und Geistperson-Bereich. Diese Grenze wird jedoch dadurch gleichsam verschoben, daß dem individuellen Geistaspekt ein «allerhöchster» übergeordnet wird. Dadurch verrückt der individuelle *puruṣa* in den Bereich der von Gott durchdrungenen und abhängigen Wirklichkeit. Beide Prinzipien (*puruṣa, prakṛti*) des Dualismus des (klassischen) Sāṃkhya werden der Gottheit zugeordnet. Der Begriff einer Lebenskraft oder Seele (*jīva*) kommt in dem sāṃkhyistischen Schema nicht vor. In 4.4–5 bildet sie die «andere, höhere Stoffnatur»; aus der kṛṣṇaitischen Perspektive ist der Dualismus aufgehoben (möglicherweise ist er im Rahmen der Geschichte der Sāṃkhya-Philosophie eine spät entwickelte logische Konsequenz und Systematisierung von etwas, das im Ansatz nicht schon so explizit vorhanden gewesen sein muß).

Das Ziel der kosmischen Vorgänge und des spirituellen Weges wird als Stätte und Stufe (*pada*), als Wohnstatt und Verbleib (*dhāman*), als Ziel (*gati*), als Grundlage und Stütze (*ālaya, -sthā-, āśraya*) bezeichnet; wichtig ist, daß es ein Punkt ist, von dem man nicht zurückkehrt, nicht zurückkehren muß. D.h. er liegt letztlich außerhalb aller «Vorgänge» (*pravṛtti*), seien sie die kosmischen Abläufe und Zusammenhänge von Schöpfung und Vergehen, seien sie das Auf und Ab menschlicher Anstrengungen im Netz der Beziehungen und Bindungen, der Initiativen und Bedingtheiten.

Der Schlußvers verklammert noch einmal das Alte mit dem Neuen. Wenn man davon ausgeht, daß *buddhi* einen psychischen *und* ontischen Zustand bezeichnet, dann kann man aus diesem Vers erneut entnehmen, daß es ein Zustand ist, der jenseits des Wirkungsbereichs von *karman* liegt. Die Formulierung hier wirkt bewußt emphatisch, als müsse oder solle dieser Bereich oder dieser Zustandgenauer gefaßt und umdefiniert werden.

Kapitel 16

Gliederung und Inhaltsübersicht

1–3	Beschreibung der Menschen mit «göttlicher Veranlagung» und
4	Beschreibung jener mit «widergöttlicher Veranlagung», sowie
5	deren Bestimmung; Arjuna soll sich seinetwegen keine Sorge machen.
6	Ankündigung einer ausführlicheren Beschreibung der widergöttlichen Menschen,
7–20	deren Eigenschaften und Meinungen beschrieben werden; dabei tritt Kṛṣṇa als der eifernde, strafende Gott auf (18–20).
21–22	Er benennt die jenseitige Bestimmung der «bösen» und der «guten» Menschen;
23–24	und er ermahnt zu Folgsamkeit gegenüber der Lehrtradition.

Sacherläuterungen

Das Ideal, das in 1–3 durch die Aufzählung (eine unstabile und für redaktionelle Eingriffe wie Ergänzungen und Ersetzungen anfällige literarische Form!) von guten Eigenschaften skizziert wird, ist aus verschiedenen Einzelelementen zusammengesetzt.

Aus der Aufzählung von Negativ-Aussagen ließe sich ein positives Gegenbild entwerfen. Ein solches, aus den Versen 6–24 zusammengestelltes Bild läßt sich durchaus in 1–3 wiedererkennen. Es ist aber vermutlich aus den idealtypischen Zügen verschiedener Richtungen zusammengesetzt. Möglicherweise sind die ersten drei Verse es, auf die mit Vers 6 Bezug genommen wird (wohingegen den Widergöttlichen zunächst ja nur ein Vers, der vierte, gewidmet war). Die ausführlichere Beschreibung der Widergöttlichen wäre damit als redaktionsgeschichtlicher Nachtrag gekennzeichnet. Jene, deren Meinungen da verteufelt werden, schließen vermutlich Materialisten (Carvāka) und Buddhisten ein.

Die abschließende Passage (16.23–24) bezeugt eine Haltung und Diktion, die zu einer Antwort auf Arjunas Ausführungen über die Ordnung der Sippen passen würden (vgl. 1.40–44).

Kapitel 17

Gliederung und Inhaltsübersicht

1	Arjuna erbittet Auskunft über «gläubiges Zutrauen» unter Rückgriff auf die Einteilung in die drei Grundzüge.
2–22	Kṛṣṇa antwortet, indem er dieses Schema anwendet auf Zutrauen, Nahrung, Opfer, Kasteiung und Almosen. (Die Antwort wird im nächsten Kapitel fortgesetzt.)
23–28	Eine mehr aus dem traditionell rituellen Bereich übernommene Einteilung mit Hilfe der Wörter OM, TAT und SAT spannt den thematischen Bogen zurück zum Themawort «gläubiges Zutrauen» (vgl. Vers 3).

Sacherläuterungen

Arjunas Frage geht davon aus, daß «Opfer» etwas ist, was das religiöse Verhalten der Menschen beschreibt (oder bestimmt), und zwar unabhängig von ihrer Zugehörigkeit zu einer bestimmten Richtung. Die Frage unterstellt auch, daß es Lehr-Traditionen und autoritative Texte (das Stichwort vom Ende des letzten Kapitels) gab, auf die man sich für die Durchführung von religiösen Praktiken berief; aber das angeschnittene Problem für Arjuna (oder den Redaktor, der diese Frage in den Text einfügte) ergibt sich daraus, daß es offensichtlich auch Menschen gab, die etwas wie Opfer durchführten, ohne daß sie sich auf eine der anerkannten Lehr-Traditionen beriefen.

Die Einteilung nach den «Grundzügen» (*guṇa*) ist ein Schema, das der Frager selber anführt, das also als bekannt vorausgesetzt wird. Für Arjuna scheint es umfassender zu sein als eine Einteilung nach der Zugehörigkeit zu Lehrtraditionen.

Die Antwort, die durch diese Frage ausgelöst wird, geht über die Frage weit hinaus. Dadurch zeigt sich, wie locker Frage und Antwort (als Techniken der Textgestaltung) verknüpft sind. Man darf solche Unstimmigkeit als Hinweis auf redaktionelle Eingriffe verstehen.

Das Wort *śraddhā* wird oft mit «Glauben» übersetzt; es ist jedoch nicht der Glauben, wie er sich in einem Glaubensbekenntnis formulieren ließe oder wie er die Zugehörigkeit zu einer Religionsgemeinschaft definiert («Glaubst du an Wiedergeburt?»). Es ist vielmehr eine Grundhaltung, mit der man jede Art von religiöser Tätigkeit angehen kann, angehen soll, die ja etwas tut im Blick auf unbekannte (in diesem Sinne «geglaubte») Zusammenhänge, wie z.B. den Erfolg eines Opfers, die Heilsförderlichkeit einer Observanz, den Wert eines angestrebten Zustands im Jenseits usw. Die positive Grundhaltung, die solche Zusammenhänge als wirklich und wirksam annimmt, das Vertrauen in die Wirksamkeit des eigenen Tuns ist *śraddhā*. In der Übersetzung habe ich mich für «Zutrauen», oft mit dem Zusatz «gläubiges Zutrauen» entschieden, in der Hoffnung, daß das Wort als eine Art Fachausdruck erkennbar bleibt, ohne zu viele Mißverständnisse wegen der Nähe zu christlichem «Glauben» zu verursachen.

Viele der klassifizierten Begriffe gehören zu dem, was man abkürzend brahmanische Orthodoxie nennen kann. Da das *dharma*-Dilemma Arjunas der Anknüpfungspunkt ist, an dem die Bhagavad-Gītā an das Mahābhārata angebunden wurde, da die Belegstellen für *dharma* eine enge Verbindung dieses Anliegens mit dem Kṛṣṇa-Theismus nahelegen, da Grundbegriffe der Yoga-Spiritualität (*buddhi, dhṛti*, Erkennen) u.a. unter Rückgriff auf *dharma* klassifiziert werden, und da schließlich die Anwendung der Grundzüge als Klassifikationsschema voraussetzt, daß diese Begriffe bereits voll entwickelt, verbreitet und anerkannt waren, darf man wohl in diesen klassifikatorischen Bemühungen eine relativ junge Schicht im Werdegang des Textes und einen vom Zentrum der Problemstellung schon relativ weit entfernten Beitrag zur Auseinandersetzung mit dieser Problemstellung sehen.

Es ist deutlich (z.B. in den Versen über Nahrung), daß die Klassifikation unter Rückgriff auf die Grundzüge eine Bewertung enthält; damit wird auch der Standpunkt des Autors oder Redaktors des Textes deutlich: Wünschenswert und ratsam ist Essen, welches von der Lichtkraft durchdrungen ist; es steht zwar nicht im Text, aber man wird wohl annehmen dürfen, daß es jenen, an die der Text sich wendet, nicht unerreichbar war. Speise, die von anderen übrig gelassen wurde, gilt als unrein; solche Reste werden in Indien den Bettlern gegeben. Wer zu arm ist oder wessen Wohnverhältnisse es nicht erlauben, jeden Tag zu kochen, wird wohl auch mit Speise vom Vortag vorlieb nehmen; wer sich nicht mehr leisten kann als ein trockenes Fladenbrot oder wässrige Reissuppe, wird eine Zwiebel oder Chili-Schote nicht verschmähen, wie sie die Ärmsten in Indien zu solch frugalem Mahl zu essen pflegen. Das würde zwar als «stechend» oder «scharf» eingestuft, aber dürfte über die magere Diät hinwegzutrösten helfen.

Und auch eine Vorschrift oder Gepflogenheit wie die, daß die Frauen als letzte essen – was nicht mehr frisch und heiß ist, und oft, was der Herr Gemahl übrig ließ –, mag man in dieser Klassifikation gespiegelt sehen und entspricht dem sozialen (und spirituellen) Status, den die religiöse Elite den Frauen zuzugestehen bereit war.

Die Ausführungen des letzten Abschnitts dieses Kapitels enthalten esoterisch anmutende Ausführungen und Auslegungen zur Verwendung von drei Chiffre-Wörtern. OM ist die «unwandelbare Silbe», von der es heißt, daß in ihr die gesamte vedische Offenbarung zusammengefaßt ist, daß sie als Laut die Lautgestalt *brahmans*, des Urgrundes symbolisiert. TAT bedeutet «dies»; als Bezeichnung für *brahman* ist es prägnant in der formelhaften Quintessenz eines upaniṣadischen Lehrstücks verwendet: *tat tvam asi*, «dies bist du», d.h. das unsichtbare Substrat aller konkreten Dinge bist du (Chāndogya-Upaniṣad 6,12–13). SAT heißt wörtlich «seiend» und wird in weiterem Sinn in der Bedeutung von «gut» («echt») verwendet.

Kapitel 18

Gliederung und Inhaltsübersicht

1	Arjuna fragt, was es mit «Entsagung» auf sich hat.
2–12	Kṛṣṇa referiert gängige Meinungen und kündigt eine Klassifizierung von «Verzicht» an (18.4). Es werden zunächst traditionelle religiöse Praktiken verteidigt (18.5–6), dann die angekündigte Klassifizierung von «Verzicht» vorgetragen, schließlich wird der von Lichtkraft geprägte Typ von «Verzicht» genauer dargestellt.
13–40	Mit einer neuen Ankündigung beginnt ein Exkurs über Handlungstheorie des Sāṃkhya.
41–44	Das Schema wird angewandt auf die Tätigkeiten der drei Stände.
45–48	Die Aufrechterhaltung der Grundordnung wird unterstrichen (betont durch eine erneute Ankündigung (45) und in Beziehung gesetzt zu Gottesverehrung (46)).
49–53	Beschreibung des Entsagungsideals und der Lebensweise des weltenthobenen Yogins.
54–57	Dessen Ziel ist umfaßt und aufgehoben von Teilhabe an Gott.

58–66 In dieser Ausrichtung werden die vorangegangenen Belehrungen verknüpft mit der Ausgangssituation: Hingabe an Gott «löst» das Dilemma der Standespflicht.

67–71 Der Bericht des Gesprächs wird Arjunas Aufmerksamkeit empfohlen.

72–73 Kṛṣṇa befragt Arjuna nach dem Erfolg der Belehrungen, den Arjuna bekräftigt.

74–78 Saṃjaya schließt seinen Bericht ab, betont nochmals, daß es um «Yoga» ging und preist die Bhagavad-Gītā und Kṛṣṇa.

Sacherläuterungen

Es ist eine Folge der Tatsache, daß dies das letzte Kapitel der Bhagavad-Gītā ist, daß es besonders reich an Quer- und Rückverweisen ist. Damit gewinnt es eine gewisse Schlüsselstellung, die den Aufbau des Gesamttextes, seine Entstehungsgeschichte und den Bogen der inhaltlichen Themen und Fragestellungen entschlüsseln helfen kann.

Schon die Frage Arjunas (18.1) liest sich wie eine Wiederholung oder wie ein bewußter Rückbezug; nach Entsagung (*saṃnyāsa*) hatte Arjuna schon einmal gefragt (5.1).

«Verzicht» (*tyāga*) ist das Wort, durch das jener Ausdruck und jene Lehre markiert sind, mit der das Ideal der Lebensform und des Erlösungswegs der Entsager «überboten» wurde: Verzicht auf die Frucht von Handlungen (*karmaphalatyāga*; mit 18.1–vgl. besonders 2.48–51; 4.20–21; 5.10–12; 6.24; 12.11–12). «Entsagung» als Stichwort in Arjunas Frage schneidet überdies am Anfang des letzten Kapitels der Bhagavad-Gītā noch einmal ausdrücklich jenes Thema an, mit dem im 2. Kapitel die erste Belehrung begann. Die entscheidende Frage bleibt, was beim Sterben und somit nach dem Tod passiert; das Ziel ist, daß es «nirgends» (18.12) ein Ergebnis gibt, welches gezeitigt werden müßte – nirgends, d.h. weder in diesem Leben noch nach dem Tod.

Kṛṣṇas Antwort bestätigt dadurch, daß verschiedene Meinungen referiert werden, daß es sich um ein zentrales Thema handelt; und er hebt «seine», die «eigentliche» dadurch ab, daß er sie in einen gewissen Gegensatz zur Meinung der Autoritäten (*kavi*) setzt. Die Tatsache, daß das strenge Schema der Klassifizierung unterbrochen wird, um die durch Lichtkraft geprägte Art des Verzichts als Geisteshaltung herauszustreichen, verdeutlicht, daß dieser Verzicht die «Entsagung» im rituellen, sozialen Sinn ersetzt (ersetzen soll).

Die Darstellung der Analyse von Faktoren, die bei Handlungen mitwirken (18.13–40), scheint teilweise eine Fortsetzung der Klassifikationen mit dem Schema der drei Grundzüge zu sein, die in Kap. 17 vorgetragen wurden. Sie wird in Vers 40 zusammengefaßt und abgeschlossen. Die in diesem Zusammenhang eingeführte Klassifikation von «Glück» (18.36–37) ist ein deutlicher Hinweis darauf, daß der Yoga-Weg nicht einfach und unbeschwerlich ist; das Glück des Ziels soll die Mühsal des Anfangs überwinden helfen.

Die Terminologie von Vers 13 enthält Anklänge (*karman, siddhi*) an jene von Vers 45; zugleich tritt aber auch der Gegensatz von «jegliche Handlungen» und «die je eigenen Handlungen» markant hervor: Es scheint, dem Vertreter gesellschaftlicher Arbeitsteilung (und Privilegien) ging es bewußt und betont um die spezifischen Tätigkeiten; der Sāṃkhya-Philosophie geht oder ging es um Handeln schlechthin.

Auch die Verwendung des Begriffs «Bewußtheit» steht in einem gewissen Spannungsverhältnis zu anderen Passagen der Bhagavad-Gītā; man gewinnt den Eindruck, als ob der metaphysische Aspekt von *buddhi* in Vergessenheit geraten sei und wirklich nur noch die geistig-intellektuellen Fähigkeiten eines Menschen klassifiziert würden. Gerade die Negativbeispiele zeigen, daß *dharma* und rechtes Verhalten das Einteilungskriterium abgeben. Andererseits bleibt (z.B. 18.22) die Zwischenstellung des *buddhi*-Bereichs zwischen Welt und Erlösung, Tun und Nichttun, Vielheit und Einheit spürbar.

Der nächste Abschnitt (der auch direkt auf 18.17 gefolgt sein könnte), kennzeichnet die vier gesellschaftlichen «Stände». Es werden vier Gruppen beschrieben, während die Klassifikation gemäß den Grundzügen eigentlich nur drei Gruppen hergäbe, wenn man davon ausgeht, daß je eine der vier «Kasten» durch nur eine Grundqualität gekennzeichnet ist.

Es wurde schon darauf hingewiesen, daß die textliche Nähe jener Passagen, die *dharma* betonen, zu den Passagen, die durch ihre theistischen Aussagen auffallen, bemerkenswert ist. Nicht zur Entsagung wird man ermahnt, sondern man wird ganz ausdrücklich davor gewarnt, den vorbestimmten Tätigkeiten zu entsagen. («Aufgeben, verzichten» als Stichwort und Leitmotiv verbindet diese Passage(n) mit dem Anfang des Kapitels und der Gegenüberstellung von *tyāga* und *saṃnyāsa*.) Gedacht ist vermutlich auch an Kastenpflichten, die gemäß den brahmanischen Wertvorstellungen als minderwertig und verächtlich gelten müssen, also z.B. alle Berufe, die als gewalttätig oder unrein eingestuft werden (Metzger, Gerber, Schuster, Wäscher, vielleicht in begrenztem Maße sogar der Soldat, insofern er tötet).

Das paßt alles zur episodischen Situation! Töten als Kastenpflicht ist von Übel – aber das gesellschaftliche System hat Vorrang vor theoretisch moralisierenden Erwägungen – sagt der Gott (im Namen jener, wie man vermuten möchte, denen ihre soziale Stellung die moralischen Skrupel erspart, weil sie, was von Übel ist, delegieren können.)

Das Ziel und Erlösungsideal des Entsagers ist jedoch nicht in Vergessenheit geraten; es wird nochmals dargestellt (18.49–53). Der Übergang von *bhakti* als Teilhabe zu *bhakti* als verehrungsvoller Hingabe ist fließend (im Übergang von 18.54 zu 18.55). 18.56 klingt wie eine polemische Gegenposition zu 18.49. Die Hingabe an die Gottheit (und Teilhabe an ihr) wird als die Haltung empfohlen, durch die das Entsagungsideal ergänzt oder ersetzt wird. Daran, daß es um Erlösung geht, lassen die rhetorischen Betonungsfloskeln des Schlusses des Gesprächs keinen Zweifel.

Von 18.67 bis 71 wird man stufenweise von der erzählten Dialogsituation weggeführt; nicht mehr der Inhalt der Belehrungen, sondern der Bericht des Gesprächs als Text, den es hochzuschätzen und zu verbreiten gilt, ist es, worauf die Aufmerksamkeit sich richtet. Es spricht (18.70) der Redaktor aus dem Munde Kṛṣṇas, der selber kaum eine im eigenen Namen gemachte Zusicherung als seine Meinung ausgeben müßte.

Es kann keinen Zweifel geben, daß die Redaktoren des Textes *yoga* für ein zentrales Stichwort hielten (18.75)! Nicht nur ein Vers wie dieser sagt es ausdrücklich, die (wahrscheinlich noch späteren) Kolophone (Abschlußfloskeln zu jedem Kapitel) machen die verschiedensten Formen und Varianten von Yoga zum Thema der einzelnen Kapitel (und dadurch zum übergreifenden, verbindenen Stichwort für den ganzen Text).

Im Gegensatz dazu drückt der letzte Vers (18.78) weniger das zentrale Thema aus als vielmehr den Standpunkt eines Redaktors, der die Existenz des Textes und die Verbreitung der Anschauungen, die in diesem Gespräch vorgetragen wurden, bereits voraussetzt. Es ist dies der Vers, der am ausdrücklichsten den konkreten politischen Nutzeffekt jener Haltung bekennt, die Arjuna vermittelt werden soll: Steh auf und kämpfe! Soldaten mit moralischen Skrupeln sind für politische Führer oder Generale nutzlos oder mühsam. Wenn Theologie und Spiritualität sich so leicht dazu hergeben, Krieg und Tötung, wenn nicht zu rechtfertigen, so doch nicht zu verhindern (z.B. 18.17), bleibt das auch in unserer Zeit beunruhigend.

IV. Nachwort

Sebastian Painadath SJ

Die Bhagavad-Gītā und christliche Spiritualität

(aus dem Englischen übersetzt von Peter Schreiner)

Lassen Sie mich mit einer persönlichen Bemerkung beginnen: Ich bin mit der Bhagavad-Gītā aufgewachsen; sie ist zu einem festen Bestandteil meines spirituellen Werdegangs geworden. Ich beanspruche nicht, ein Bhagavad-Gītā-Experte zu sein, aber im Lauf der Jahre ist sie zu einem Vademecum für mich geworden. Dahinter steht meine persönliche Geschichte.

In meinen jungen Jahren stand ich unter der Obhut meines Großvaters, eines Brahmanen, der sich um die Jahrhundertwende zum Christentum bekehrt hatte und ein Professor für Sanskrit an einem College der Universität war. In seinen Mußestunden pflegte er uns Kindern Gedichte und Hymnen in Sanskrit zu rezitieren, meistens aus den spirituellen Klassikern Indiens. Diese Texte haben mein Bewußtsein von Kindheit an geprägt. Später, während der frühen Jahre meiner Ausbildung als Jesuit, wurde ich mit der Bhagavad-Gītā bekannt. Es wurde eine Art «geistiges Hobby» für mich, Verse der Bhagavad-Gītā auswendig zu lernen und sie mir leise herzusagen. Während ich allmählich an die Ignatianische Spiritualität und Lebensweise des Jesuitenordens herangeführt wurde, versuchte ich ständig, sie mit der Erfahrungsdimension der Bhagavad-Gītā in Beziehung zu setzen. Es wurde ein leidenschaftliches Anliegen von mir, die Spiritualität der Bhagavad-Gītā und die Glaubenserfahrung des Christentums zu integrieren. Darin lag auch eine Suche nach Authentizität in meinem eigenen Leben als *indischer Jesuit*. Während der acht Jahre meines Theologiestudiums und meiner Forschungstätigkeit in Deutschland, habe ich sehr viel über die Bhagavad-Gītā nachgedacht. Meine deutschen Freunde haben mich oft zu Vorträgen über indische Spiritualität und zu Meditationskursen eingeladen. Bei all dem bot mir die Bhagavad-Gītā die Grundlage.

Nach Indien zurückgekehrt (1978), begann ich, mit Hindus Dialog zu führen; wiederum bot sich mir die Bhagavad-Gītā als das Eingangstor zum Hinduismus an. Es gibt Hindu-Vereinigungen, die mich als katholischen Priester einladen, in ihrem Kreis über die Bhagavad-Gītā zu sprechen. Sechs oder acht Tage dauernde Exerzitien, die auf der Bhagavad-Gītā aufbauen und die ich während der letzten Jahre entwickelt habe, werden als schöpferische Bemühung um Inkulturation gut aufgenommen. Seit 1981 lädt mich Missio (Aachen) in regelmäßigen Abständen nach Deutschland ein, um an verschiedenen Orten in der Bundesrepublik Meditationskurse und spirituelle Seminare durchzuführen. Auch dabei ist die Bhagavad-Gītā mein Leitfaden. Wenn ich heute am Schreibtisch in meinem Ashram am Ufer des Flusses Poorna (Südindien) sitze, um ein Nachwort zu dieser Übersetzung der Bhagavad-Gītā zu schreiben, dann drängt es mich, auszusprechen, wieviel mir die Bhagavad-Gītā bedeutet – sie ist mir eine geistliche Mutter geworden. Was ich auf diesen Seiten anzubieten habe, ist nicht in erster Linie eine theologische Reflektion über die Bhagavad-Gītā aus christlicher Sicht als vielmehr eine Anregung dazu, was die Bhagavad-Gītā Christen bedeuten könnte – Christen auf der Suche nach einer authentischen Spiritualität in der Begegnung mit dem Osten.

Ich schlage vor, daß wir uns der Bhagavad-Gītā als einem *mystischen Gedicht* nähern. Ich meine nicht, daß die Bhagavad-Gītā von Anfang an ein einheitlicher Text war oder daß sie einen einzigen Autor hatte. Ich stimme Herrn Schreiner und manchen anderen zu, daß die Bhagavad-Gītā «über die Jahrhunderte aus dem kumulativen Verständnis von Barden und Gelehrten in sich wandelnden sozialen, politischen und religiösen Verhältnissen geschaffen wurde.» (Vgl. Einleitung.) Dennoch weist der Text, wie wir ihn vor uns haben, eine gewisse Einheit der spirituellen Erfahrung auf, die sich aus einem Prozess integralen geistigen Wandels entwickelt. Ich möchte diesem Wandlungsprozess und seiner Bedeutung für eine christliche Spiritualität nachgehen. Als mystisches Gedicht beschreibt die Bhagavad-Gītā in stark symbolischer Sprache den Kampf, der sich in unserem Inneren abspielt: die unermüdliche Suche des Menschen nach dem Göttlichen, das schmerzliche Verlangen nach der Unterscheidung von richtig und falsch, das glühende Streben danach, die Versklavung durch das *Ich* zu überwinden und das befreiende Bewußtsein des wahren *Selbst* zu erreichen.[1]

1. Der Mensch auf der Suche nach Gott

Als mystisches Gedicht wurde die Bhagavad-Gītā nicht als abgehobene Spekulation geschrieben, sondern aus einer existentiellen Agonie. Der spirituelle Sucher (*sā-*

[1] Vgl. S. Radhakrishnan in der Einleitung seines Bhagavad-Gītā-Kommentars: «Die Lehre der Bhagavad-Gītā wird von einem tiefgründigen Seher ausgesprochen, der die Wahrheit in ihrer Vielseitigkeit wahrnimmt und an ihre rettende Kraft glaubt. ... Sie repräsentiert ... Religion als solche, in der ihr eigenen Universalität, ohne Grenze von Zeit und Raum, ... sie gibt den Bestrebungen der Anhänger aller Sekten Ausdruck, welche den innerlichen Weg zur Stadt Gottes zu beschreiten suchen. Wir rühren am tiefsten an die Wirklichkeit, wo Menschen kämpfen, versagen oder triumphieren.» (S. Radhakrishnan: Die Bhagavad-Gītā, mit dem indischen Text verglichen und ins Deutsche übersetzt von Siegfried Lienhard, Wiesbaden o.J., S. 15–16.)

dhaka)[2] der Bhagavad-Gītā, befindet sich ineiner akuten Lebenskrise. Seine leidenschaftliche Suche nach Befreiung von dieser Krise bildet die Dynamik des Textes. Er spürt in sich Disharmonie (*ayoga*) und sucht Harmonie (*yoga*) mit sich selbst, mit der Welt und mit dem Göttlichen. Daher ist das Wort für Spiritualität in der Bhagavad-Gītā *yoga* (vgl. Einleitung). Wir können vier Elemente in der Suche des Sādhaka nach integraler Harmonie feststellen:

1.1. *Dharmasaṃmūḍha-cetāḥ:* Die existentielle Agonie der menschlichen Person

Die ersten zwei Kapitel der Bhagavad-Gītā beschreiben die psychologische und spirituelle Krisensituation des Sādhaka. «Sein Herz ist von Kummer erschüttert», er ist «von Mitleid überkommen, der Blick getrübt und voller Tränen» (1.47, 2.1). Zwar erfährt er offensichtlich Mitleid (*kṛpā*), aber dies ist keine erhebende und befreiende Erfahrung für ihn, sondern es drückt ihn nieder und verstört ihn. «Mein ganzes Wesen ist von Kläglichkeit, diesem Fehler, überwältigt» (2.7). Es ist eine trügerische Kraft, die die richtige Wahrnehmung der Wirklichkeit verschleiert; und folglich «verwirrt sie den Geist» (2.7), «dörrt sie die Sinne aus» (2.8, 1.28–30). Er befindet sich an einer Wegkreuzung in seinem Leben: Er weiß nicht, welche Richtung er einschlagen soll oder wie er erkennen soll, was er tun soll in seinem Streben nach «ganzheitlichem Wohlergehen» (*śreyas*) und für den Erhalt «umfassender Integration» (*dharma*).

Die Bhagavad-Gītā beschreibt dies nicht nur als die Krise im Leben eines einzelnen, sondern auch als eine

[2] Die Verbalwurzel *sādh-* bedeutet im Sanskrit «geradewegs auf ein Ziel zugehen, etwas intensiv verfolgen», *sādhaka* «glühender Sucher, geistiger Schüler».

Anomalie der bestehenden Kastenordnung in der Gesellschaft. Als Kṣatriya hat Arjuna zu kämpfen, denn dies ist seine Kastenpflicht gegenüber der Gesellschaft (vgl. 2.31); wenn er aber kämpft, wäre die unvermeidliche Folge, daß «die Ordnungswerte der Abstammung und der Sippe» untergehen (1.43). Der Krieg, der sich aus der Kastenpflicht ergibt, bedroht Sinn und Zweck gerade dieses Kastensystems; darin liegt der innere Widerspruch dieses Systems und die Bhagavad-Gītā legt dieses gesellschaftliche Übel gleich am Anfang des Textes recht dramatisch bloß. *Kurukṣetra*, die Bühne für den Dialog der Bhagavad-Gītā, ist somit das Symbol für *dharmakṣetra*, das Feld des Konflikts zwischen Recht und Unrecht, zwischen Ordnung und Unordnung, zwischen Harmonie und Mißklang - ein Konflikt, den man ständig in sich und in der Gesellschaft spürt. Das Herz eines jeden, jede gesellschaftliche Struktur bilden daher die Bühne, auf der der Dialog der Gītā zu Gehör gebracht werden soll.

1.2. *Śaraṇāgati:* Völlige Ergebenheit an den Herrn

In dieser Konfliktsituation hat der Sādhaka folgende Alternative: Entweder er stürzt sich in den Krieg und setzt sich über die inneren Spannungen hinweg; oder er flieht aus Furcht vor den unerträglichen Folgen vom Schlachtfeld. Aber der Sādhaka der Bhagavad-Gītā wählt einen dritten Weg: Er wirft sich voll Glauben (*śraddhā*) zu den Füßen des göttlichen Meisters. «Ich bin dein Schüler; belehre mich, der ich mich unterwürfig an dich wende» (2.7). Er glaubt, daß nur der göttliche Herr den Sadhaka wirklich aus seinem spirituellen Dunkel und von seinen psychologischen Spannungen und von dem gesellschaftlichen Mißstand, in dem er lebt, befreien kann (3.2, 6.39). Dies ist ein wichtiger

Augenblick: Integraler Wandel beginnt erst, wenn der Sādhaka sich frei und bedingungslos dem göttlichen Herrn ergibt. Von da an ist es ein Prozeß der Begegnung zwischen dem Menschen, der sich für Gott öffnet, und dem Gott, der den Menschen zu befreien kommt. Es ist ein Treffen zwischen zwei Freiheiten, das in den Worten des Herrn gipfelt: «Du bist gewißlich mein Erwählter... *du bist mir lieb*... Ich habe dir von Erkenntnis erzählt, welche geheimer ist als das Geheime; bedenke es in seiner Gesamtheit, dann handle *wie du willst*» (vgl. 18.63–65).

1.3. *Draṣṭum icchāmi:* Die Suche nach Gott

Nachdem der Sādhaka sich dem göttlichen Herrn ergeben hat, kann sein betrübter Geist zur Wahrheit und Gnade des Herrn aufblicken. Seine anfängliche Verzweiflung ist der Hoffnung und Freude gewichen. Eine unermüdliche Suche nach der Gotteserfahrung erwacht in ihm. Daher sein wiederholtes Gebet: «Ich wünsche, dich zu kennen..., deine Gestalt zu sehen, ... beschreibe vollständig mir die himmlischen Ausfaltungen deiner selbst, ... meinen Zweifel sollst du mir restlos zerstreuen» (11.31; vgl. 11.3, 11.46, 10.16, 6.39). Allerdings weiß der Sādhaka um seine existentiellen Grenzen; er kann Gott nur anflehen: «Wenn du meinst, daß ich es sehen kann, dann zeige du mir dich selbst als den Unveränderlichen» (11.4). Dieser Vers drückt sehr schön die Grundhaltung aus, mit der der Mensch sich dem Göttlichen öffnen soll: Das Endliche kann das Unendliche in keiner Weise zwingen; der Mensch kann nur vor Gott stehen, seine Erlösungsbedürftigkeit bekennen und sich für die Gnade und das Licht der Gottheit empfänglich machen.

1.4. *Buddhi-yoga:* Innere Erleuchtung

Gottes verwandelnde Kraft bricht als Gnade und Licht in die empfängliche Haltung des Menschen ein. Der göttliche Meister antwortet auf die Bitte des Sādhaka für den «Anblick des Herrn»: «Nicht aber kannst du mich mit diesem deinem Auge schauen. Ich gebe dir den göttlichen Blick! Schau meine göttlich-machtvolle Einheit» (11.8). Gott kann nur im Licht Gottes gesehen werden; und dieses Licht scheint aus dem Inneren, aus den Tiefen des SELBST, durch die *buddhi*, die kontemplative Fähigkeit der Person (vgl. 10.10). Zu Beginn des spirituellen Prozesses befand der Sādhaka sich in äußerster Verwirrung, weil er auf sich selbst und auf die Welt vom Standpunkt seines Ego (*ahaṃkāra*) geblickt hatte. Das Gnadengeschenk des göttlichen Blicks ermöglicht ihm, auf alles aus einer göttlichen Perspektive zu blikken. Er sieht das Göttliche in allen Dingen und alles im Göttlichen (6.29–32). Dabei handelt es sich nicht nur um die Wahrnehmung einer statischen Immanenz der göttlichen Gegenwart, sondern um ein Eingehen in die göttliche Kraft, die alles in den Endzustand der Integration verwandelt, welcher *dharma* heißt. Wenn der Sādhaka sich selber als Teil des schöpferischen Prozesses des Werkes Gottes sieht, wodurch der *dharma* wieder aufgerichtet wird, dann faßt er Mut, bereit, mit einer ganzheitlichen Sicht der Wirklichkeit zu kämpfen (vgl. 18.73). Er bekennt, daß der Prozeß der Erlangung von Harmonie (*yoga*) ein göttliches Gnadengeschenk ist (vgl. 18.73, 56, 58, 62). Daher ist der spirituelle Wandlungsprozeß der Bhagavad-Gītā eine dialektische Interaktion zwischen der menschlichen Freiheit, die sich in der gläubigen Ergebung (*śraddhā*) ausdrückt, und der göttlichen Gnade (*prasāda*), die aus dem Inneren des SELBST strömt.

2. Gott auf der Suche nach dem Menschen

Die Bhagavad-Gītā ist ein Buch der Offenbarung: Das Göttliche offenbart sich im existentiellen Kontext einer leidenschaftlichen Suche des Menschen. Es gibt eine Wechselbeziehung zwischen der menschlichen Suche und der göttlichen Selbst-Offenbarung. Je drängender die menschliche Suche wird, umso tiefer reicht die göttliche Offenbarung; je mehr Gott sich offenbart, umso stärker wird der Durst des Menschen nach Gott. In diesem Prozess göttlicher Selbst-Offenbarung können wir in der Bhagavad-Gītā vier Aspekte der Gotteserfahrung feststellen.[3] Sie dürfen *nicht* in chronologischem Sinn aufgefaßt werden, als ob einer notwendig auf den anderen folgen müßte. Sie sind vielmehr in die gesamte Entwicklung der Begegnung zwischen Gott und Mensch verwoben. Um der Klarheit willen schlage ich jedoch die folgende Reihenfolge vor:

2.1. *Akṣaram anirdeśyam:* Bewußtsein des göttlichen Geheimnisses

Die Bhagavad-Gītā wurde auf dem Hintergrund der Upaniṣaden geschrieben, die ihrerseits aus dem tiefen Bewußtsein hervorgingen, das ihre Autoren von der geheimnisvollen Dimension des Absoluten (*brahman*) besaßen. Das Wort *brahman* ist von der Sanskrit-Verbalwurzel *bṛh-* abgeleitet: «wachsen, sich ausdehnen, übersteigen». *Brahman* bezeichnet daher das Absolute als jenes, das unseren Zugriff immer übersteigt, das ganz Andere, der Gott-über-Gott, was jenseits aller Namen und Formen ist.

[3] Vgl. Sebastian Painadath SJ: Die Bhagavad Gita, ein indischer Weg zu Gott und zur Gotteserfahrung. In: Geist und Leben 4 (1982), S. 288–293.

Dieses Gefühl für das Absolute ist ein Bestandteil des spirituellen Prozesses der Bhagavad-Gītā. *Prima facie* mag die Bhagavad-Gītā den Eindruck vermitteln, sie zeichne nur das Bild eines Gottes, der dem Menschen als Freund nahesteht und die Sprache der Vertraulichkeit spricht. Aber meditatives Nachdenken über den Text macht offenbar, daß der Dialog zwischen Gott und Mensch im Bewußtsein des göttlichen Geheimnisses stattfindet. Die Person des göttlichen Herrn enthält in sich die unergründliche Tiefe des Göttlichen. Als personales *Du* offenbart er dem Sādhaka den transpersonalen Grund des Seins. Als der Sādhaka in Kapitel 11 die unermeßliche Wirklichkeit des Herrn schaut, ruft er aus: «Ich sehe deine Form endlos in alle Richtungen mit zahllosen Armen, Leibern, Mündern, Augen ... die Sonne, den Mond als die Augen ... dein Mund ein loderndes Opferfeuer... Beim Anblick dieser deiner wundersam gewaltigen Gestalt erzittert die Dreiwelt ... Die Scharen der großen Seher rufen ‹Heil!› und preisen dich mit ausführlichen Hymnen» (11.16, 19, 20, 21).

Die reiche Symbolik dieses Kapitels der kosmischen Vision vermittelt ein Gefühl für das *mysterium tremendum et fascinans*, das die göttliche Offenbarung im Sādhaka auslöst (11.45). Wiederholt während dieses offenbarenden Gesprächs wird das Göttliche erfahren als das Unausdenkbare (vgl. 12.3, 8.9), das Unbeschreibbare (vgl. 12.3), das Unentfaltete (vgl. 2.24, 8.21, 8.18, 12.3), das Unwandelbare (vgl. 8.3, 11, 21; 11.18, 37; 12.3) und das Unveränderliche (vgl. 9.13, 18; 7.13; 18.20). Es wird ferner der letzte Urgrund (vgl. 10.12), die höchste Seinsstufe (vgl. 8.22), der höchste Herr und Geistperson (vgl. 13.22, 27) und das letzte Ziel (vgl. 8.21) genannt. Die Unaussprechlichkeit des Göttlichen wird aufrecht erhalten mit den paradoxen Ausdrücken wie «das Seiende und Nichtseiende» (vgl. 9.19; 13.13; 11.37), «das Unbelebte und Belebte», «das sehr fern und zugleich ganz in der Nähe», «die Unsterblichkeit und das Sterben», «aufgeteilt und unaufgeteilt», «außerhalb und innerhalb der Wesen» (vgl. 13.15–16; 9.4–5) und «die Grundlage des Grundes» (14.27). Die geistige Sensibilität für die Dimension des Geheimnisses eröffnet einen unendlichen Spielraum fürWachstum im spirituellen Leben. Die Suche nach dem Göttlichen ist nicht mit einem konkreten Symbol oder einem einzelnen Offenbarungsereignis erschöpft; sie bildet die grundlegende Dynamik der indischen Spiritualität.[4]

2.2. *Puruṣottama:* Erfahrung der höchsten Geistperson

Die Upaniṣaden halten an der Transzendenz und dem Geheimnis des Absoluten fest. Die Bhagavad-Gītā erkennt dies an und geht weiter, indem sie den immanenten und den wohlwollenden Aspekt des Göttlichen zum Ausdruck bringt. In den Upaniṣaden sucht der Mensch den transpersonalen Grund der Wirklichkeit; in der Bhagavad-Gītā öffnet sich der Grund des Seins und offenbart sich als der personale Gott. Das «Allergeheimste» über das Göttliche wird durch das «allerletzte Wort» offenbart, das zu dem Sādhaka gesprochen wird: «Du bist gewißlich mein Erwählter, ... du bist mir lieb!» (18.64-65). Das göttliche Geheimnis entfaltet sich hier als das Geheimnis der Liebe. Das Transzendente wird immanent, das Transpersonale erhält eine personale Gestalt, aus der göttlichen Stille erhebt sich ein Wort der Fürsorge und Annahme, aus der abgründigen Tiefe des Göttlichen streckt Gott seine Hand aus, um den Menschen in Liebe zu umarmen (vgl. 4.11; 7.17; 9.29; 10.1; 12.20). Daher die Aufforderung Gottes, «zu ihm allein Zuflucht zu nehmen». «Habe auf mich deine Denkkraft gerichtet, sei einer, der an mir teilhat; als

[4] Vgl. Anmerkungen zu Kap. 12.

einer, der mir opfert, erweise mir Ehre; wahrlich zu mir nur wirst du gehen» (18.62, 65). Das «Ich» (*aham*) des göttlichen Grundes wird hier als das personale göttliche «Du» (*tvam*) erfahren, mit dem eine intensive Beziehung der Selbst-Hingabe (*bhakti*) möglich wird. Hat Gott den Menschen mit «Du» angeredet, dann erkennt der Mensch, daß sein Sein ein personales «Ich» ist.

Diese göttliche Botschaft der Liebe in der Bhagavad-Gītā wird nicht von außen, von einer fremden Person vernommen, sondern aus dem Inneren des menschlichen Seins. Die personale Manifestation des göttlichen Seinsgrundes ist in Wirklichkeit der Ausdruck gnädiger göttlicher Gegenwart in sich selbst und überall. Der Sādhaka gibt sich letztlich seinem eigenen Seinsgrund hin; dadurch wird es ein befreiender Prozess. Daher das Versprechen aus dem Inneren: «... pilgere zu mir allein als Zuflucht. Von allem Übel werde ich dich erlösen, sorge dich nicht!» (18.66) Der Ausdruck, den die Bhagavad-Gītā zur Bezeichnung der personalen Eigenschaft des Göttlichen verwendet, ist *puruṣottama* (die höchste Geistperson).[5] Als personale göttliche Kraft transzendiert sie die Welt (vgl. 15.16–19), dennoch ist sie der Welt immanent als die schöpferische Kraft (vgl. 15.1–6, 12–13) und im Menschen ist sie der spirituelle Kern (15.7–11, 14–15). Die dialogische Begegnung mit dem göttlichen Herrn bildet somit den Zugang zu dem Innenbereich der Wirklichkeit. Es ist eine personale Erfahrung der universalen verwandelnden Gegenwart des Herrn im Herzen der Wirklichkeit.

2.3. *Ātman:* Erwachen zur verwandelnden Kraft in der Welt

Das göttliche *Geheimnis*, das sich als *personaler* Gott offenbart, erwacht in der *buddhi* (Bewußtheit) des Sā-

[5] Vgl. Anmerkungen zu Kap. 8.

dhaka als die verwandelnde Kraft im Herzen der Wirklichkeit. Der Ausdruck, den die Bhagavad-Gītā häufig, oft zweideutig benutzt, um diese universale Immanenz des Göttlichen zu beschreiben, ist *ātman*. Der Ausdruck ist abgeleitet von der Verbalwurzel *an-*, die «atmen, leben, bewegen» bedeutet. *Ātman* ist daher die vitale Energie, der Lebensatem, das höchste SELBST im ganzen Bereich von Wirklichkeit: «Ich bin das SELBST, das als die Grundlage von allem besteht» (10.20; vgl. 6.29–30; 13.24, 32; 15.15; 6.6). Der Sādhaka erfährt das göttliche SELBST als «den Anfang und die Mitte und das Ende aller Wesen» (10.20, vgl. 10.32; 7.6; 9.18). Als die schöpferische Quelle, *aus der* alles hervorkommt, ist Gott «der unsterbliche Samen von allem» (7.10; 9.18; 10.39), «der samenspendende Vater» (14.4; 9.17) und «das Leben in allen Wesen» (7.9). «Ich bin der Ursprung von allem, aus mir geht alles hervor» (10.8). Als der Grund, *in dem* alles besteht, durchdringt Gott das ganze Universum (vgl. 9.4;8.22; 18.46; 2.17), welches folglich als der «Körper» Gottes erfahren wird (11.13f.) und als das «Feld» seiner verwandelnden Tätigkeit (13.2). Als die höchste Wohnstatt, *zu der* sich alles hinbewegt, ist Gott «das letzte Ziel», «das Vergehen» und «das Ende der Wesen» (8.21, vgl. 10.20, 9.18). In das Göttliche einzugehen, bedeutet Erlösung (vgl. 15.4; 9.28; 14.19).

2.4. *Bhagavān:* Begegnung mit dem erlösenden Herrn der Geschichte

Gemäß der Erfahrung der Bhagavad-Gītā ist das Göttliche nicht nur das höchste SELBST des Universums, sondern auch der Herr der Geschichte. Geschichte ist der schöpferische Prozess der Wiederherstellung einer ursprünglichen Harmonie (*yoga*) zwischen dem Göttlichen, der Menschheit und dem materiellen Universum. Durch die Zusammenarbeit von Gott und Mensch findet eine fortschreitende Integration der Welt statt. Die Bhagavad-Gītā nennt diese sich entwickelnde Wirklichkeit *dharma*. Dieser Ausdruck stammt von der Verbalwurzel *dhṛ-*, was «erhalten, bewahren, integrieren, halten» bedeutet. *Dharma* ist daher der Zustand von Ordnung und Harmonie.[6] Im Leben des Einzelnen bedeutet es Gesundheit und Integration; in der Entwicklung der Gesellschaft bedeutet *dharma* Freiheit, Frieden, Gerechtigkeit, die Ordnung und Wohlergehen fördern. *Dharma* entfaltet sich durch einen ständigen Kampf gegen die Kräfte der Unordnung und Desintegration (*adharma*); deren Wurzelursache ist *kāma*, die egoistische und besitzergreifende Einstellung des Menschen (3.37–43; 16.10–16). Der Bereich dieses fortgesetzten Kampfes im Leben des einzelnen und im Wachstum der Gesellschaft ist etwas wie das «Schlachtfeld des *dharma*»; auf diesem Schlachtfeld trifft der göttliche Herr den Sādhaka (vgl. 1.1).

Gottes Gnadenkraft wirkt *verborgen*, indem sie dem Menschen dabei hilft, *dharma* in allen Lebensbereichen, den persönlichen und den gesellschaftlichen, zu fördern. Es gibt jedoch Augenblicke, in denen der Mensch am Ende seiner Kräfte ist und eines *offenen* göttlichen Eingriffs in den Prozess der Geschichte bedarf. Die «guten» (*sādhu*) Leute werden von Übeltätern zermalmt, deren *kāma* unterdrückende institutionalisierte Formen annimmt.[7] Wenn solche dämonischen Kräfte im Prozeß der Geschichte an Stärke gewinnen, ist die Förderung des *dharma* in Gefahr. Dennoch können solche Rück-

[6] Vgl. Anmerkungen zu Kap. 2.

[7] *Sādhu* bezeichnet den «rechschaffenen Menschen, wahren Sucher»; das Wort ist von der Verbalwurzel *sādh-* abgeleitet; vgl. Fußnote 2.

schläge dank der Selbverkörperung des Herrn der Geschichte zu *kairos*-Momenten werden. Die eindrücklichste und theologisch hoch bedeutsame Passage dazu findet sich in Kapitel 4:

«Obwohl ich, als wesenhaft unveränderlich, ungeboren bin,
obwohl ich der Herr der Wesen bin,
entstehe ich durch meine Machenskraft,
indem ich über die Stoffnatur verfüge als mir eigen.
Immer wenn ein Niedergang des *dharma* eintritt, du Nachkomme des Bharata,
(und) Zuwachs an *adharma*,
dann erschaffe ich mich selbst.
Um die Guten zu erretten,
und um die Übeltäter zu vernichten,
um (also) *dharma* wieder aufzurichten,
entstehe ich in den verschiedenen Zeitaltern.» (4.6–8)

Da die Bhagavad-Gītā ein mystisches Gedicht ist, das die innere Erfahrung eines Weisen zum Ausdruck bringt, beziehen sich diese Verse nicht notwendigerweise auf eine bestimmte Inkarnationsgestalt oder auf ein historisches Ereignis des göttlichen Durchbruchs. Die Bhagavad-Gītā macht jedoch die folgenden Punkte in diesem Zusammenhang deutlich:

a. die Freiheit Gottes bei seiner Selbst-Verkörperung (4.6);

b. die geschichtliche Wirklichkeit des Ereignisses einer Selbst-Verkörperung Gottes (man beachte die Verben: *entstehen*, nicht «erscheinen»; *erschaffen*, nicht «erschließen»!);

c. die erlösende Absicht von Gottes Ankunft im Prozess der Geschichte (4.8);

d. Das Ziel von Gottes Heilswerk in der Welt: die Wiederherstellung des *dharma*.

Solange der Prozeß der Geschichte unter der Bedrohung durch die Kräfte des *adharma* steht, bleibt die Notwendigkeit und Möglichkeit einer wiederholten göttlichen Intervention in der Welt.[8] Die göttliche Gestalt, die dem Menschen derart begegnet, wird *bhagavān* genannt. DieserAusdruck ist von der Verbalwurzel *bhaj-* abgeleitet, die « teilen, verteilen, gewähren» bedeutet. *Bhagavān* ist daher der göttliche Herr, der sein Leben mit dem Menschen teilt, der den Menschen sein eigenes göttliches Sein teilen läßt: Der Herr der erlösenden Gnade und Liebe. Die Bhagavad-Gītā fordert, daß jeder Sādhaka im Lauf seiner spirituellen Pilgerfahrt an irgendeinemPunkt von der rettenden Gnade des *bhagavān* berührt werde und daß er sich dem *bhagavān* hingeben solle.

3. Die Einheit zwischen Gott und Mensch

Das Göttliche, das sich in der Bhagavad-Gītā als unergründliches Geheimnis, personaler Gott, universales SELBST und Herr der Geschichte offenbart, wird als spirituelle Kraft erfahren, die das Leben des Sādhaka verwandelt. Mit Hilfe göttlicher Gnade wird der Sādhaka nach und nach aus der Klammer von *kāma* zur Freiheit von *dharma* befreit; vom oberflächlichen und besitzorientierten Ichgefühl (*ahaṃkāra*) wandelt er sich hin zu einem umfassenden Selbst-Bewußtsein (*ātmabodha*). Folglich wird es ihm möglich, die Wirklichkeit nicht bruchstückhaft, sondern ganzheitlich aus göttlicher Perspektive zu sehen. Sein Hauptanliegen ist nicht mehr die Raffgier (16.13–16), sondern das, was er zum Wohlergehen aller Wesen beitragen kann (3.25). Eine Analyse der Dynamik des spirituellen Wandlungsprozesses macht folgendes deutlich:

a. Die Bhagavad-Gītā beschreibt einen dreifachen Weg

[8] Schreiner nennt es «göttliche Garantie für die Sozialordnung des Dharma»; vgl. Anm. zu Kap. 4.

des spirituellen Prozesses, bestehend aus *jñāna*, *bhakti* und *karma*. *Jñāna* (von *jñā-*, «wissen, wahrnehmen, erfahren») ist die kontemplative Wahrnehmung der göttlichen Tiefe der Wirklichkeit, ist die intuitive Erfahrung der grundlegenden Harmonie der Wesen. *Bhakti* (von *bhaj*«, teilen, verteilen, gewähren») will das eigene Leben mit dem göttlichen Herrn teilen. Durch *karma* (von *kṛ-*, «tun, arbeiten, pflegen») beteiligt sich der Mensch am Werk des göttlichen Herrn in dieser Welt, an dem Prozess der Wiederherstellung des *dharma*.

b. Diese drei Wege werden *nicht* als parallele Wege angesehen, sondern als einander ergänzende Wege der integralen Verwandlung. In einer Person mag das eine oder andere Element vorherrschen; und folglich gibt es die *jñānins* mit ihrer Leidenschaft für kontemplative Bestrebungen, die *bhaktas*, die mehr gefühlsbetonten Übungen anhängen, und *karma-yogins*, die vor allem mit der Verbesserung der Gesellschaft beschäftigt sind. Dennoch müssen in der Entwicklung einer integrierten Spiritualität alle drei Elemente verfeinert und in Einklang gebracht werden; dazu bedarf der Sādhaka eines erfahrenen spirituellen Führers (*guru*).

c. Auf diesen drei Wegen können wir eine Entwicklung des spirituellen Lebens feststellen. Drei Stufen seien genannt: Zu *Beginn* ist der Sādhaka von äußerer Hilfe abhängig, die von Schriften und Meistern, Tempeln und gesellschaftlichen Strukturen stammt. Während des *Wachstums* verinnerlicht er durch beständige Meditation und spirituelle Disziplin die Einsichten und Erfordernisse, die durch die äußeren Faktoren vermittelt wurden; allmählich kommt er zu einer Stufe der *Integration*, auf der seine Wahrnehmungsweisen völlig verändert sind und er aus einem tiefen Selbst-Bewußtsein (*ātmabodha*) heraus lebt.

d. Die Bhagavad-Gītā fordert wie jedes gute Buch spiritueller Führung, daß der Sādhaka, der Fortschritte macht, die Übungen und Symbole der früheren Stufen nicht aufgeben soll; auf jeder Stufe braucht er Selbst-Reinigung. Daher sollen «Opfer, Spenden und Kasteiung» nicht aufgegeben werden, denn sie sind unerläßliche Bestandteile der «Reinwerdung» (18.5). Jedoch sollte der Sādhaka nicht dabei steckenbleiben, sondern durch sie weiterwachsen zu den reiferen Formen von *jñāna*, *bhakti* und *karma* hin (11.53–54).

Wir werden kurz die Bedeutung jeder Stufe auf dem dreifachen Weg spiritueller Verwandlung betrachten.

3.1. Die Anfangsstufe der Spiritualität

3.1.1. *Vijñāna:* Fachwissen

Wissen über spirituelle Angelegenheiten wird anfänglich durch Schriften und Weise, heilige Überlieferungen und religiöses Brauchtum erworben. Die Bhagavad-Gītā verlangt, daß der Sadhaka die Anweisungen der Schriften sorgfältig studieren soll, weil sie festlegen, «was zu tun ist, was zu lassen ist» (16.23–24). Vor allem soll er die Führung durch die erleuchteten Meister suchen, indem er mit ihnen Gemeinschaft pflegt. «Diese Erkenntnis werden dich jene lehren, die, selber mit Erkenntnis ausgestattet, die Wirklichkeit schauen» (4.34). Durch diese Kanäle wird die Offenbarung des Göttlichen, die von den Weisen gehört wurde (*śruti*), dem Sādhaka mitgeteilt. Die Gītā nennt jedoch jene, die nur Gefallen an den vedischen Lehren finden, «unerleuchtet», weil sie mit «blumigen Worten» um sich werfen, ohne die Erfahrung des Göttlichen gemacht zu haben (vgl. 2.42). Bloßes Fachwissen, das auf Schriftgelehrsamkeit aufbaut, genügt nicht.

3.1.2. *Arcanā:* Kultische Hingabe

Der Aspirant braucht eine bestimmte Personifizierung des göttlichen Herrn, die seine Vorstellung erfüllt und ihn zur Selbsthingabe motiviert. Daher sollte er sich dem Herrn durch ein Symbol oder eine Gestalt nähern, die ihn anspricht (vgl. 7.21–22). Gottesverehrung wird auf dieser Stufe hauptsächlich durch fromme Opfergaben und kultische Übungen ausgedrückt. Durch «volle Hingabe» (9.26) und «gläubiges Zutrauen» (7.21) werden die Opfergaben für den Herrn annehmbar. Die Bedeutung kultischer Praktiken liegt darin, daß der göttliche Herr selber als der Priester und das Opfer in allen solchen Vollzügen gegenwärtig ist (vgl. 9.16, 24; 4.24). Liturgische Handlungen helfen dem Sādhaka daher, sich für die rettende Gegenwart des Herrn zu öffnen.

Obwohl die Bhagavad-Gītā den Wert tempelorientierter kultischer Praktiken anerkennt, steht sie den ritualistischen Verirrungen und priesterlichen Manipulationen des Kultes auch kritisch gegenüber (2.42–44). Der eigentliche Zugang zum Anblick Gottes wird ermöglicht «nicht durch die Veden, nicht durch Kasteiung, nicht durch Almosen und Opferriten», sondern nur «durch eine Teilhabe (*bhakti*), welche kein anderes Ziel kennt» (11.53–54). Das bedeutet, daß der Sādhaka aufgerufen ist, über das Kultische hinaus das Mystische in seinem Leben zu verwirklichen.

3.1.3. *Niyatam karma:* Pflichtgefühl

Zu Beginn des spirituellen Lebens muß dem Sādhaka gesagt werden, wie er konkret auf die Anforderung des *dharma* im sozialen Leben eingehen soll. Daher sind seine gesellschaftlichen Pflichten durch Sozialstrukturen, religiöses Brauchtum und Vorgesetzte festgelegt. Da die Bhagavad-Gītā in einer durch das Kastenwesen bestimmten Gesellschaft geschrieben wurde, waren die kastenbezogenen Pflichten entscheidend. Daher erklärt sich die Auflage, die Arjuna gemacht wird, daß er kämpfen solle, weil er in der Kriegerkaste geboren wurde. Für ihn gibt es nichts «Heilvolleres als pflichtgemäßen Kampf» (2.31), weil er ihm «das Tor zum Himmel» weit öffnet (2.32). Die Kaste als Sozialstruktur bietet dem einzelnen ein Gefühl sozialer Sicherheit, der Gesellschaft bietet sie Zusammenhalt.

Die Bhagavad-Gītā betrachtet die Kasten-Struktur und ihr ausbeuterisches Wertesystem auch kritisch. Die Rolle des Einzelnen in der Gesellschaft wird letztlich nicht durch Geburt (*jāti*) in einer Kaste bestimmt, sondern durch die Grundqualität der Person (*guṇa*). Jeder wird mit vorgegebenen Qualitäten geboren, welche seine Entwicklung und seine Eingliederung in die Gesellschaft bestimmen sollten. Das würde bedeuten, daß jeder seine psychologisch-spirituellen Eigenschaften erkennt und dementsprechend seine Pflichten gegenüber der Gesellschaft erfüllt (18.41–48). Denn das Vier-Kasten-System entwickelt sich «gemäß der Einteilung nach Grundzügen und Handlungen», die durch das vergangene und gegenwärtige Leben des Individuums geprägt ist (vgl. 4.13). Somit ist es einerseits «vom Herrn geschaffen», gleichzeitig aber «nicht wirklich von ihm geschaffen».

3.2. Der Wachstumsprozess in der Spiritualität

3.2.1. *Jñāna:* Intuitive Wahrnehmung

Im Anfangsstadium erfaßt die Denkkraft (*manas*) das Fachwissen, das spirituelle Meister und Schriften vermittelt haben. Allmählich findet ein Prozess der Verinnerlichung statt, und die spirituellen Einsichten werden von der intuitiven Fähigkeit (*buddhi*) aufgenommen. Das *innere Auge* wird von innen heraus erleuchtet und der Sādhaka wird fähig, «nur das SELBST in sich selbst mit dem SELBST» zu schauen (vgl. 6.20; 13.24; 2.55; 3.17). Das «Licht des Wissens» strahlt aus der *buddhi* (vgl. 10.11; 13.18) und der Sādhaka ist in der Lage, die göttliche Tiefe der Wirklichkeit wahrzunehmen (vgl. 11.8; 13.17). Dies ist der Augenblick der inneren Erleuchtung, das Erwachen zum «Licht der Lichter, jenseits der Dunkelheit» (13.17); dies ist das Bewußtsein der ganzheitlichen Durchlässigkeit für das göttliche SELBST, die Erfahrung des «Wohlgegründetseins» im göttlichen Grund (vgl. 7.17–19). Die Bhagavad-Gītā nennt das *buddhiyogam*, die Einheit mit dem Herrn, die in der *buddhi* empfunden wird (vgl. 10.10; 18.57; 2.39). Daher wird *jñāna* als das machtvollste Mittel der Läuterung des Selbst und als sicherer Weg zur Befreiung gepriesen (vgl. 4.36–39).

3.2.2. *Śraddhā:* Völlige Selbsthingabe

Anfangs bezog sich *bhakti* auf den Tempel *draußen*, mit all seinen Symbolen und Riten, die sich an eine bestimmte Gestalt des Herrn wenden. Da kontemplative Innenschau dem Sādhaka hilft, das Göttliche in dem Tempel *drinnen* zu sehen, entwickelt *bhakti* sich zu einer Haltung völliger Hingabe an diesen Herrn. In der Bhagavad-Gītā lädt der Herr den Sādhaka zu dieser Hingabe ein. «Laß dein Denken in mir wohnen; laß deine *buddhi* in mich eingehen; nimm mit deinem ganzen Wesen zu mir Zuflucht» (9.34; 12.8; 18.62, 65, 66). Dies ist ein Ruf nach einer freien und totalen Antwort des Glaubens (*śraddhā*) auf Gottes Offenbarung der Liebe (vgl. 18.64–65; 6.47; 12.20; 18.63) und Gnade (vgl. 18.56, 58, 62).[9] Und hier verspricht der Herr, daß derjenige, der sich dem Herrn ergibt, «im Herrn leben» (9.29; 12.8), «sich im Herrn bewegen» (6.31) und schließlich «in den Herrn eingehen» werde (9.34; 18.65; 18.68; 11.54). Das ist eine intensive Erfahrung von *unio mystica*. *Bhakti* als innerliche Selbsthingabe an den Herrn ist die universale Religion, da sie Menschen aller Kasten und Stufen, selbst den «Unberührbaren» zugänglich ist. Durch die Botschaft der *bhakti* verkündet die Bhagavad-Gītā Befreiung für die mit Füßen Getretenen und Hoffung für die Unterdrückten; selbst

[9] Vgl. Anmerkungen zu Kap. 17.

die Sünder werden durch *bhakti* gerechtfertigt (vgl. 9.30–32).

3.2.3. *Niṣkāma karma:* Handeln aus innerer Freiheit

Mit der Verinnerlichung von *jñāna* und *bhakti* verfeinert sich auch die Dynamik von *karma*. Obwohl das Pflichtgefühl am Anfang durch äußerliche Auflagen und Gesellschaftsstrukturen ausgelöst wurde, entwickelt der Sadhaka eine innere Freiheit, aus der er seine gesellschaftlichen Pflichten erfüllt. Das ist letztlich die Freiheit von *kāma*, der Ursache von Habsucht und Lustgenuß (16.10–16); daher nennt die Bhagavad-Gītā es *niṣkāma*, die Negierung von *kāma*. Es hat zwei Seiten: (a) Freiheit von dem auf die Erscheinungswelt bezogenen Ichbewußtsein (*ahaṃkāra*), welches behauptet, das Ich sei letztlich das *Subjekt* aller Handlungen; (b) Freiheit von der Leidenschaft des Ich, sich an die Ergebnisse von Handlungen zuklammern, als ob das Ich das einzige *Objekt* aller Handlungen sei (*mamakāra*). Daher ist *niṣkāma* die Haltung der Freiheit von dem Anspruch, «daß *ich* etwas *für mich* tue» (12.13; 2.71). Diese Haltung ist nicht etwas Negatives, das zu Untätigkeit führt (vgl. 6.1; 2.47; 3.8; 18.7). Im Gegenteil, sie enthält das Potential für ein äußerst schöpferisches tätiges Leben, da sie das Ergebnis der *jñāna*-Erfahrung der Einheit mit dem göttlichen SELBST (vgl. 4.19, 33, 41; 3.30) und der *bhakti*-Haltung der Selbsthingabe an den göttlichen Herrn (3.30) ist. Der Sādhaka gibt seine Handlungen an den Herrn hin (vgl. 12.6, 10; 18.57) und blickt auf ihn als das höchste Subjekt-und-Objekt seiner Handlungen.[10] «Wenn du handelst, wenn du ißt, wenn du opferst, wenn du spendest, wenn du dich kasteist, dann tue es als Darreichung an mich» (9.27). Solche Handlungen *binden* den Sādhaka nicht in dem Sinn, daß er sich in seinen Handlungen verliert; vielmehr ist er durch

[10] Vgl. Anmerkungen zu Kap. 12.

eine innerliche Freiheit und Freude inmitten von intensiver Tätigkeit gekennzeichnet (vgl. 3.17; 6.21; 3.19). Er betätigt sich aus der Erfahrung, daß sein ganzes Sein im Göttlichen Grund des Seins wurzelt (2.48). Solche Verwurzelung im Göttlichen ermöglicht ihm, mit Verantwortungsgefühl zu handeln (*adhikāra*, 2.47), und mit Gleichmut (*samatvam* 2.48), integralem Bewußtsein (*buddhiyogam* 2.49) und Geschick (*kauśalam* 2.50). Darin liegt die positive Seite dessen, was die Bhagavad-Gītā «völlige Entsagung» nennt (6.1; 18.2).

3.3. Integration im spirituellen Leben

3.3.1. *Samadarśana:* Die ganzheitliche Sicht der Wirklichkeit

Nachdem der Sādhaka die intuitive Erfahrung gemacht hat, die darin besteht, «das SELBST in sich selbst» zu sehen, blickt er auf die Welt und «sieht das SELBST in allen Dingen wohnen und alle Dinge im SELBST» (vgl. 6.29). Noch genauer, er sieht den göttlichen Herrn gegenwärtig in allen Dingen und alle Dinge im Herrn (6.30). Er kann die schöpferische Gegenwart Gottes in jedem Stückchen Wirklichkeit um ihn herum sehen und staunen über die allumfassende Theophanie (11.15ff.). Das ganze Universum wird jetzt als «Körper des Herrn» wahrgenommen (11.13) und als «Feld des Herrn» (13.2). Alles wird von der Gegenwart des Göttlichen «ausgesponnen» (2.17; vgl. 15.17; 9.4), die am «Herzen aller Dinge» schlägt (15.15; 13.18; 18.61). Der Sādhaka nimmt alles auch in sich selbst wahr, insofern er sich mit dem göttlichen SELBST eins fühlt. Die Bhagavad-Gītā nennt diese ganzheitliche Schau der Wirklichkeit *samadarśana* (Gleichschau; 6.29).

3.3.2. *Samabhāvana:* Das Gefühl der Einheit mit allem

Nachdem erst einmal das ganze Universum als von Gott durchdrungen erfahren worden ist, nimmt auch *bhakti* eine extrovertierte und kosmische Dimension an. Sie ist nicht mehr auf eine bestimmte Symbolgestalt des Herrn festgelegt oder auf innerliche Selbsthingabe beschränkt. Vielmehr verehrt der Sādhaka den Herrn als in allen Dingen gegenwärtig (vgl. 6.31; 10.8; 9.13). Ein jedes Stückchen Wirklichkeit wird ihm heilig, da alles ihm die liebende Gegenwart des Herrn vermittelt (vgl. 10.20; 13.28; 15.17). Folglich entwickelt er eine *bhakti*-Haltung gegenüber allen Wesen: Er kann mit ihnen nur noch «frei von Haß, freundschaftlich und mitleidsvoll» (12.13) umgehen. Er fühlt sich inmitten all der Unbill des Lebens zu Hause, da die ganze Welt eine Heimstatt des Herrn ist. Er ist «gleichgültig gegenüber Glück und Leid, desgleichen Gewinn oder Verlust, Sieg oder Niederlage» (2.38), «Ansehen oder Verruf» (6.7; vgl. 2.56; 12.13, 18, 19).

Seine Einstellung zu den Menschen wandelt sich. Als befreite Person übersteigt er die niederdrückenden Barrieren der Kaste und «sieht dasselbe in einem Brahmanen, in einer Kuh, in einem Elefanten, und sogar in einem Hund und einem Unberührbaren» (5.18). Er sieht Freunde und Feinde und Unparteiische mit Gleichmut (vgl. 6.9; 14.25). Diese Haltung des *samabhāvana* (Gefühl der Selbigkeit in allem) muß nicht unbedingt zu Gleichgültigkeit gegenüber dem Kampf des Lebens führen. Mit dieser Haltung will die Bhagavad-Gītā betonen, daß der Sādhaka mit der Hilfe des Herrn den Kopf über Wasser halten kann, selbst wenn er mitten im harten Kampf des Lebens steht. Er lebt aus der Überzeugung, daß er in jeder Lebenssituation im Herrn lebt (vgl. 6.31).

3.3.3. *Lokasaṃgraha:* Sorge um die Integration der Welt

Mit einer ganzheitlichen Sicht der Wirklichkeit nimmt der Sādhaka nicht nur die universale Immanenz des Göttlichen wahr, sondern auch die verwandelnde Kraft und Gegenwart des Herrn. Der Herr wirkt in der Welt, indem er alles zur endgültigen Befreiung und Integration führt. Diesem göttlichen Werk der «Wiederherstellung des *dharma*» in allen Lebensbereichen gelten jetzt alle Handlungen des Sādhaka. Dadurch erlangt er eine neue Motivation zum Handeln. Die Bhagavad-Gītā nennt es *lokasaṃgraha* (Integration der Welt). Für erleuchtete Menschen liegt, wenn sie sich auf die Welt einlassen, die einzige Blickrichtung in *lokasaṃgraha* (vgl. 3.20, 25). Das bedeutet in diesem Zusammenhang tätige Beteiligung an der Förderung universaler Liebe und Harmonie, Freiheit und Gerechtigkeit. Mit «leidenschaftlicher Sorge» (*rati*) um das Wohlergehen aller Wesen (5.25; vgl. 12.4 und Anmerkungen zu Kap. 5) macht sich der Sādhaka ans Werk. «Befreit von den Fesseln von *kāma*» und verwurzelt in der Erfahrung von *jñāna* dient er der Gesellschaft mit der Haltung echten «Selbstopfers» (*yajña*; 4.23); diese Haltung allein kann den Menschen zur Integration führen (vgl. 4.23). Alles andere würde ihn nur «ans Handeln fesseln» (vgl. 3.9), heißt es doch: «Die Bösen, die nur für sich selber kochen, essen als Frevel» (3.13).[11]

Der Sādhaka, dessen spirituelles Leben sich derart durch den dreifachen Weg von *jñāna*, *bhakti* und *karma* entfaltet, wird ein befreiter Mensch.[12] Er kann «feststehen» und ausrufen: «Ich stehe auf, von Zweifel frei. Ich werde deine Worte in die Tat umsetzen» (18.73).

[11] «Alle Handlungen, die zum Wohl von anderen oder im Dienst für sie ausgeführt werden, sind Formen von Opfer.» (Mahatma Gandhi: The Bhagavad Gita, Delhi: Orient Paperbacks, 1985, S. 75.)

[12] Für eine detaillierte Besprechung des Themas der Befreiung in der Bhagavad-Gītā vgl. Sebastian Painadath SJ: Mukti, der hinduistische Befreiungsbegriff und seine Bedeutung für eine indische Theologie der Befreiung. In: Felix Wilfred (Hg.): Verlaß den Tempel. Freiburg: Herder, 1988, S. 56–68.

4. Christen in der Begegnung mit der Bhagavad-Gītā

Nachdem wir die Dynamik des spirituellen Lebens gemäß der Bhagavad-Gītā untersucht haben, fragen wir, was sie für Christen bedeutet. Diese Frage verlangt keinen bewertenden Vergleich der beiden Traditionen. Zwei Religionen oder zwei religiöse Schriften zu vergleichen, ist so ungerecht und witzlos, wie zwei Menschen zu vergleichen, die jede(r) eine ureigene biographische Entwicklung durchlaufen haben. Die wirklich schöpferische Beziehung zwischen zwei Personen ist die des Dialogs. Das gilt auch für Religionen; das verlangt, daß jeder Dialogpartner, jede Religion, die Individualität des anderen ganz anerkennt und aufrichtig die Besonderheiten der spirituellen Erfahrung des anderen achtet. Das Grundprinzip in jedem ehrlichen Dialog zwischen zwei religiösen Traditionen besteht darin, daß *Gott größer ist als alle Religionen* (*deus semper major*). Wer der Bhagavad-Gītā folgt und wer dem Neuen Testament folgt, beide sind Pilger auf der Suche nach der rettenden Gnade des göttlichen Herrn, Gefährten, die aufgerufen sind, die Fragen, die sie bewegen und das Licht, das sie empfangen, mit dem anderen zu teilen. Solch eine Begegnung ist erforderlich angesichts der dialogischen Kultur, die sich weltweit unter dem Einfluß des göttlichen Geistes entwickelt, welcher die Mauern zwischen den Menschen niederreißt und die Menschheit zu einer universellen Gemeinschaft führt. Durch eine solche Begegnung kann sich eine Spiritualität entwickeln, die die Grenzen zwischen den Religionen übersteigt und dennoch dem Sucher hilft, in der Kern-Erfahrung seiner Religion verwurzelt zu bleiben.

Eine spirituelle Begegnung mit der Bhagavad-Gītā könnte für einen Christen folgendes bedeuten: (a) Kritisches Bewußtsein für die Grenzen des christlichen

Glaubens, wie er in einem bestimmten kulturellen Kontext empfangen und weitergegeben wurde; (b) Wiederentdeckung einiger der verlorenen Züge christlicher Spiritualität, und (c) die Erkenntnis, daß eine integrierte Spiritualität in der heutigen, multi-religiösen Gesellschaft grundsätzlich interreligiös, dialogisch ist.

Meine persönliche Erfahrung war es, daß ich, je tiefer ich in die Spiritualität des Neuen Testaments eindrang, der Bhagavad-Gītā umso näher kam; und je besser ich die Bhagavad-Gītā kennen lernte, umso intensiver wurde meine Faszination für Jesus den Christus und sein Anliegen. Dies war möglich, weil ich sowohl in der Bhagavad-Gītā als auch im Neuen Testament die Botschaft von Gottes Liebe heraushöre und das Versprechen der verwandelnden Gnade des Herrn, der alles einer endgültigen Vollendung zuführt. Daher kann ich als Christ auf die Worte der Bhagavad-Gītā von innen heraus hören, aus dem Inneren der «Höhle des Herzens», wo das Göttliche sich unaufhörlich dem Menschen offenbart.

Da die Bhagavad-Gītā ein mystisches Gedicht ist, muß man sich mit dem Sādhaka des Textes identifizieren, um an der Erfahrung des Textes teilzuhaben. Dann wird die Agonie und die Ekstase, die er durchmacht, ein verwandelndes Ereignis in unserem Leben. Das bedeutet, daß auch wir den Verwandlungsprozeß durchmachen, der oben skizziert wurde. Ich möchte die folgenden Gesichtspunkte nennen, die ein christlicher Sādhaka in seiner Begegnung mit der Bhagavad-Gītā herausfordernd und bereichernd finden kann.

4.1. Hingabe an den göttlichen Herrn

Die Bhagavad-Gītā bietet eine eindringliche Analyse des existentiellen Notstands des Menschen. Was ihn zum Sklaven seines Ich macht und ihn dem göttlichen Grund des Seins entfremdet, ist *kāma*, die besitzorientierte Denkhaltung, die das Ich in den Mittelpunkt von allem stellt (vgl. Abschnitte 1.1, 3.2.3). Paulus spricht von der sündigen Leidenschaft (*epithymia*) als der Wurzelursache alles Übels und unserer Entfremdung vom Göttlichen (Röm 7,17). Sich selbst überlassen kann sich der Mensch nicht von den Banden der Begierde befreien (Röm 7,14–25); auch das Gesetz ist dazu nicht in der Lage (Röm 8,3). Daher bedarf der Mensch der rettenden Gnade des Herrn. Für den Christen bedeutet dies Glauben (Röm 19,4; 9–13); d.h. sich bedingungslos Jesus dem Christus hinzugeben, in dem er die rettende Gnade des Göttlichen erfährt (Röm 8,1–11). Selbsthingabe an den göttlichen Herrn ist für die Bhagavad-Gītā und für das Neue Testament der Ausgangspunkt des spirituellen Wachstums. Daher kann die Bekanntschaft mit der Bhagavad-Gītā Christen helfen, die Bedeutung von gehorchender Bedürftigkeit (*indigentia obedientialis*) und die unumgängliche Rolle der *bhakti* in ihrem Leben zu verwirklichen.

4.2. Die Entfaltung der göttlichen Tiefe der Wirklichkeit

In diese Erlösungsbedürftigkeit tritt der göttliche Herr als der Gott ein, der den Menschen zutiefst liebt. Durch die ganze Bhagavad-Gītā hindurch spricht der Herr zum Menschen mit einer echten Sorge für ihn; und das wird besonders in den Worten ausgedrückt: «Du bist mir lieb» (vgl. Abschnitt 2.2.). Dies ist eine Erfahrung, die auch den Kern christlicher Spiritualität bildet (Joh 3,16; 1 Joh 4,8–12; Röm 5,5). Der Christ erfährt Gott in der geschichtlichen Gestalt des Jesus von Nazaret, der ein personaler Gott ist: Gott kommt *von außen* auf ihn zu. Seine Beziehung zu Gott findet vorwiegend in dem Ich-Du-Gegensatz statt. In der Bhagavad-Gītā taucht dagegen die rettende Botschaft Gottes aus dem Inneren der göttlichen Tiefe der Wirklichkeit auf. Das SELBST im Selbst entfaltet sich als der Retter (*bhagavān*) und empfängt den Sādhaka in Liebe (vgl. 2.2.; 3.2.1.).

Es gibt daher einen Unterschied in der Perspektive zwischen der Bhagavad-Gītā und christlicher Spiritualität. Man kann sie als gegenseitige Ergänzung verstehen und nicht als Gegensatz. Der Prolog des Johannes-Evangeliums vermittelt die Erfahrung, daß der in Jesus von Nazaret fleischgewordene Logos nicht vom Himmel herabsteigt, sondern sich von innen heraus aus der göttlichen Tiefe der Welt entfaltet; denn der Logos «war in der Welt und die Welt ist durch ihn geworden ... und der Logos war Gott» (Joh 1,1; 10). Was der Christ als das Christusereignis erfährt, ist aus der Sicht der Bhagavad-Gītā die Selbstentfaltung des Göttlichen, das im ganzen Universum immanent ist – die Erschließung der göttlichen Quellen, die in den Tiefen der Wirklichkeit verborgen sind (vgl. Kol 1,15–20). Wer sich auf die Gotteserfahrung der Bhagavad-Gītā einläßt, kann Anregungen für eine kosmische Christologie erhalten.

4.3 Gott ist größer als alle Religionen

Solch eine theologische Sichtweise kann weitreichende christologische Konsequenzen haben. Ein Christ, der glaubt, daß die Selbstoffenbarung des Göttlichen im Christusereignis den absoluten und unüberbietbaren Höhepunkt erreicht hat, den wird die Bhagavad-Gītā verunsichern. Wenn er in Jesus Christus die «Fülle religiösen Lebens» findet und die «vollendete Offenbarung Gottes», und wenn er in den anderen Religionen *nur* «Strahlen jener Wahrheit, die alle Menschen erleuchtet» sieht, eine Art versteckter Gegenwart Gottes und verborgene Samenkörner des Wortes, dann kann er die anderen Religionen nur als Vorbereitung auf das Evangelium (*preparatio evangelica*) ansehen. Er wird folglich dazu neigen, jene die dem authentischen Weg der Bhagavad-Gītā folgen, als «anonyme Christen» zu bezeichnen.[13]

In der heutigen pluralistischen Welt wird man einen Christozentrismus mit dem daraus folgenden Ekklesiozentrismus in Frage stellen. Die gesellschaftlichen und politischen Interessen, die den traditionellen christlichen Anspruch auf Absolutheit in Bezug auf andere Religionen hervorbrachten, werden heutzutage weltweit kritisch durchleuchtet.[14] Dies hat zu einer Glaubenskrise in christlichen Kreisen geführt. Eine kritisch-schöpferische Begegnung mit den nicht-christlichen Religionen im allgemeinen und mit einer Schrift wie der Bhagavad-Gītā im besonderen wird Christen helfen, ihre christologischen und ekklesiologischen Annahmen zu überdenken. Gott ist größer als alle Religionen! Gottes rettende Selbstoffenbarung ist umfassender als das, was eine bestimmte Religion erfahren hat. Jesus ist der Christus, aber die rettende Wirklichkeit des Christus wird nicht nur in Jesus sichtbar.

4.4. Die Geschichte der Menschheit ist Heilsgeschichte

Die Bhagavad-Gītā verkündet die Selbstverkörperung des Göttlichen in der Gestalt des *bhagavān* (vgl. Abschnitt 2.4.). Ein Christ wird mit der Vorstellung

[13] Vgl. «Nostra aetate», Deklaration des 2. Vatikanischen Konzils über die nichtchristlichen Religionen; dazu Karl Rahner SJ: Das Christentum und die nichtchristlichen Religionen. In: Schriften zur Theologie V. Zürich: Benziger, 1964, S. 136–158. – Die anonymen Christen. In: Schriften zur Theologie VI, 1965, S. 545–554.

[14] Ein bedeutender Beitrag zur theologischen Diskussion über das Christentum und die anderen Religionen stammt von Paul F. Knitter: Ein Gott – viele Religionen. Gegen den Absolutheitsanspruch des Christentums. München: Kösel, 1988.

vertraut sein, daß Gottes Inkarnation zur Rettung der Welt in die Geschichte eingreift. Andererseits wird er verwirrt sein über die Vorstellung, daß Gottes Inkarnation wiederholbar ist. Die Theologie der Bhagavad-Gītā muß auf dem Hintergrund des indischen kosmischen Weltbildes und seiner spiralischen Evolutionstheorie verstanden werden. Sie besagt, daß ein bestimmtes historisches Ereignis nicht zentral und normativ für den gesamten geschichtlichen Prozeß sein kann. Mit spiritueller Empfindsamkeit kann man lediglich gewisse Gipfelpunkte der Begegnung zwischen Gott und Mensch im Lauf der spirituellen Entwicklung der Menschheit wahrnehmen. Religionen und große geistige Bewegungen werden aus solchen Augenblicken des göttlichen Einbruchs in die Welt geboren. Wenn die ganze Geschichte der Menschheit als die Geschichte des fortgesetzten Dialogs zwischen Gott und Mensch und folglich als Erlösungs- und Heilsgeschichte angesehen wird, dann müssen diese Gipfelpunkte (*kairoi*) der Begegnung zwischen Gott und Mensch im Sinne einer dialektischen Beziehung interpretiert werden: Einer wird kritisch durch den anderen ergänzt. Jeder Gipfel-Augenblick der Offenbarung Gottes hat etwas Einmaliges; aber seine Einmaligkeit kann nur im Licht der anderen verstanden werden. Christen müssen akzeptieren, daß sich Gott zu verschiedenen Zeiten und in verschiedenen Weisen offenbart (Hebr 1,1), und daß einige dieser Offenbarungsereignisse als Selbstverkörperungen des Göttlichen erfaßt werden. Indem die Christen Gott durch Jesus dem Christus im tiefsten verbunden bleiben, können sie eine Spiritualität entwickeln, die ihnen hilft, sich der Breite und Länge, Tiefe und Höhe der rettenden Gegenwart des Göttlichen in der Welt zu öffnen, so daß sie erfüllt werden «zur ganzen Fülle Gottes hin» (Eph 3,18–19).

4.5. Gott-über-Gott

Ein grundlegendes Anliegen des indischen spirituellen Erbes besteht darin, an der Unerschöpflichkeit des göttlichen Geheimnisses festzuhalten. Kein einzelnes Ereignis oder keine Inkarnationsgestalt kann das Mysterium des Göttlichen *vollständig* sichtbar machen. Die Begegnung zwischen Gott und Mensch findet in der Bhagavad-Gītā in einer Atmosphäre der durchgängigen Sensibilität für das Geheimnis des Göttlichen statt (vgl. Abschnitt 2.1.) Dies ist eine Dimension, auf der christliche Mystiker unermüdlich bestehen, um «Gott immer Gott sein zu lassen» und um ihn nicht durch die Projektionen unserer individuellen oder kollektiven Psyche zu prägen. Christliche Spiritualität kann nur dann befreiend sein, wenn sie sich in die stets weiter werdenden Horizonte der Erfahrung «Gottes-über-Gottes» hineinbewegt (*Deus semper major*).

Es ist eine epochale Verantwortung, die mystische Dimension der Spiritualität in christlichen Kreisen wiederzubeleben. Vielleicht ist dies das einzige Mittel gegen das wachsende Unbehagen an dem Dogmatismus und Strukturalismus im Christentum. Heutzutage fühlt sich eine beträchtliche Zahl von Christen aus den traditionellen christlichen Glaubens- und Lebensmustern entwurzelt; sie suchen nach spiritueller Erfahrung in den Schriften und Schulen östlicher Spiritualität. Viele dieser Suchenden sind ergriffen von dem Bewußtsein des göttlichen Mysteriums und stehen dem Christentum kritisch gegenüber. Wenn man nicht in dieser Bewegung des göttlichen Geistes ein Zeichen der Zeit erkennt, wird das Christentum nicht mehr in der Lage sein, diese Suchenden auf ihrer inneren spirituellen Pilgerfahrt zu führen.[15] Ein kontemplativer Zugang zur Bhagavad-Gī-

[15] «Die abendländische Kultur ist mehr von der Reflektion, die asiatischen Kulturen sind mehr von der Meditation bestimmt. Die Begeg-

tā kann den Christen helfen, die verlorene Dimension der Mystik in ihren spirituellen Bemühungen und theologischen Reflektionen wieder zu entdecken.

4.6. Gott im Herzen des Universums

Ein anderes bedeutsames Element der Spiritualität der Bhagavad-Gītā ist die Erfahrung der kosmischen Dimension der Gegenwart Gottes. Der Sādhaka erfährt das ganze Universum als durchdrungen von der göttlichen Kraft und Gegenwart (vgl. Abschnitt 2.3; 3.3.1). Das darf nicht als Monismus oder Pantheismus interpretiert werden, denn die Bhagavad-Gītā hält an der Immanenz wie an der Transzendenz des Göttlichen in seiner Beziehung zum Universum fest (vgl. Abschnitt 2.2).

In der Bibel wird Gott als Schöpfer des Universums betrachtet; in der christlichen Spiritualität liegt die Betonung jedoch auf Gott als dem Retter, dem Herrn der Geschichte. Geschichtsbewußtsein verdrängt den Sinn für das Kosmische und darin liegt die Größe und die Begrenzung des Christentums. Der Mensch betrachtet das materielle Universum als ein Es, das ihm zur Pflege und Nutzung anvertraut ist.

Im indischen spirituellen Erbe wird das materielle Universum als eine Erweiterung des *Selbst* aufgefaßt, woraus sich ein Gefühl der Heiligkeit der Natur und der Einheit mit ihr ergibt; hier hat die kosmische Sichtweise Vorrang. Die ganze Spekulation über Wiedergeburt und über die spiralische Evolution der Welt muß im Zusammenhang mit der kosmischen Prägung des

nung beider erscheint mir manchmal als das eigentlich weltgeschichtliche Ereignis des gegenwärtigen Jahrhunderts.» Carl Friedrich von Weizsäcker: Der Garten des Menschlichen. Beiträge zur geschichtlichen Anthropologie. München 1977, S. 43.

indischen Denkens verstanden werden. Die beiden Weltanschauungen der Bhagavad-Gītā und des Neuen Testaments können als komplementär aufgefaßt werden. Ein Christ, der Zugang zur Welt der Bhagavad-Gītā gewinnt, wird in der Lage sein, die kosmische Dimension der Gotteserfahrung wiederzuentdecken. Das hat heute eine besondere Bedeutung in dem weltweiten Anliegen, ein ökologisches Bewußtsein auf der Grundlage religiöser Erfahrung zu fördern.[16]

4.7. Der Herr auf dem «Schlachtfeld des Lebens»

Die Bhagavad-Gītā ist ein didaktisches Werk mit einer bestimmten Sicht über Gottes Selbsterkörperung um der menschlichen Erlösung willen. Der *bhagavān*, der dem Sādhaka in der Bhagavad-Gītā begegnet, unterrichtet ihn wie ein Meister, ohne selber die Qual des Suchenden durchzumachen. Das bleibende *Lächeln* auf seinem Gesicht (Bhagavad-Gītā 2.10) ist ein Symbol für die innere Freiheit und Transzendenz des Herrn auf dem Schlachtfeld des menschlichen Lebens. Im Neuen Testament gibt Jesus von Nazaret sein Leben hin für alle, die er liebt (Joh 10,15; 12,24). In dieser Selbst-Hingabe erfahren Christen die göttliche *kenosis* (Phil 2,6–8; Hebr 4,15–16; 5,7–9). Der Gott, der sich in dem Christus-Ereignis offenbart, ist der Gott, der mit und für die Menschheit leidet (= das Kreuz) um eine neue Schöpfung einzuleiten (= die Auferstehung). Dieser Unterschied zwischen den zentralen göttlichen Gestalten der Bhagavad-Gītā und des Neuen Testaments kann nicht übersehen werden. Es ist wichtig, die besonderen Gesichtspunkte dieser beiden Wege zu erfassen, obwohl

[16] Vgl. Michael von Brück: Einheit der Wirklichkeit. Gott, Gotteserfahrung und Meditation im hinduistisch-christlichen Dialog. München: Chr. Kaiser Verlag, S. 389–392.

beide die Botschaft vermitteln: «Ich lebe in dir und du lebst in mir» (Bhagavad-Gītā 9.29; 6.31; 12.8; Joh 6.56; 14.20; 1 Joh 3,24). Der christliche Leser der Bhagavad-Gītā könnte sich fragen, ob sie ihm hilft, die mystische Erfahrung der erlösenden Wirklichkeit des Christus zu vertiefen. Die historische Person Jesu gibt ihm Zugang zur übergeschichtlichen und überpersonalen Wirklichkeit des Christus, denn, wie Paulus deutlich gemacht hat, «unser Leben ist verborgen in Christus».[17]

4.8. Sein ist wichtiger als Tun

Die Bhagavad-Gītā ist ein Buch spiritueller Übung: Es beschreibt die Dynamik des Prozesses, der in der Entwicklung des spirituellen Lebens stattfindet (vgl. Abschnitt 3.). Wie wir oben gesehen haben, kommt der Autor der Bhagavad-Gītā wie ein guter Meister (*guru*) auf alle wichtigen Aspekte einer integrierten Spiritualität zu sprechen. Die Wandlung findet statt durch eine Dialektik zwischen Fachwissen und meditativer Assimilation, was zu einer ganzheitlichen Sicht der Wirklichkeit führt, zwischen kultischer Verehrung und innerlicher Selbsthingabe, was sich in eine kosmische Liebe entwickelt, und zwischen einem Pflichtgefühl und innerer Freiheit, was zur tätigen Mitwirkung am Wohlergehen aller reift. Ein Christ könnte sehr gut diesen Prozeß durchlaufen. Der dreifache Weg von *jñana*, *bhakti* und *karma* bietet eine praktikable und abgerundete Methode zur Förderung einer Spiritualität, die das *Sein* des Sādhaka in der Tiefenschicht verwandelt, um ihn zu befreiendem *Tun* im Sinne des *dharma* zu bewegen.

Die gesamte Spiritualität der Bhagavad-Gītā könnte in dem einen Satz zusammengefaßt werden: *Yogasthaḥ*

[17] Vgl. Michael von Brück, *op. cit.* S. 287–294.

kuru karmāṇi (2.48), sei geeint mit dem Göttlichen Grund und wende dich dem befreienden Werk zu. Christlich gesprochen würde dies bedeuten *contemplativus in actione*, sei kontemplativ im Tun!

Glossar

Im Glossar werden sowohl Sanskrit-Namen und -Begriffe aufgeführt als auch deutsche Fachausdrücke; unter den deutschen Stichworten ist (für weitere Erläuterungen) auf den Sanskrit-Eintrag verwiesen. Gelegentliche Referenzen beziehen sich auf Kapitel und Vers der Bhagavad-Gītā.

Abgewandtheit: *nivṛtti.*

Abhimanyu: Sohn von Arjuna und Subhadrā («Saubhadra»).

***acyuta*:** «unerschütterlich»; Beiname Kṛṣṇas (Viṣṇus).

***adhyāya*:** Kapitel, Lektion, Rezitationsabschnitt. Die Bhagavad-Gītā besteht aus achtzehn sog. Kapitel.

Ādityas: eine Götterklasse (Söhne der Aditi); Viṣṇu, Aryaman, Mitra gehören zu ihnen (10.21, 11.4).

Affenbanner: ein Affe war Wappentier oder Emblem Arjunas.

Agni: Feuer(gott); fungiert beim Opfer als der «Mund der Götter» und Bote der Götter, da er die Opfergaben aufnimmt und zu den Göttern bringt.

***ahaṃkāra*:** Ich-Bewußtsein («Ichmacher»), Ich-Dünkel, Ichgefühl; Bezeichnung für eine der Evolutionsstufen (Seinsbereiche) des Sāṃkhya-Weltbildes.

Airāvata: mythischer Elefant und Reittier Indras (10.27).

***akṣara*:** «unwandelbar(e Silbe)»; die heilige Silbe OM; kann im Kontext von Meditation als Zusammenfassung aller Lautgestalt und sprachlichen Äußerungen, speziell der gesamten vedischen Offenbarung angesehen werden.

***akṣaya*:** «unvergänglich».

Alle-Götter: *viśve, viśvadeva.*

Allgestalt: *viśvarūpa.*

***amṛta*:** unsterblich, Unsterblichkeitstrank; vgl. Soma.

Ananta: «endlos»; Name des Schlangenwesens, das als Lager Viṣṇus gilt und die Welt trägt (10.29).

Anantavijaya: «Endloser Sieg», das Schneckenhorn Yudhiṣṭhiras.

Arjuna: «weiß»; Name des dritten Sohnes von Pāṇḍu und Pṛthā, daher oft als «Pṛthā-Sohn» (*Pārtha*) oder «Pāṇḍu-Nachkomme» (*Pāṇḍava*) angeredet.

Aryaman: einer der Āditya-Götter (10.29).

***asat*:** «nichtseiend»; in Zusammenstellung mit *sat* («seiend») im Sinne der Gegenüberstellung von «unentfaltet-entfaltet» oder «subtil-grobstofflich» verwendet.

Asita: Name eines mythischen Sehers und Weisen (10.13).

***āśrama*:** Lebensstufe in der Abfolge von vier idealtypischen Lebensabschnitten (Student, Hausvater, Waldeinsiedler, Entsager). Auch Bezeichnung für «Einsiedelei».

***asura*:** «widergöttlich» (nach einer späteren Worterklärung); Dämon; als Klassifikationsattribut für Menschentypen, Temperamente usw. verwendet.

Aśvattha-Baum: der als heilig geltende Feigenbaum (Pipal-Baum) (15.1–3).

Aśvatthāman: Sohn des Droṇa und der Kṛpī, der Schwester des Kṛpa.

Aśvins: ein Götterpaar, die als die Ärzte der Götter gelten (11.6).

Atemkräfte: *prāṇa*.

***ātman*:** selbst, das Selbst.

***avyakta*:** unentfaltet, unmanifest; Bezeichnung der Stoffnatur vor oder jenseits der Evolution.

***avyaya*:** unveränderlich.

Befreiung: *mukti, mokṣa*.

Bewußtheit: *buddhi*.

***bhagavān*:** «Gnädiger»; Anrede für hochgestellte Personen oder für Gott.

***bhakti*:** Teilhabe, Hingabe (an Gott).

Bharata: Stammvater der Bewohner Indiens (*Bhārata*).

Bhīma: «schrecklich», «furchtbar»; Name eines Sohnes von Pāṇḍu und Pṛthā.

Bhīṣma: «furchtbar»; Name des Sohnes von Śāntanu und Gaṅgā.

Bhṛgu: Name des Begründers eines Priestergeschlechts (10.25).

***bhūta*:** Wesen, Element. Elemente werden fünf angenommen: Erde, Wasser, Feuer, Luft (Wind), Raum.

***brahman*:** «Urgrund»; die Wortgestalt des Urgrunds ist das, was die Seher in den vedischen Hymnen formuliert haben als sprachlicher Ausdruck der einen und selben Wahrheit, die dem Kosmos zugrunde liegt, die aber auch das menschliche Tun und die gesellschaftliche Ordnung bestimmt.

Brahmā: Nominativ-Form des Maskulinums von *brahman*; Name jener Gottheit, die vor allem für die Erschaffung der Welt und aller Wesen zuständig ist (9.37).

Brahmane: Priester, erster und oberster der vier sozialen Stände (*varṇa*).

Brahma-Sūtras: Grundtext der Vedānta-Philosophie, in dem die Lehren der Upaniṣaden systematisierend zusammengefaßt wurden (13.4).

Bṛhaspati: Hauspriester der Götter (10.24).

Bṛhatsāman: «Hochgesang»; Name einer bei bestimmten vedischen Riten gebrauchten Melodie oder Singweise (10.35).

buddhi: «Bewußtheit»; der erste der Seinsbereiche im Sāṃkhya-Weltbild, der aus der unentfalteten Stoffnatur hervorgeht.

Cekitāna: «sehr klug»; ein Heerführer der Pāṇḍavas.

Citraratha: ein Gandharve (himmlischer Musikant) (10.26).

citta: «Denken», Geist (meist synonym mit «Denkkraft»).

Dämonen: *rakṣas* (10.23), *daitya* (10.30); die mythischen Gegenspieler der Götter.

daitya: Dämon; in der Mythologie jene Wesensklasse, die von Diti abstammt.

dehin: «verkörperte Seele»; das Geistprinzip im Menschen (*puruṣa*) im Zustand der innerweltlichen Existenz.

Denkkraft: *manas*.

Devadatta: «Gottesgeschenk»; Name des Schneckenhorns des Arjuna, welcher es als ein Geschenk von Indra erhielt.

Devala: ein mythischer Seher (10.13).

Dhanaṃjaya: «Schätze-Ersieger» – eine der Anreden für Arjuna.

dharma: (Grund-)Ordnung, Ordnungswerte, Norm, Rechtschaffenheit.

Dhṛṣṭadyumna: «dessen Tüchtigkeit kühn ist»; Name eines Sohnes des Drupada.

Dhṛṣṭaketu: «Kühnes Banner»; Name des Königs von Cedi.

Dhṛtarāṣṭra: «der durch den die Herrschaft festgehalten wird»; Name des (blinden) Altkönigs der Kaurava (von Vyāsa im Levirat mit Ambikā gezeugt).

Dreiwelt: Erde, Himmel, Unterwelt (oder, nach älterer Vorstellung: Erde, Zwischenwelt, Himmel, d.h. *bhūr, bhuvaḥ, svar*).

Droṇa: «Trog»; Name des Lehrer der Kauravas und Pāṇḍavas in Waffenkunde.

Drupada: «Holzpfeiler»; Name des Königs von Pañcāla.

Dunkelkraft: *tamas*.

Duryodhana: «der schwer zu Bekämpfende»; ältester Sohn Dhṛtarāṣṭras und Gāndhārīs.

dvandva: «Wortpaar», ein Typus von nominalen Komposita in der Sanskrit-Grammatik (10.33).

Einung(szustand): *yoga*.

Element: *bhūta*.

Entsagung: *saṃnyāsa.*
Erkenntnis: *jñāna.*
Erlösung: *mokṣa, mukti.*
Feldkenner: *kṣetrajña.*
Feuer(gott): Agni.
Gandharven: Eine Klasse überirdischer Wesen, himmlische Musikanten (10.26, 11.22).
Gāṇḍīva: Name des Bogens Arjunas.
Gaṅgā: Ganges, der heilige Fluß in Nordindien; trägt den Beinamen «Jāhnavī», da die Gaṅgā von dem mythischen Seher Jahnu adoptiert wurde (10.31).
Garuḍa: Ein mythischer Vogel, Sohn der Vinatā (daher «Vainateya»), der als Gefährt und Reittier Viṣṇus gilt (10.30).
Gāyatrī: Eines der vedischen Versmaße (10.35).
Geistperson: *puruṣa.*
gläubiges Zutrauen: *śraddhā.*
Gnädiger: *bhagavān.*
Gottesgeschenk: Devadatta.
Govinda: «Herdenherr»; Beiname Kṛṣṇas.
Grundzug: *guṇa.*
Guḍākeśa: «Kraushaar»; Beiname Arjunas.
***guṇa*:** «Grundzug»; drei Grundeigenschaften und Konstituentien des Urstoffs und aller materiellen Dinge und Wesen (*sattva, rajas, tamas*).
Handlung: *karman.*
Hari: Beiname Viṣṇus und Kṛṣṇas (11.9).
Hasenzeichen: «der mit dem Hasenzeichen» ist ein beschreibender Beiname des Mondes (der «Mann im Mond» wird als «Hase» interpretiert) (11.39).
Heimsucher der Menschen: *Janārdana.*
Herdenherr: *Govinda.*
Herr der Schätze: Beiname Kuberas, des Herren über die Yakṣas (10.23).
Herr, Herrscher: *īśvara.*
Hochgesang: Bṛhatsāman.
hochgesinnt: *mahātman.*
Hoher Herr: *maheśvara.*
Hṛṣīkeśa: «Mähnenhaar»; Beiname Kṛṣṇas.
Hüter der Geschöpfe: Prajāpati.
Ich-Bewußtsein: *ahaṃkāra.*
Ikṣvāku: Sohn Manus; König von Ayodhyā und Stammvater der «Sonnendynastie» (4.1).
Indra: Der König der Götter, zur Gruppe der Vasu-Götter gehörig (Vāsava).
***indriya*:** «Sinne»; man unterscheidet fünf Erkenntnissinne

(Sehen, Hören, Schmecken, Riechen, Tasten) und fünf Tatsinne (Stimme, Hände, Füße, Anus, Genitalien).

īśvara: «Herrscher», «Herr»; Anrede oder Titel von Gottheiten.

Janārdana: «Heimsucher der Menschen»; Beiname Kṛṣṇas.

jīvanmukti: Erlösung bei Lebzeiten.

jñāna: «Erkenntnis»; wird auch als Synonym von *buddhi* gebraucht und bezeichnet dann einen Seinsbereich, mit dem der Yogin Einung (*yoga*) anstreben soll.

Juwelenblüte: *Maṇipuṣpaka*.

Kapila: Ein mythischer Seher; ein Philosoph dieses Namens gilt als Begründer der Sāṃkhya-Philosophie (10.26).

karman: Handlung, Handeln, Tun, Tätigkeit, Taten, Werk(e), Ritual.

Karṇa: «Ohr»; Name eines Sohns der Sonne mit Pṛthā (daher Halbbruder des Arjuna).

Kāśī: «glänzende»; Name des heutigen Benares (Vārāṇasī).

Kasteiung: *tapas*.

Keśava: «Langhaariger»; Beiname Kṛṣṇas.

Keśiniṣūdana: «Zermalmer des Keśin»; Beiname Kṛṣṇas (18.1).

Kraushaar: *Guḍākeśa*.

Kṛpa: Schwager des Droṇa.

Kṛṣṇa: «blau-schwarz»; Sohn des Vasudeva und der Devakī; Verkörperung des Gottes Viṣṇu, der als Wagenlenker Arjunas fungiert; in den Rede-Einleitungen als «Gnädiger» bezeichnet.

Kṣatriya: Krieger, Kriegerstand (zweiter der vier sozialen Stände, *varṇa*).

kṣetra: «Feld»; Bezeichnung für die Gesamtheit der materiellen, körperlichen Seinsbereiche.

kṣetrajñā: «Feldkenner»; Bezeichnung für das Geistprinzip, die «verkörperte Seele» im Menschen.

Kubera: der als «Herr der Schätze», d.h. über die Reichtümer der Erde, angesehene Anführer der Yakṣas.

Kuntī: Name der Pṛthā, Mutter Arjunas.

Kuntibhoja: Name des Adoptivvaters der Kuntī; Bruder von Purujit.

Kuntī-Sohn: «Kaunteya» (d.h. Arjuna).

Kuru: Stammvater der Kauravas, nach dem die eine Partei im Kampf des Mahābhārata benannt ist.

Langhaariger: *Keśava*.

Lebensstufe: *āśrama*.

Lichtkraft: *sattva*.

Machwerk: *māyā*.

Madhusūdana: «Zermalmer des Madhu»; Beiname des Kṛṣṇa.

Mādhava: Wörtlich eigentlich «Nachkomme Madhus»; Beiname Kṛṣṇas.

***mahat*:** «groß, all-umfassend»; eine der Bezeichnungen für den ansonsten noch undifferenzierten Seinsbereich der «Bewußtheit».

***mahātman*:** «hochgesinnt»; wörtl. «der, dessen Selbst groß ist»; Eigenschaft oder Anrede angesehener (oder spirituell fortgeschrittener) Menschen.

***maheśvara*:** «Hoher Herr». Titel von Gottheiten, im späteren Hinduismus spezifisch für Śiva.

Mähnenhaar: Hṛṣīkeśa.

Makara: Ein fabulöses Wasserwesen («Krokodil», «Delphin»).

***manas*:** «Denkkraft»; Ausdruck für die psychische Ebene der menschlichen Wahrnehmung und Intelligenz; Zentralorgan für das Zusammenwirken der einzelnen Sinnestätigkeiten.

Maṇipuṣpaka: «Juwelenblüte»; Name des Schneckenhorns Sahadevas.

Manu: Sohn der Sonne (Vivasvat), Stammvater der Menschen und ihr Gesetzgeber (4.1).

Mārgaśīrṣa: der erste (früher zehnte) Monat des Jahres (10.35).

Marīci: genannt als der erste unter den Maruts, den Windgöttern; auch Name eines mythischen Weisen (10.21).

Maruts: «Windgötter»; eine Klasse von vedischen Göttern; gehören zum Gefolge Indras (10.21, 11.6).

***māyā*:** «Machwerk»; Bezeichnung für die Schöpfung Gottes als Ausdruck seiner Machtfülle, zugleich im Sinne eines «uneigentlichen» Aspekts von Wirklichkeit.

Meru: Name des Berges, den man sich als Weltachse im Mittelpunkt des Kosmos vorstellt; er gilt als Wohnstätte der Götter (10.23).

Mīmāṃsā: Opferwissenschaft.

***mokṣa*:** Befreiung, Erlösung.

***mukti*:** Befreiung, Erlösung.

***muni*:** «Schweiger, Schweigeasket»; eine (nicht sehr prägnant gebrauchte) Bezeichnung für Männer, die Ansehen als spirituelle, religiöse Autoritäten genießen.

Nachkomme des ...: vom Namen eines Vorfahren abgeleitete Anrede von Personen.

Nāga: «Schlangenwesen»; eine Klasse von Geschöpfen, zu denen die Schlange gerechnet werden kann, auf der Viṣṇu ruht.

Nakula: «Mungo», einer der zwei Söhne Pāṇḍus und Mādrīs.

Nārada: ein mythischer Seher (10.13, 10.26).

neuntorige Stadt: Metapher für den Körper mit seinen Köperöffnungen.

nirvāṇa: «Verlöschen»; buddhistische Bezeichnung für Erlösung.

nivṛtti: «(Welt-)Abgewandtheit»; die Haltung des Entsagers, der Befreiung aus dem Geburtenkreislauf sucht.

Observanz: *vrata*.

OM: hl. Silbe, verwendet in der Meditation, als Anrufung zu Beginn von Rezitationen usw.; gilt als zusammengesetzt aus drei Lauten: A-U-M, und als Inbegriff und Zusammenfassung aller sprachlichen Äußerungen, speziell aller offenbarten Worte des Veda; daher auch im Sinne der «Wortgestalt des *brahman*» gebraucht.

Opfer: *yajña*.

Opferwissenschaft: Mīmāṃsā.

Pāñcajanya: Kṛṣṇas Schneckenhorn (*śaṅkhā*), Trophäe der Tötung des Dämons Pañcajana.

Pāñcālas: Name eines Stammes.

Pañcarātra: Name einer viṣṇuitischen Schule oder Sekte.

Pāṇḍavas: Die fünf (Halb-)Brüder Yudhiṣṭhira, Arjuna, Bhīma, Nakula, Sahadeva.

Pāṇḍu: «bleich»; Stammvater der «Pāṇḍavas», von Vyāsa im Levirat mit Ambālikā gezeugt.

Pāṇḍu-Sohn: «Pāṇḍava»; im Singular meist Anrede für Arjuna.

parama pada: «Höchste Stufe» (Viṣṇus); in mythologischem Zusammenhang der dritte der drei Schritte Viṣṇus, mit denen er den Kosmos ausschritt; theologisch eine der Bezeichnungen für den transzendenten Aspekt der Gottheit und den höchsten Seinsbereich, der als Inbegriff weltenthobener Erlöstheit gilt.

paraṃtapa: «Feinde-Verglüher»; eine der Anreden für Arjuna.

Pauṇḍra: Name des Schneckenhorns Bhīmas.

prabhu: «mächtig», Herr; Eigenschaft und Name Gottes.

pradhāna: «Urstoff», Stoffnatur; Bezeichnung für das Materieprinzip.

Prahrāda: Sohn Hiraṇyakaśipus, eines Anführers der Dämonen (10.30). Die Schreibung des Namens als *Prahlāda* ist später üblicher.

Prajāpati: «Hüter der Geschöpfe»; Titel, Name und Funktionsbezeichnung der höchsten Gottheit, speziell Brahmās, oder von mythischen Personen, die von Brahmā als Oberherren der Schöpfung eingesetzt werden (wie Manu, Dakṣa usw.) (3,9).

prakṛti: «Stoffnatur»; Bezeichnung für das Materieprinzip des Sāṃkhya-Weltbildes.

prāṇa: Atem, Atemkräfte; der Atem durchzieht nach upaniṣadischen Vorstellungen den Körper in fünf Richtungen und bewirkt oder steuert die Lebensfunktionen.

***pravṛtti*:** (Welt-)Zugewandtheit, aktive Lebensweise.

Pṛthā: Name der Kuntī, der Mutter Arjunas.

Pṛthā-Sohn: «Pārtha» (d.h. Arjuna).

Purujit: «viele besiegend»; Name des Bruders von Kuntibhoja.

***puruṣa*:** «Geistperson»; das Geistprinzip – als der transzendenteste Seinsbereich im Sāṃkhya-Weltbild, Seele im Menschen.

***rajas*:** «Triebkraft», Energieprinzip, einer der drei Grundzüge.

***rakṣas, rākṣasa*:** Dämon; als Klassifikationsprinzip für «teuflische», widergöttliche Eigenschaften.

Rāma: als «bester der Waffenträger» ist Paraśurāma gemeint, «Rāma mit dem Beil», als dessen mythische Großtat es gilt, daß er den Kriegerstand ausgerottet hat.

Ṛg-Veda: die älteste und grundlegende der vier Sammlungen vedischer Texte (*ṛc* = «Vers»).

***ṛṣi*:** «Seher»; die Seher gelten als Vermittler der vedischen Offenbarung.

Rudras: eine Klasse von überirdischen Wesen von furchterregendem Aussehen und Wirken; als ihr Anführer gilt Śiva (10.23, 11.6).

Sādhya: Name einer Klasse übernatürlicher Wesen.

Sahadeva: «Gott mit ihm»; Sohn Pāṇḍus und Mādrīs, Bruder des Nakula und einer der fünf Pāṇḍavas.

Śaibya: König der Śibis.

***samādhi*:** Versenkung, Sammlung.

Sāma-Veda: jene Sammlung vedischer Texte, in denen die Melodien und Singweisen festgelegt sind (10.22).

Samjaya: «vollständiger Sieg», Name des Wagenlenkers Dhṛtarāṣṭras, der dem blinden Dhṛtarāṣṭra die Vorgänge der Schlacht schildert.

Śaṃkara: 1. einer der Namen des Gottes Śiva, wörtlich «Wohltäter», der zu der Gruppe der Rudras gerechnet wird. 2. Name eines Philosophen der Advaita-Philosophie.

Sāṃkhya: Name einer philosophischen Schule oder Richtung.

***saṃnyāsa*:** «Entsagung», vierte Lebensstufe.

***saṃsāra*:** Lebenskreislauf; Geburtenkreislauf.

***sapta maharṣayaḥ*:** «Sieben Seher» (10.6); Gruppierung mythischer Weiser; Name des Sternbildes des Großen Bären.

***SAT*:** «seiend», wird auch als hl. Silbe und liturgischer Zuruf verwendet.

***sattva*:** «Lichtkraft», einer der drei Grundzüge.

Sātyaki: ein anderer Name des Yuyudhāna.

Saubhadra: «Subhadrās Sohn», d.h. Abhimanyu, Sohn des Arjuna.

Schätze-Ersieger: *dhanamjaya.*

Schneckenhorn: *śaṇkhā;* Blasinstrument, aus der Schale großer Meeresschnecken gemacht; in der Bhagavad-Gītā als Kriegsinstrument erwähnt; heute gehört der Klang des Schneckenhorns zu den Elementen der rituellen Verehrung eines Götterbildes.

Schweiger, Schweigeasket: *muni.*

Selbst, selbst: *ātman.*

Śibi: Name eines Volksstammes.

***siddha*:** «vollkommen»; eine Klasse von überirdischen Wesen und auf dem Erlösungsweg zu Erfolg gekommenen Vorbilder (11.21).

***siddhi*:** Vollkommenheit; übernatürliche Kräfte von Yogins.

Sieben Seher: *sapta maharṣayaḥ.*

Śikhaṇḍin: «durch einen Haarschopf gekennzeichnet», Name eines der Heerführer der Pāṇḍavas.

Silbe, unwandelbare: *akṣara.*

Sinne: *indriya.*

Skanda: einer der Söhne Śivas; gilt als Kriegsgott (10.24).

***śloka*:** Vers; Bezeichnung des Versmaßes, in dem die Mehrzahl der Verse der Bhagavad-Gītā verfaßt sind.

Soma: Mond; auch der (berauschende) Ritual-Trank beim vedischen Opfer. Der Mond wird auch als mit Soma gefülltes Gefäß vorgestellt. Die Flüssigkeit ist Unsterblichkeitstrank für die Götter und Ahnen, geht aber auch über den Regen in den Lebenskreislauf auf der Erde ein (3.14–16, 4.31, 15.13).

Somadatta: «von Soma gegeben»; Name des Königs der Bāhīkas, Vater des Saumadatti.

***śraddhā*:** «gläubiges Zutrauen»; Grundhaltung jeglicher religiöser Praxis im Blick auf ihre (jenseitige) Wirkung.

Stadt mit den neun Toren: Metapher für den Körper (15.12).

Stammvater der Menschen: *manu* (10.6).

Stand: *varṇa.*

Starkarmiger: *mahābāhu*; Beiname Arjunas.

Stoffnatur: *prakṛti.*

Stolz der Kurus: *kurunandana*; Beiname Arjunas.

Subhadrā: Gattin Arjunas, Mutter des Abhimanyu.

Subhadrās Sohn: Abhimanyu, Sohn des Arjuna.

Śūdra: die vierte und niedrigste Gruppe in der Einteilung der Gesellschaft in vier Klassen (*varṇa*).

Sughoṣa: «Wohlklang», Name des Schneckenhorns Nakulas.

Sūta: ein Barde; derjenige, der das Mahābhārata (und damit die Bhagavad-Gītā) vorträgt (11.26).

***tamas*:** «Dunkelkraft»; einer der drei Grundzüge.

tapas: «Kasteiung»; wörtlich «Glut», Bezeichnung für Askese oder (meist körperliche) asketische Übungen, oft eingesetzt zur Erlangung übernatürlicher Kräfte oder Ziele.

TAT: «dies»; Demonstrativ-Pronomen, als Kürzel zur Bezeichnung der «Diesheit» des absoluten Urgrundes verwendet.

Teilhabe: *bhakti*.

Uccaiḥśravas: «Hochgerühmt»; Name des Pferdes Indras.

Unsterblichkeitsnektar: *amṛta* (10.27); vgl. Soma; zur Gewinnung dieses Trankes quirlten Götter und Dämonen das Milchmeer (welches ringförmig um die Landmassen der Erde liegt).

unwandelbare Silbe: *akṣara*.

Upaniṣaden: der philosophisch-meditative Teil der vedischen Ritualliteratur. Die einzelnen Kapitel der Bhagavad-Gītā werden in den Kolophonen als «Upaniṣad» bezeichnet.

Urgrund: *brahman*.

Uśanas: ein mythischer Seher (10.37).

Uttamaujas: «von unübertrefflicher Stärke»; Name eines Kämpfers auf der Seite Yudhiṣṭhiras.

Vainateya: «Sohn der Vinatā»; ein Name des Garuḍa (10.30).

Vaiśya: «Nährstand»; die dritte im Schema der vier Stände oder Klassen (*varṇa*).

varṇa: die vier sozialen Stände («Kasten») der Brahmanen (Priester), Kṣatriyas (Wehrstand), Vaiśyas (Nährstand), Śūdras (Hörige, dienende Klasse).

Vārṣṇeya: «Vṛṣṇi-Sproß»; ein Beiname Kṛṣṇas.

Varuṇa: Eine der Hauptgottheiten des Veda; als sein Bereich gilt das Wasser; er wacht über die Wahrheit und straft Lügen (10.29, 11.38).

Vāsava: Ein Name Indras (insofern er zur Gruppe der Vasu-Götter gehört) (10.22).

Vasu: eine vedische Göttergruppe (10.23, 11.6. 11.22).

Vāsudeva: «Sohn des Vasudeva», ein Name des Kṛṣṇa und Titel Viṣṇus als höchstem Gott (10.37).

Vāsuki: eine mythische Schlange, die Göttern und Dämonen bei der Quirlung des Milchmeeres als Strick diente (10.28).

Veda: Oberbegriff für das offenbarte religiöse Wissen; die als offenbart geltenden Texte der vedischen Tradition, speziell die Sammlungen der vier Veden (Ṛg-Veda, Yajur-Veda, Sāma-Veda, Atharva-Veda).

Vedānta: wörtl. «Ende des Veda»; Bezeichnung für die Upaniṣaden; Name der an die Upaniṣaden anschließenden philosophischen Richtungen.

verkörperte Seele: *dehin*.

Verlöschen: *nirvāṇa.*

***vibhūti*:** «Machterweis»; die Weltgestalt der Gottheit, insofern die Entfaltung aller Gestaltungen und Einzelwesen aus der Gottheit, die auch mit der Stoffnatur und der Geistperson identifiziert wird, hervorgegangen sind.

***videhamukti*:** Erlösung ohne Körper, d.h. nach dem Tode.

***vijñāna*:** Kenntnis, Erkenntnis, (als Vollzug des Wissens um den Erkenntnisbereich (*buddhi*); oder Kenntnis der Vielheit (im Gegensatz zur Einheit der *buddhi*-Erkenntnis).

Vikarṇa: Der dritte Sohn Dhṛtarāṣṭras.

Virāṭa: König der Matsya.

Viṣṇu: Name der Gottheit, als deren Verkörperung Kṛṣṇa angesehen wird; einer der Ādityas (4.6-8, 10.21).

Viṣṇuismus: Richtung(en) des Hinduismus, wo Viṣṇu als höchste Gottheit betrachtet wird.

Viśvarūpa: «Allgestalt» (Gottes).

Viśve: «Alle-Götter»; eine Klasse vedischer Gottheiten (11.22).

Vivasvat: «Strahlender»; vedischer Name der Sonne, auf die sich eines der beiden Geschlechter des Kriegerstandes zurückführt (4.1).

***viveka*:** Unterscheidungsgabe (Vorbedingung für Erlösung).

Vollkommene: *siddha* (11.21).

***vrata*:** Observanz(en); religiöse Praktiken, die man aufgrund eines Gelübdes (eine der Grundbedeutungen des Wortes *vrata*) oder bei regelmäßig wiederkehrenden Anlässen (Feste, bestimmte Kalendertage des Montas oder der Woche, Besuch heiliger Stätten, usw.) auf sich nimmt. Fasten, Tempelbesuch, Rezitation heiliger Texte, rituelle Verehrung eines Götterbildes sind häufige Bestandteile solcher «Gelübde».

Vṛṣṇis: einer der am Kriegsgeschehen des Mahābhārata beteiligten Stämme; Kṛṣṇa ist ihr Anführer und König; «Vṛṣṇi-Sproß» ist daher Beiname Kṛṣṇas. (vgl. 10.37).

Vṛṣṇi-Spross: *vārṣṇeya*

Vyāsa: «Ordner»; Name des mythischen Autors des Mahābhārata und des «Herausgebers» der vedischen Sammlungen (10.13, 10.37).

widergöttlich: *asura.*

Windgötter: *Maruts.*

Wolfsbauch: Beiname des Bhīma.

Wortpaar: *dvandva.*

Yādava: «Nachkomme des Yadu» (11.41).

***yajña*:** Opfer.

Yajurveda: eine der vier Sammlungen vedischer Texte.

Yakṣa: eine Klasse überirdischer, elfenartiger Wesen; als ihr Anführer gilt Kubera.

Yama: Todesgott, Herrscher über das Totenreich und Richter über die Verstorbenen.

***yoga*:** Einung, Einungszustand.

***yogin*:** einer, der durch *yoga* gekennzeichnet ist, der «Geeinte».

Yoga-Sutras: Sammlung von Merksprüchen, die als klassischer Grundtext des Yoga-Systems gelten.

Yudhāmanyu: Name eines Pāñcāla, Mitkämpfer Yudhiṣṭhiras bzw. der Pāṇḍavas.

Yudhiṣṭhira: «fest im Kampf»; Name des ältesten Sohnes des Pāṇḍu und der Pṛthā.

***yuga*:** Zeitalter; eine der kosmischen Perioden im zyklischen Verlauf des Weltengangs; vier Zeitalter bilden einen solchen Zyklus (4.8).

Yuyudhāna: «Kämpfer» = Sātyaki, König der Somakas, der für die Pāṇḍavas Partei ergreift (Wagenlenker Kṛṣṇas)

Zeitalter: *yuga*.

Zermalmer des Keśin, des Madhusūdana: *Keśiniṣūdana, Madhusūdana*; Beinamen Kṛṣṇas, die auf mythische Taten anspielen.

Zugewandtheit: *pravṛtti*.

Zutrauen (gläubiges): *śraddhā*.

Literaturverzeichnis

Angesichts der Fülle von Literatur zur Bhagavad-Gītā verweise ich nur auf folgende Bibliographien:

W. M. Callewaert und Shilanand Hemraj: Bhagavad-Gītānuvāda. A study in Transcultural Translation. Ranchi: Satya Bharati Publication, 1983. 16, 399 S.

Jagdish Chander Kapoor: Bhagavad-Gītā: An international bibliography of 1785–1979 imprints. New York, London: Garland, 1983. 54, 371 S.

P. Schreiner, P. Flamm, J. L. Brockington u.a. (Hg.): An Epic and Purāṇic Bibliography. Wiesbaden: Harrassowitz, 1991.

Der Übersetzung liegt der Text der Bhagavad-Gītā aus der kritischen Edition des Mahābhārata zugrunde:

The Mahābhārata edited by *V. S. Sukthankar, S. K. Belvalkar,* Bd. 7: The Bhīṣmaparvan. Poona: Bhandarkar Oriental Research Institute, 1947, S. 114–188.

Folgende deutsche Übersetzungen sind in Einleitung und Anmerkungen genannt:

Deussen, Paul: Der Gesang des Heiligen. Eine philosophische Episode des Mahâbhâratam, aus dem Sanskrit übersetzt. Leipzig: Brockhaus, 1911.

Garbe, Richard: Die Bhagavadgîtâ, aus dem Sanskrit übersetzt, mit einer Einleitung über ihre ursprüngliche Gestalt, ihre Lehren und ihr Alter. 2. verbesserte Auflage, Leipzig: H. Haessel, 1921.

Otto, Rudolf: Der Sang des Hehr-Erhabenen. Die Bhagavad-Gītā übertragen und erläutert. Stuttgart: Kohlhammer, 1935.

Schröder, Leopold von: Bhagavadgita. Des Erhabenen Sang. Jena: Diederichs, 1915.